D1755414

REDLINE WIRTSCHAFT

AL RIES | LAURA RIES

DIE ENTSTEHUNG DER MARKEN

Über die Naturgesetze
der Innovation
und das Überleben
der Stärksten im Business

Aus dem Amerikanischen von Matthias Reiss

REDLINE WIRTSCHAFT

Al Ries / Laura Ries
Die Entstehung der Marken
Über die Naturgesetze der Innovation und das Überleben der Stärksten im Business
Frankfurt: Redline Wirtschaft, 2005
ISBN 3-636-01223-1

Unsere Web-Adresse:
http://www.redline-wirtschaft.de

Alle Rechte, insbesondere das Recht der Vervielfältigung und Verbreitung sowie der Übersetzung, vorbehalten. Kein Teil des Werkes darf in irgendeiner Form (durch Fotokopie, Mikrofilm oder ein anderes Verfahren) ohne schriftliche Genehmigung des Verlags reproduziert oder unter Verwendung elektronischer Systeme gespeichert, verarbeitet, vervielfältigt oder verbreitet werden.

Alle Rechte vorbehalten
Aus dem Amerikanischen von Matthias Reiss
Originaltitel: »The Origin of Brands«; published by arrangement with HarperBusiness, an imprint of HarperCollins Publishers Inc., New York
Copyright © 2004 by Al Ries and Laura Ries

Umschlag: Init, Büro für Gestaltung
Coverabbildung: Mauritius, Mittenwald
Copyright © der deutschsprachigen Ausgabe 2005 by Redline Wirtschaft,
Redline GmbH, Frankfurt/M.
Ein Unternehmen der Süddeutscher Verlag Hüthig Fachinformationen
Satz und Gestaltung: Beate Soltész, Redline Wirtschaft, Wien
Druck: Himmer, Augsburg
Printed in Germany

Gewidmet der »Divergenz«,

der Kraft im Universum,

von der man bisher am wenigsten weiss,

die aber die grössten Auswirkungen hat.

Inhalt

Einleitung 9
Kapitel 1: Der grosse Baum des Lebens 11
Kapitel 2: Wie man die Zukunft vorhersagt 19
Kapitel 3: Teile und herrsche 27
Kapitel 4: Allmähliche Veränderung kontra Divergenz 39
Kapitel 5: Der Fluch des Radioweckers 51
Kapitel 6: Denken nach dem Modell des Schweizer Messers 65
Kapitel 7: Schlechte Ideen sterben nie aus 89
Kapitel 8: Der grosse Baum der Hightech-Marken 103
Kapitel 9: Der grosse Baum der Lowtech-Marken 133
Kapitel 10: Das Rätsel des Missing Link 167
Kapitel 11: Überleben des Allerersten 177
Kapitel 12: Überleben des Allerzweiten 201
Kapitel 13: Die Kraft aus dem Zurückstutzen 221
Kapitel 14: Die Erschaffung einer Gattung 245
Kapitel 15: Wie man sich ein Feindbild aufbaut 275
Kapitel 16: Einführung einer Marke 285
Kapitel 17: Wie man die Sache erfolgreich zu Ende führt 303

ON

THE ORIGIN OF SPECIES

BY MEANS OF NATURAL SELECTION,

OR THE

PRESERVATION OF FAVOURED RACES IN THE STRUGGLE
FOR LIFE.

By CHARLES DARWIN, M.A.,

FELLOW OF THE ROYAL, GEOLOGICAL, LINNÆAN, ETC., SOCIETIES;
AUTHOR OF 'JOURNAL OF RESEARCHES DURING H. M. S. BEAGLE'S VOYAGE
ROUND THE WORLD.'

LONDON:
JOHN MURRAY, ALBEMARLE STREET.
1859.

The right of Translation is reserved.

Die Erstausgabe von *The Origin of Species (Vom Ursprung der Arten)* von Charles Darwin kam am 24. November 1859 heraus. Am gleichen Tag war das Buch auch schon vergriffen.

EINLEITUNG

Vor 23 Jahren veröffentlichte Al Ries sein erstes Buch mit dem Titel *Positioning: The Battle for Your Mind*.

Zufälligerweise lagen auch 23 Jahre zwischen dem Tag, an dem Charles Darwin seine Reise auf dem Segelschiff Ihrer Majestät *Beagle* beendete, und dem Tag, an dem sein Hauptwerk veröffentlicht wurde.

Im Laufe der Zeit reifen Ideen und Begriffe, werden klarer und raffinierter. Obwohl wir bereits Hunderte Seiten über die Einführung von Marken geschrieben haben, glauben wir, dass wir den Kern des Themas immer noch nicht erfasst haben. Unserer Auffassung nach wirkt dabei ein wichtiges Prinzip, das noch nicht im Einzelnen betrachtet, definiert oder erklärt wurde.

Wir halten dieses Prinzip für so grundlegend, dass uns allein die Analogie zu Darwins entscheidendem Buch zur Biologie, »*Vom Ursprung der Arten*«, gerechtfertig erscheint. Dieses Prinzip ist das der Divergenz: jener Kraft in der Welt, von der wir am wenigsten wissen, die aber am wirkungsvollsten ist.

Was sich in der Natur ereignet, geschieht auch in der Welt der Produkte und Dienstleistungen. Mit der Zeit werden sich alle Gattungen auseinander entwickeln, es werden zwei oder mehr Gattungen entstehen, woraus sich wiederum zahllose Möglichkeiten der Entwicklung von Marken ergeben.

Das Zusammenspiel von Evolution und Divergenz liefert ein Modell, mit dem wir sowohl das Universum als auch das Universum der Marken erklären können.

Alles hat sich auf die Evolution konzentriert, aber mit der Evolution allein lassen sich die Millionen unterschiedlicher und ungewöhnlicher Arten, die die Erde bevölkern, kaum erklären. Ohne Divergenz hätte die Evolution eine Welt hervorgebracht, die von Millionen einzelliger Prokaryoten (das sind Lebewesen ohne einen echten Zellkern) von der Größe eines Dinosauriers bevölkert wäre.

Dasselbe gilt für die Welt der Marken. Marken entwickeln sich, um stärker und dominanter zu werden. Doch es ist die Divergenz, die die Bedingungen für die Einführung neuer Gattungen und neuer Marken schafft.

Vielleicht erscheint es weit hergeholt, die Einführung von Marken mit biologischen Vorgängen zu vergleichen. Aber wir können uns keine Analogie vorstellen, die den Prozess der Markenbildung so eindeutig und einfach erklären würde.

Als Aldous Huxley den *Ursprung der Arten* las, sagte er: »Wie außerordentlich dumm von mir, nicht daran gedacht zu haben.«

KAPITEL 1

DER GROSSE BAUM DES LEBENS

Der »große Baum des Lebens«, so nannte Charles Darwin seine Metapher für den Ursprung der Arten.

»Die Verwandtschaften aller Wesen einer Classe zueinander sind manchmal in Form eines großen Baumes dargestellt worden. ... Die grünen und knospenden Zweige stellen die jetzigen Arten, und die in vorangehenden Jahren entstandenen die lange Aufeinanderfolge erloschener Arten vor. In jeder Wachsthumsperiode haben alle wachsenden Zweige nach allen Seiten hinaus zu treiben und die umgebenden Zweige und Äste zu überwachsen und zu unterdrücken gestrebt, ganz so wie Arten und Artengruppen andere Arten in dem großen Kampfe um's Dasein überwältigt haben.«

Wie entstehen neue Zweige? Durch Divergenz bestehender Zweige. Wie entstehen neue Arten? Durch Divergenz bestehender Arten.

Im Alter von nur 28 Jahren schrieb Charles Darwin seine Sicht der Natur in seinem Notizbuch nieder: »Wenn wir uns dafür entscheiden, wilde Vermutungen anzustellen, dann sind die Thiere, unsere Brüder in Schmerz, Krankheit, Leid und Hunger – unsere Sklaven bei den mühsamsten Arbeiten, unsere Begleiter bei unseren Vergnügungen – sie alle sind womöglich Theil unseres Ur-

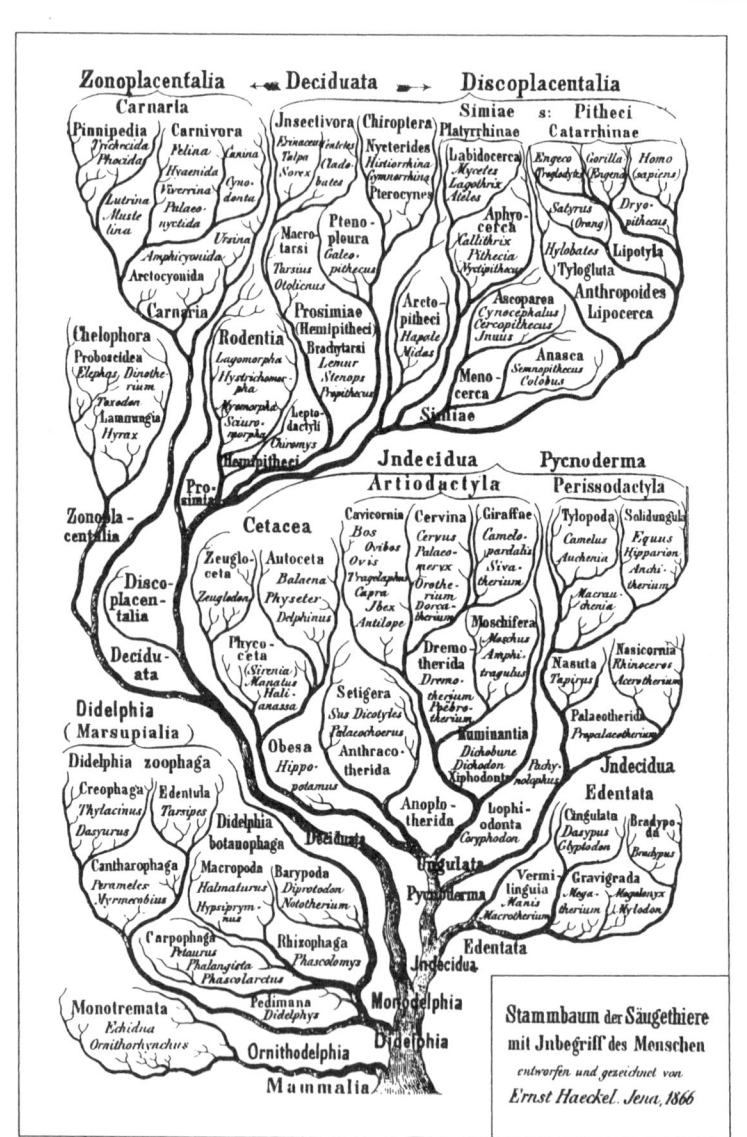

Einer der Stammbäume des deutschen Biologen Ernst Haeckel aus dem 19. Jahrhundert, der häufig in modernen Lehrbüchern abgedruckt wird.

sprungs in einem gemeinsamen Vorfahren – möglicherweise sind wir alle miteinander verschmolzen.«

Wenn wir zurückblicken, hängen wir miteinander zusammen; aber wenn wir nach vorne schauen, sind wir voneinander getrennt und entwickeln uns auseinander.

Der grosse Baum der Produkte und Dienstleistungen

Wie entstehen neue Gattungen im »großen Baum der Produkte und Dienstleistungen«? Durch Divergenz bestehender Gattungen.

- Es gab einmal einen Zweig, der als Computer bezeichnet wurde. Heute hat sich dieser Computerzweig auseinander entwickelt, und jetzt haben wir den Großrechner, Computer mittlerer Größe, Netzrechner, PCs, Laptops und Handhelds. Der Computer verschmolz nicht mit einer anderen Technologie. Er entwickelte sich auseinander.

- Es gab einmal einen Zweig, der als Fernsehen bezeichnet wurde. Heute hat sich dieser Fernsehzweig auseinander entwickelt, und jetzt haben wir analoges und digitales Fernsehen, normales und High-definition-Fernsehen (HDTV), Standardformat (4 zu 3) und Breitformat (16 zu 9). Das Fernsehen verschmolz nicht mit einem anderen Medium. Es entwickelte sich auseinander.

- Es gab einmal einen Zweig, der als Radio bezeichnet wurde. Heute hat sich dieser Radiozweig auseinander entwickelt, und jetzt haben wir handliche Radios, Autoradios, tragbare Radios und Radiowecker. Das Radio verschmolz nicht mit einer anderen Technologie. Es entwickelte sich auseinander.

- Es gab einmal einen Zweig, der als Telefon bezeichnet wurde. Heute hat sich dieser Telefonzweig auseinander entwickelt, und jetzt gibt es normale Telefone, schnurlose Telefone, Telefone mit Kopfhörer und Mikrofon, Handys und Satellitentelefone. Das Telefon verschmolz nicht mit einer anderen Technologie. Es entwickelte sich auseinander.

Haben Sie je einen Baum gesehen, in dem zwei Zweige zusammenwuchsen, um einen einzelnen Zweig zu bilden? Vielleicht, aber in der Natur ist das sehr unwahrscheinlich. Auch bei Produkten und Dienstleistungen ist das sehr unwahrscheinlich.

Einige Gattungen leben weiter, andere sterben aus

Darwin erklärt: »Von den vielen Zweigen, welche munter gediehen, als der Baum noch ein blosser Busch war, leben nur noch zwei oder drei, die jetzt als mächtige Äste alle anderen Verzweigungen abgeben; und so haben von den Arten, welche in längst vergangenen geologischen Zeiten lebten, nur sehr wenige noch lebende und abgeänderte Nachkommen. Von der ersten Entwicklung eines Baumes an ist mancher Ast und mancher Zweig verdorrt und verschwunden, und diese verlorenen Äste von verschiedener Grösse mögen jene ganzen Ordnungen, Familien und Gattungen vorstellen, welche, uns nur im fossilen Zustande bekannt, keine lebenden Vertreter mehr haben.«

Ein Zweig, der als Schreibmaschine bezeichnet wird, verzweigte sich weiter und bildete viele Zweige, die als mechanische Schreibmaschine, Reiseschreibmaschine und elektrische Schreibmaschine bezeichnet wurden. Heutzutage ist der Schreibmaschinenzweig verdorrt und dabei abzufallen; er steht im Schatten eines benachbarten Zweigs, den man als PC bezeichnet.

Die Schreibmaschine ist ein Dinosaurier. Heutzutage findet man die meisten Schreibmaschinen, Rechenschieber und Addiermaschinen nur noch im fossilen Zustand vor. Das heißt bei jemandem im Keller oder auf dem Speicher, und sie werden möglicherweise bei eBay zum Verkauf angeboten (eBay bot kürzlich 1314 Schreibmaschinen zum Verkauf an).

Das Segelschiff, die Dampfmaschine und das Pferd mit Einspänner – sie alle sind einen ähnlichen Weg gegangen.

Der grosse Baum der Marken

Wenn Sie eine erfolgreiche Marke aufbauen wollen, dann müssen Sie verstehen, was Divergenz ist. Sie müssen nach Möglichkeiten Ausschau halten, um neue Gattungen durch die Divergenz aus bestehenden Gattungen zu schaffen. Und dann müssen Sie die erste Marke in dieser neuen Gattung bilden.

Im großen Baum der Marken ist eine Marke erfolgreich, wenn sie einen Zweig, der sich gerade entwickelt, dominiert. Und sie wird umso erfolgreicher, je schneller der Zweig selbst wächst und das Sonnenlicht von den benachbarten Zweigen abhält.

Marketing konzentriert sich nicht darauf, neue Gattungen zu schaffen. Es konzentriert sich vielmehr darauf, neue Kunden zu schaffen. Zum herkömmlichen Marketing gehört es, herauszufinden, was Verbraucher wollen, und ihnen dann zu geben, was sie wollen – und das besser und billiger als die Konkurrenz.

Der Hohepriester einer herkömmlichen Marketingfirma ist der Chef der Marktforschung. Um herauszufinden, was die Verbraucher wollen, geben die Firmen viel Geld für Untersuchungen aus. Im letzten Jahr investierten amerikanische Firmen 6,2 Milliarden Dollar für die Marktforschung.

(Wenn Sie einige unserer Bücher gelesen haben, dann wissen Sie, dass wir große Anhänger von Public-Relations sind. Doch das PR-Geschäft ist nur 4,2 Milliarden Dollar schwer – um ein Drittel weniger, als die Marktforschung.)

Haben wir etwas gegen Marktforschung?

Ja und nein. Wir haben etwas gegen Marktforschung, wenn sie den Versuch unternimmt, die Zukunft vorherzusagen. Dies geschieht, wenn man Verbraucher fragt, was sie tun *werden*, anstatt, was sie getan *haben*.

Wir haben nichts gegen eine Marktforschung, die die Vergangenheit erkundet. Warum Verbraucher beispielsweise die Marken ausgewählt haben, für die Sie sich entschieden haben.

Verbraucher wissen nicht, was sie tun werden, bis man ihnen die Möglichkeit gibt, eine Entscheidung zu fällen. Man kann es auch so sehen, dass sich die Gattungen so lange nicht auseinander entwickeln, bis den Verbrauchern eine Marke zum Kauf angeboten wird.

Heute sind in den USA vier der fünf bestverkauften Biersorten Leichtbiere. Was hätte die Großbrauerei Miller 1975 davon gehabt, die Verbraucher zu fragen, ob sie ein mit Wasser verdünntes Bier kaufen wollen, bevor das erste Leichtbier, »Lite«, landesweit auf den Markt kam? Tatsächlich hätte man 1967 diese Frage nach der Einführung von Gablinger's Beer mit einem eindeutigen Nein beantworten können.

Benannt nach einem Schweizer Chemiker, der das Bier entwickelte (Hersch Gablinger), wurde das neue Leichtbierprodukt mit einer massiven Werbekampagne vorgestellt. Und es war alles umsonst. Gablinger's starb eines schnellen Todes.

Die Rolle, die der Name spielt

Warum war Lite erfolgreich und Gablinger's nicht? Ein Grund dafür ist der Name. »Geben Sie mir ein Gablinger's?« Das hört sich doch an, als wolle man ein polnisches Würstchen haben. Wenn man dabei ist, eine neue Biermarke zu erfinden, dann sollte man sicherstellen, dass man einen netten deutschen Namen wie Adolph Coors oder August Busch hat.

Viele Manager glauben, dass Namen nicht wichtig sind; es ist das Produkt, das wichtig ist. Wenn wir das richtige Produkt für den richtigen Preis haben, so lautet das Argument, können wir die Schlacht um den Markt gewinnen.

Namen sind aber wichtig. Je nachdem, um welche Gattung es sich handelt, kann der Name ausschlaggebend für den Erfolg einer Marke sein.

Eine Firma kann Hunderte von Millionen Dollar darauf verwenden, ein neues Produkt zu entwickeln, und dann diesem neuen Produkt einen Markennamen geben, der den Misserfolg geradezu garantiert. Innovation allein ist nicht genug.

Neben der Innovation braucht eine Firma Marketing, um den Erfolg und das

Überleben der Marke letztlich zu gewährleisten. Im Zentrum einer guten Marketingkampagne steht ein großartiger Name.

Wenn die Marktforschung ein nutzloses Werkzeug für die Vorhersage des Verbraucherverhaltens ist, wie kann eine Firma dann herausbekommen, was mit einer neuen Marke möglicherweise auf dem Markt geschehen wird?

Die Rolle, die das Testmarketing spielt

Was ist mit einer anderen Komponente des herkömmlichen Marketings, dem Testmarketing? Sollte ein neues Produkt auf einem regionalen oder lokalen Markt getestet werden, bevor es landesweit eingeführt wurde?

Ein Testmarketing hat einige Vorteile, aber nach unserer Auffassung überwiegen die Nachteile bei weitem. Einige dieser Nachteile sind:

Verschwendete Zeit. Sie können es sich nicht leisten, die Zeit zu verschwenden, die man für Testmarketing braucht, vor allem weil die Einführung einer Marke im Wesentlichen auf dem Weg über das Bewusstsein vor sich geht.
Ein guter Tipp für die Konkurrenz. Testmarketing wird die Konkurrenten alarmieren und vielleicht einen oder mehrere von ihnen dazu bringen, ähnliche Produkte einzuführen.
Unvorhersehbare Ergebnisse. Ein Testmarketing für die Zahnpasta Enamelon sagte landesweite Umsätze von 50 Millionen Dollar pro Jahr voraus. Tatsächlicher Umsatz: 10 Millionen Dollar.

Eines der Probleme beim Testmarketing besteht in der Überstimulierung der Nachfrage. Damit man genügend greifbare Resultate bekommt, lässt man für gewöhnlich eine lokale Marketingkampagne anlaufen, die man sich jedoch landesweit gar nicht leisten kann.

Testmarketing wird großenteils gemacht, um eine Entscheidung für oder gegen das Produkt zu fällen. Testmarketing wird großenteils gemacht, um die Effektivität der Werbung für die Marke zu erfassen. Und da man, wenn überhaupt, nicht viel Werbung bei der Einführung einer Marke machen sollte, ist der Wert des Testmarketings ausgesprochen gering anzusetzen (siehe Kapitel 16, »Einführung der Marke«).

Zur Einführung eines neuen Produktes auf die herkömmliche Weise gehören Marktforschung, Testmarketing und ein großes Werbebudget. Wir haben etwas gegen alle drei Aktivitäten.

Wenn Sie Ihre Chancen verbessern wollen, müssen Sie alles vergessen, was Sie über herkömmliches Marketing gelernt haben. Sie brauchen eine neue Theorie darüber, wie man eine Marke aufbaut.

Sie müssen etwas über das Darwin'sche Prinzip der Divergenz lernen.

Kapitel 2

Wie man die Zukunft vorhersagt

Charles Darwin war ein Visionär. Er konnte Wirkungen erkennen, die sich über Millionen von Jahren hinweg entfalteten, obwohl diese Wirkungen nicht unmittelbar in der realen Welt beobachtet werden konnten.

Im *Ursprung der Arten* beschreibt Darwin, wie die natürliche Selektion allmählich die Anzahl der Arten zunehmen lässt, die die Erde bevölkern:

»Diese allmähliche Zunahme einer Gruppe steht mit meiner Theorie vollkommen im Einklang; denn die Arten einer und derselben Gattung und die Gattungen einer und derselben Familie können nur langsam und allmählich an Zahl wachsen; der Vorgang der Umwandlung und der Entwicklung einer Anzahl verwandter Formen ist nothwendig nur ein langsamer und gradweiser: eine Art liefert anfänglich nur zwei oder drei Varietäten, welche sich langsam in Arten verwandeln, die ihrerseits wieder auf gleich langsamen Schritten andere Varietäten und Arten hervorbringen und so weiter (wie ein grosser Baum sich allmählich von einem einzelnen Stamme aus verzweigt), bis die Gruppe gross wird.«

Für uns ist es leichter. Wir können die Evolution der Marken erkennen, weil der Vorgang direkt vor unseren Augen stattfindet. Überall wo Sie hinsehen, er-

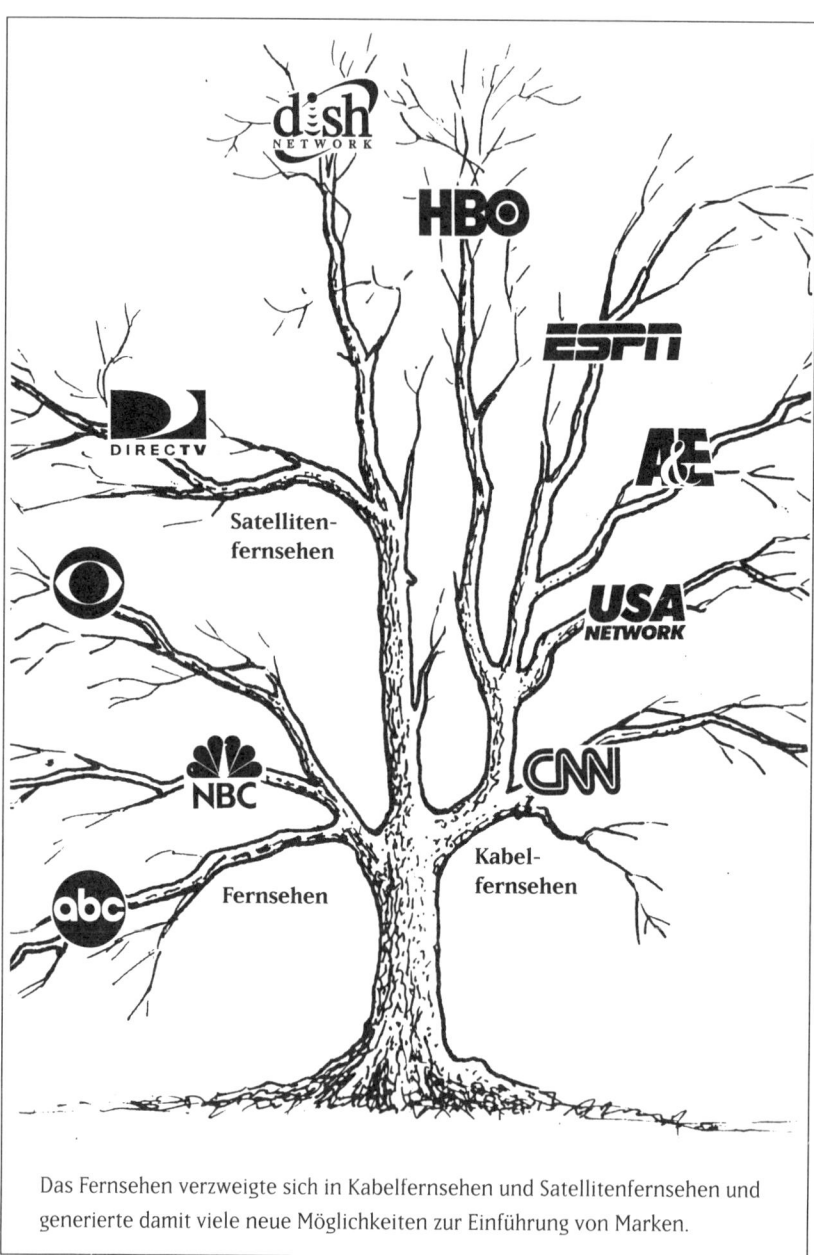

Das Fernsehen verzweigte sich in Kabelfernsehen und Satellitenfernsehen und generierte damit viele neue Möglichkeiten zur Einführung von Marken.

kennen Sie immer das Gleiche: Gattungen entwickeln sich und entwickeln sich auseinander.

In der Natur schafften Veränderungen in der Umwelt die Bedingungen, die die Arten dazu veranlassen, sich zu vervielfältigen. Im Geschäftsleben schaffen technologische Veränderungen und Änderungen in der kulturellen Umwelt die Bedingungen, die die Gattungen dazu veranlassen, sich auseinander zu entwickeln.

Der Fernsehbaum

Es gab einmal das Fernsehen, das die Schaffung von Marken von Fernsehsendern ermöglichte: CBS, NBC und ABC. Dann entstand das Kabelfernsehen, und es folgte eine Ausweitung der Marken für das Kabelfernsehen: HBO, ESBN, CNN und viele andere. Dann betrat das Satellitenfernsehen die Bühne, wodurch Möglichkeiten für DirectTV und das Dish Network geschaffen wurden.

Versetzen Sie sich einmal in die Lage des Geschäftsführers einer Firma, die in dem Moment ins Fernsehgeschäft einsteigen wollte, als das Kabelfernsehen im Entstehen begriffen war. Einerseits brachte das Fernsehen mit drei Sendern Gewinne von Hunderten von Millionen Dollar. Andererseits versprach das Kabelfernsehen Gewinne nahe null und eine ungewisse Zukunft.

Wo liegen die Möglichkeiten?

Ist man besser dran, wenn man dem etablierten Markt wie den Sendeanstalten etwas wegnimmt oder wenn man versucht, eine neue Marke in einer ungewissen neuen Gattung wie dem Kabelfernsehen zu etablieren?

Im Nachhinein kann man sagen, dass die Chancen 20 zu 20 stehen. Heute lautet die Antwort auf die Frage Kabelfernsehen; aber das war durchaus nicht so einfach zu beantworten, damals im Jahre 1968, als die US-amerikanische Regulierungsbehörde FCC erstmals eine Übertragung per Kabel gegen Bezahlung genehmigte.

- Es waren nicht ABC, CBS oder NBC, die das erste Kabelfernsehnetz für Nachrichten CNN gründeten. Es war der Finanzmagnat Ted Turner, der mit Reklametafeln Geld verdient hatte und der auch die erste lokale Fernsehstation auf einem Satelliten errichtete, die »Superstation« WTBS.
- Es waren nicht ABC, CBS oder NBC, die ESPN gründeten, den ersten Kabelfernsehsender für Sportprogramme. Es waren Scott Rasmussen und sein Vater Bill Rasmussen, die mit einem Dispositionskredit von 9000 Dollar für ihr Kreditkartenkonto ESPN starteten.
- Es waren nicht ABC, CBS oder NBC, die HBO gründeten, den ersten Kabelfernsehsender mit einem ausgewählten Programm. Es war Charles Dolan, der Mann an der Spitze von Sterling Manhattan, einem Kabelsystem, das von der Time Incorporation kontrolliert wurde (Dolan machte weiter und gründete Cablevision Systems, heute der fünftgrößte Kabelnetzbetreiber in den USA).

HBO, das jetzt zu Time Warner Corporation gehört, ist zu einer riesigen Geldmaschine geworden. Man sagt beispielsweise, dass HBO in einem der letzten Jahre mehr Geld verdient hat als ABC, CBS, NBC und Fox zusammen.

Und so läuft es. Große Firmen neigen dazu, die Dinge so zu sehen, wie sie sind. Unternehmer neigen dazu, Dinge so zu sehen, wie sie sein könnten.

Wie Sie mehr Weitblick bekommen können

Vergessen Sie den Blick in die Vergangenheit. Dieses Buch wurde geschrieben, damit Sie mehr Weitblick haben und um Ihnen zu zeigen, dass Sie, um die Zukunft vorauszusagen, kein Visionär sein müssen.

Alle Gattungen werden sich auseinander entwickeln. Das haben sie immer schon getan und werden es immer tun. Es ist diese Divergenz, die Möglichkeiten für neue Marken schafft. Welche Richtung die Divergenz nimmt, ist eine andere

Sache. Das Einzige, was zählt, ist, dass Divergenz eintreten wird – in die eine oder die andere Richtung.

Selbstverständlich gibt es Marken und Marken. Die meisten Marken sind wertlos, manche Marken haben einen gewissen Wert, und es gibt einige wenige Marken, die zu den wertvollsten Aktivposten gehören, die eine Firma besitzen kann. Unser Ziel besteht darin, Ihnen zu helfen, eine dieser wertvollen Marken aufzubauen, eine Marke wie Starbucks oder Red Bull oder Lexus.

Eine Marke ist aus einem Grund wertvoll, und zwar nur aus einem Grund. Sie dominiert eine Gattung. Coca-Cola, die wertvollste Marke der Welt, ist wertvoll, weil sie weltweit die Gattung Cola dominiert.

Microsoft, die zweitwertvollste Marke der Welt, ist wertvoll, weil sie weltweit die Gattung PC-Software dominiert.

Nur schwerlich wird man eine Marke finden, die in ihrer Gattung dominanter ist als Microsoft. Schon bald, so unsere Vorhersage, wird Microsoft die wertvollste Marke der Welt sein.

Die meisten neuen Marken überleben nicht

In den USA führen die Hersteller von Verbraucherprodukten jedes Jahr mehr als 30.000 neue Produkte und Dienstleistungen ein. Das sind 30.000 Möglichkeiten, eine weitere Southwest Airlines, einen weiteren Swiffer, ein weiteres Google und ein weiteres Gatorade einzuführen.

Aber das ist nur die Verbraucherseite der Sache. Unter dem Aspekt der Produzentenseite führen US-amerikanische Firmen mindestens genauso viele neue Produkte und Dienstleistungen mit entsprechenden Möglichkeiten ein, um ein weiteres Adobe, ein weiteres FedEx, ein weiteres Gulfstream und ein weiteres Oracle vorzustellen.

Die große Mehrheit dieser neuen Produkte und Dienstleistungen (und die Marken, die damit zusammenhängen) verpassen die Chance, zu einer großen Marke zu werden, weil sie nicht in der Absicht eingeführt werden, einen Markt zu schaffen, sondern einem Markt zu dienen.

Wie verbessern Sie Ihre Erfolgschance im Glücksspiel um die neuen Produkte? Es ist einfach: Sie sagen nur die Zukunft vorher.

Genau darum geht es bei der Einführung einer neuen Marke. Sie setzen darauf, dass es Ihnen gelingt vorherzusagen, was mit Ihrem neuen Produkt oder Ihrer neuen Dienstleistung in Zukunft geschehen wird.

Mit unseren Vorhersagen stimmt etwas nicht

Eine kürzlich durchgeführte Studie von Nielsen BASES und Ernst & Young setzte die Misserfolgsquote neuer amerikanischer Verbraucherprodukte mit 95 Prozent und die für neue europäische Verbraucherprodukte mit 90 Prozent an.

Und unsere Erfolge sind auch nichts, womit wir groß angeben könnten. Eine Analyse, die vor einigen Jahren durchgeführt wurde, ergab, dass weniger als 200 von den Hunderttausenden neuer Produkte, die innerhalb eines Zeitraumes von 10 Jahren eingeführt wurden, Verkaufszahlen von mehr als 15 Millionen Dollar pro Jahr aufwiesen; und nur eine Hand voll von ihnen führten zu Verkäufen von mehr als 100 Millionen Dollar.

Wir müssen besser werden. Wir brauchen eine bessere Methode zur Vorhersage der Zukunft.

Dummerweise gibt es aber keinen todsicheren Weg. Sie können Ihre Chancen nur verbessern, indem Sie sich mit der Vergangenheit beschäftigen. Und was finden Sie heraus, wenn Sie die Marken von gestern mit den Marken von heute vergleichen?

Eine explosionsartige Zunahme der Auswahlmöglichkeiten

Vor 50 Jahren hatte ein Lebensmittelladen etwa 4000 Produkte auf Lager. Heutzutage hat ein durchschnittlicher Supermarkt mehr als 40.000 Produkte auf Lager. Was sich in den Lebensmittelläden ereignete, geschah auch mit den

Drogerien, den Bekleidungsläden, den Läden für Haushaltswaren, den Häusern für Eisenwaren, den Spirituosenläden und den Kaufhäusern: mehr Produkte, mehr Gattungen, mehr Marken und mehr Auswahl.

Die Verbraucher beklagen sich vielleicht über die verwirrende Situation, aber grundsätzlich mögen sie Auswahlmöglichkeiten. Versuchen Sie doch einmal einen Supermarkt mit etwa 20.000 Produkten aufzumachen, wenn sich gegenüber ein Supermarkt mit 40.000 Produkten befindet; dann werden Sie schon sehen, was wir meinen. In den Flüssen frisst der große Fisch die kleinen Fische. Im Einzelhandel fressen die großen Händler die kleinen.

Wo immer Sie hinsehen, können Sie erkennen, dass sich das gleiche Phänomen wiederholt. Innerhalb einer Gattung gibt es anfangs ein einzelnes Produkt, oft eine einzelne Marke. Und mit der Zeit vollzieht sich eine explosionsartige Entwicklung in viele unterschiedliche Gattungen mit vielen unterschiedlichen Marken.

Nehmen Sie zum Beispiel das Fernsehen. Nicht nur was die Sender angeht, hat sich dort eine explosionsartige Entwicklung in unterschiedliche Gattungen ereignet, sondern auch was die Empfänger betrifft. Bei den Fernsehgeräten haben Sie nun die Auswahl zwischen Röhrenmonitoren, LCDs (Liquid Crystal Display, Flüssigkristallbildschirm), Rückprojektions-LCDs, Rückprojektions-LCOSs (Liquid Crystal on Silicon, Flüssigkristall auf Silizium), DLPs (Digital Light Processing, digitale Lichtverarbeitung) und Fernsehgeräten mit Plasmabildschirm. Und in naher Zukunft werden wir wahrscheinlich den OLED (Organic Light Emitting Diode, organische Leuchtdiode) erleben.

Und es wird noch viel mehr hinzukommen.

Eine neue Gattung braucht einen neuen Namen

Jede neue Gattung schafft eine Gelegenheit für eine neue Marke. Leider »verlängern« die meisten Firmen eine bestehende Marke, um die neue Gattung abzudecken. Für das Marketing ist das der größte Fehler, den man machen kann.

Denken Sie an Computer. Ursprünglich waren alle Computer Großrechner.

Eine Gattung, die zunächst von Remmington Rand und dann von IBM dominiert wurde. Dann entwickelte sich die Gattung auseinander und es gab nun Minicomputer (Digital Equipment), Home Personal Computer (Apple), Workstations (Sun Microsystems), 3D-Workstations (Silicon Graphics), Laptops (Toshiba), Business Personal Computer (Compaq) und PCs im Direktverkauf (Dell).

Was sich mit den Großrechnern ereignete, geschieht heutzutage mit vielen anderen Gattungen. Große Firmen springen mit neuen Marken auf den Zug auf und versuchen dem Marktführer Anteile wegzunehmen, während echte Unternehmer neue Gattungen ausprobieren und zu Multimillionären werden.

Bei Großrechnern versuchten die Konzerne General Electric, RCA, Motorola und Xerox rücksichtslos auf IBMs Territorium vorzudringen. Alle scheiterten.

In der Zwischenzeit gründeten die Unternehmer Kenneth Olsen eine Minicomputerfirma mit dem Namen Digital Equipment und verdienten ein Vermögen. Dasselbe machten die Unternehmer Steve Jobs und Steve Wozniak mit Apple Computer. Und die Unternehmer Andreas Bechtolsheim, Scott McNealy, Vinod Khosla und William Joy mit Sun Microsystems. Und der Unternehmer James Clark mit Silicon Graphics. Und die Unternehmer Rod Canion, James Harris und William Murto mit Compaq Computer. Und der Unternehmer Michael Dell mit Dell Computer.

Die einzige Ausnahme von der allgemeinen Regel, dass Unternehmer, die neue Marken herausbringen, große Firmen, die bestehende Produktlinien ausweiten, schlagen, ist die Gattung Laptops, die momentan von Toshiba dominiert wird.

Interessanterweise begann Compaq Computer als eine Firma für transportable Computer (daher kommt auch der Name Compaq), bevor sie einen Zweig in der Gattung Desktop Computer gründete und damit sowohl ihren Fokus als auch ihre Möglichkeit verlor, eine sich allmählich entwickelnde Gattung zu dominieren.

Was wäre, wenn Compaq eine Firma für transportable Computer (oder Laptops) geblieben werden? Wäre Compaq heute eine größere und erfolgreichere Firma als Dell?

Wir glauben ja. Im letzten Jahr wurden beispielsweise weitaus mehr Laptops verkauft als Desktop Computer.

Kapitel 3

Teile und Herrsche

Wie groß ist der Markt?

Das ist die erste Frage, die normalerweise gestellt wird, bevor man mit einem Programm zur Einführung einer Marke beginnt. Auch hier handelt es sich um eine Frage, die falsch gestellt ist.

Die Möglichkeiten zur Einführung von Marken liegen nicht darin, dass man bestehende Märkte ausbaut. Die Möglichkeit zur Einführung von Marken liegen in der Schaffung neuer Märkte.

Eine neue Marke ist so etwas wie eine neue Art in der Natur. Eine neue Art entwickelt sich nicht aus einer bestehenden Art. Wenn der Löwe eine Marke ist, dann kann man nicht dadurch eine neue Marke schaffen, dass man den Löwen verbessert. Gleichgültig, wie sehr Sie die Zucht verbessern, ein Löwe bleibt ein Löwe.

Neue Arten werden durch Divergenz einer bestehenden Art geschaffen. Irgendwann in grauer Vorzeit entwickelte sich der Urahn des Löwen (Panthera) auseinander, und eine neue Art namens Leopard wurde geschaffen. Auf die gleiche Art und Weise entwickelten sich aus dem Panthera der Jaguar, der Tiger und der Löwe. So verhält es sich in der Natur.

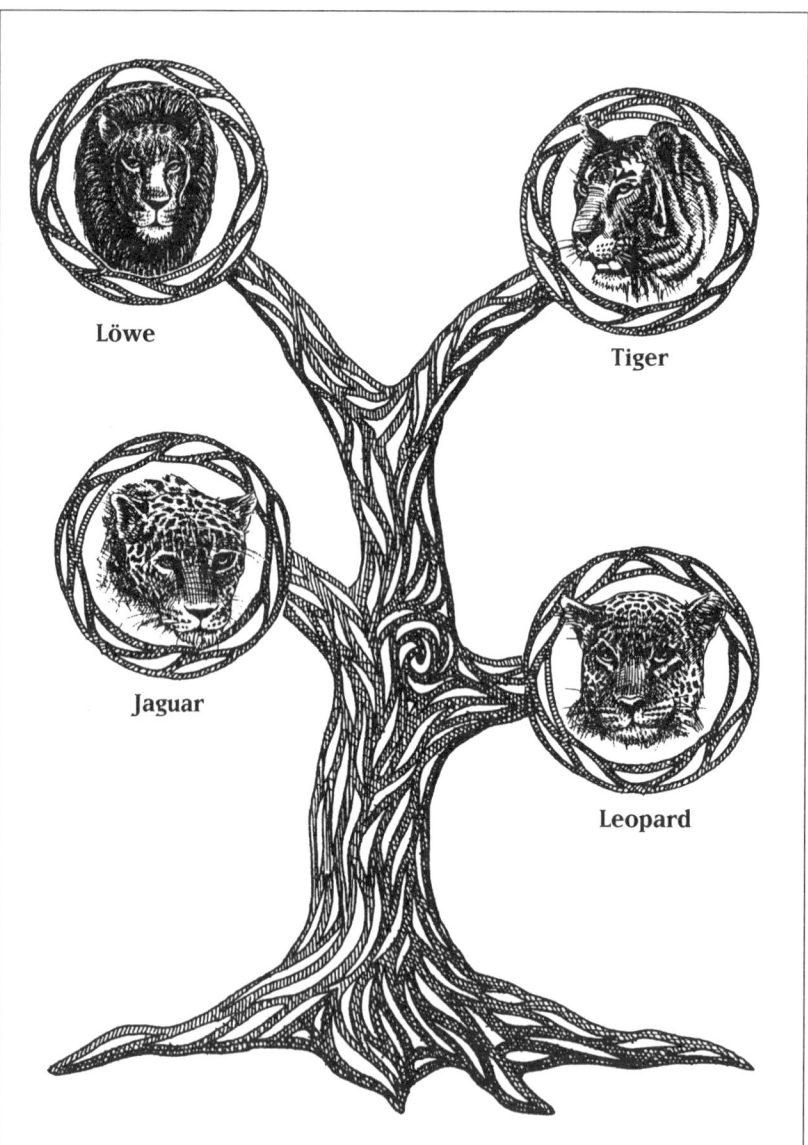

Aus dem Panthera, einem urzeitlichen Tier, gingen im Laufe der Zeit durch Divergenz der Leopard, der Jaguar, der Tiger und der Löwe hervor.

So verhält es sich auch bei der Einführung von Marken

Wenn Sie eine schlagkräftige neue Marke einführen wollen, sollten Sie nach Wegen suchen, wie Sie Ihr Produkt oder Ihre Dienstleistung von einer bestehenden Gattung abgrenzen können. Mit anderen Worten: Die optimale Art und Weise, eine Marke aufzubauen, besteht nicht darin, eine bestehende Gattung nachzuahmen, sondern darin, eine neue Gattung zu schaffen, bei der Sie der oder die Erste sein können.

Teile und herrsche – das ist die Methode, wie sie eine schlagkräftige neue Marke aufbauen.

Wie groß ist der Markt? Die beste Antwort auf diese Frage lautet vom Standpunkt der Markenentwicklung aus gesehen: gleich null.

Um eine neue Marke aufzubauen, müssen Sie sich von der logisch erscheinenden Auffassung verabschieden, dass Sie einen Markt bedienen müssen. Stattdessen müssen Sie sich darauf konzentrieren, einen Markt zu schaffen.

Denken Sie einmal an die zehn wertvollsten Marken der Welt und die geschätzten Werte dahinter, wie sie von Interbrand, der führenden Firma zur Bewertung von Marken, bestimmt wurden.

Nr. 1: Coca-Cola (70 Milliarden Dollar)

Hier handelt es sich um eine höchst erstaunliche Zahl. Denn sie ist dreimal so groß wie die tatsächlichen Aktivposten der Coca-Cola Company, in den Büchern ein Vermögenswert von 24,5 Milliarden Dollar.

Wie hat die Marke Coca-Cola einen derartig hohen Wert erreicht? Es lag nicht daran, dass die Marke eingeführt wurde, um einen bestehenden Markt zu bedienen. Der Markt für nicht alkoholische Getränke bestand in jenen Tagen aus Root Beer, Sarsaparilla, Ginger Ale, Orangensaft, Limonade und anderen Mischgetränken. Coca-Cola wurde zur großen Marke, weil sie unter der Bezeichnung Cola einen neuen Markt schuf.

Coca-Cola schuf einen Tiger in einem Markt, auf dem sich Löwen, Jaguare und Leoparden tummelten. Schlagkräftige neue Marken werden immer auf diese

Art und Weise geschaffen ... durch Divergenz einer bestehenden Gattung, niemals dadurch, dass eine bestehende Gattung verbessert wird bzw. zwei oder mehrere Gattungen miteinander kombiniert werden.

Nr. 2: Microsoft (65 Millionen Dollar)

Wie erlangte die riesige Firma Microsoft innerhalb einer so relativ kurzen Zeit ihre Vorherrschaft bei der Einführung einer neuen Marke? (Die Firma ist nur 29 Jahre alt verglichen mit den 118 Jahren von Coca-Cola.)

Microsoft wurde nicht dadurch groß, dass es ein besseres Betriebssystem für PCs entwickelte. Die meisten Experten geben dem Macintosh wegen seiner besseren Bedienbarkeit, dem Look and Feel, den Vorzug. Microsoft gewann den Krieg um die Betriebssysteme, weil die Firma die Erste war. Als 16-Bit-Systeme die 8-Bit-Systeme wie das Apple OS und CP/M von Digital Research ablösten, etablierte sich Microsoft dank IBM erstmals als führende 16-Bit-Marke.

Im August 1981 führte IBM den PC zusammen mit dem Betriebssystem von Microsoft ein. Apples Marke Macintosh (und das dazugehörige Betriebssystem) wurden erst im Januar 1984 eingeführt.

Man kann einem starken Konkurrenten wie IBM keinen Vorsprung von zweieinhalb Jahren geben und erwarten, dass man das Rennen gewinnt. Zu dem Zeitpunkt, als der Mac auf dem Markt erschien, war der IBM-PC (und seine geklonten Varianten) bereits dabei, zum Industriestandard zu werden.

Nr. 3: IBM (52 Milliarden Dollar)

Was trug dazu bei, die Marke IBM zu schaffen? Wenn man es mit einem Wort sagen will: der *Groß*rechner. IBM war nicht die erste Firma, die einen kommerziellen Computer einführte (die Erste war Remington Rand mit der Marke Univac, die im Jahre 1951 eingeführt wurde).

Aber Remington Rand war ein Mischkonzern, und IBM konzentrierte all seine Anstrengungen auf Information Machines for Business. Trotzdem hätte Remington Rand mit seiner Marke Univac eine Vormachtstellung erlangen können, wenn es nicht zur raschen Entwicklung des Großrechnerprodukts gekommen wäre. Der erste Computer von IBM, die 701, wurde im Jahre 1953 eingeführt. Weniger als ein Jahr später führte IBM die 702 ein, welche Informationen zweimal so schnell wie eine Univac-Maschine verarbeitete.

Das, was bei IBM für Großrechner funktioniert hatte, funktionierte interessanterweise bei derselben Firma für persönliche Rechner, eben für PCs, nicht. IBM war die erste Firma, die einen ernst zu nehmenden 16-Bit-Personal-Computer einführte (den IBM-PC), aber sie verlor den Krieg um die PCs gegen Nachahmer wie Compaq, Hewlett Packard und Dell.

Warum war das so? Der Name IBM auf der Marke war falsch. IBM bedeutete *Groß*rechner, nicht *persönlicher* Rechner. Wir erörtern dieses Paradoxon in Kapitel 16 über die »Einführung einer Marke«.

Nr. 4: General Electric (42 Milliarden Dollar)

General Electric lässt sich in seiner Geschichte auf Thomas Edison zurückverfolgen, der 1879 die elektrische Glühbirne erfand. Aus seiner Firma (Edison Light Company) wurde am Ende die General Electric Company.

In ihrer Zeit war die Glühbirne so revolutionär wie das Internet heutzutage und veränderte die Gesellschaft dadurch grundlegend, dass sie aus Zwölf-Stunden-Tagen 24-Stunden-Tage machte.

Nr. 5: Intel (31 Milliarden Dollar)

Wie bei den meisten der wirklich wertvollen Marken auf der Welt war es eine einzelne strahlende Erfindung, auf der die Marke Intel aufgebaut wurde; mit einem Wort: der *Mikrochip*. Intel war die erste Firma, die einen Mikroprozessor einführte, den Intel 4004.

Zudem schloss Intel klugerweise seinen Geschäftszweig für Speicherchips in Computern und konzentrierte sich auf seine neue Produktlinie, Mikroprozessoren. Hier handelt es sich um ein Beispiel dafür, wie erfolgreich das Zurückstutzen der Geschäfte sein kann (siehe Kapitel 13).

Nr. 6: Nokia (29 Milliarden Dollar)

Worauf baute die Marke Nokia auf? Mit einem Wort: auf dem *Handy*.

Ehrlich gesagt hätte die sechstwertvollste Marke auf der Welt Motorola sein sollen, die als erste Firma ein Handy einführte. Aber Motorola verlor aus demselben Grund gegen Nokia, aus dem IBM im Bereich der PCs gegen Compaq, Hewlett-Packard und Dell verlor. Nokia bedeutete Handy, und Motorola bedeutete eine breite Vielfalt von Produkten, beginnend mit Geräten zur Kommunikation bis zu globalen Satellitensystemen.

Nokia machte das Gegenteil. Um sich auf Handys zu konzentrieren, gab die Firma alles andere auf (Papier, Gummiprodukte einschließlich Reifen und Stiefel, Elektronik, Maschinen und Computer). Wieder einmal handelt es sich hier um einen Erfolg, der auf Zurückstutzen zurückgeht.

Nr. 7: Disney (28 Milliarden Dollar)

Worauf baute die Marke Disney auf? Mit einem Wort: auf *Mickey Maus*.

Disney war die erste Marke, die mit Zeichentrickfilmen oder mit Fantasy identifiziert wurde. Schneewittchen und die sieben Zwerge, Donald Duck, Pluto und andere animierte Wesen trugen mit dazu bei, die Marke Disney zu schaffen.

Nr. 8: McDonald's (25 Milliarden Dollar)

Worauf baute die Marke Big Mac auf? Auf Milliarden und Abermilliarden von Hamburgern.

Das erste Restaurant von McDonald's hatte nur elf Produkte auf der Speisekarte stehen, auch wenn man die verschiedenen Größen und Geschmacksrichtungen als unterschiedliche Produkte zählt. Wenn man keinen Hamburger (oder seine großen Neffen, den Cheeseburger) bestellte, gab es keinen Grund, zu McDonald's zu gehen. Alles andere auf der Speisekarte war nur eine Beigabe zu den Hamburgern.

Heutzutage hat ein typisches Restaurant von McDonald's selbstverständlich mehr als 50 Produkte auf der Speisekarte (mehr als 100, wenn man alle Größen und Geschmacksrichtungen mitzählt); und die Marke hat jetzt Probleme. Sagte da jemand etwas von Zurückstutzen?

Nr. 9: Marlboro (32 Milliarden Dollar)

Es geschieht nicht zum Vergnügen, dass wir das Marketing einer Zigarette feiern. Dass Marlboro zu einer der stärksten Marken der Welt geworden ist, steht außer Zweifel. Wie hat Marlboro dies erreicht? Die Firma hat einen langen Weg als erste Zigarettenmarke zurückgelegt.

Normalerweise meint man, Werbung sei das hervorstechende Element beim Erfolg von Marlboro. Aber Werbung ist nur Werkzeug. Mit einem Hammer kann man ein Haus bauen, aber man braucht einen Architekten, um ein Haus zu bauen, auf das man stolz sein kann.

Marlboro ist Darwinismus pur. Bis Marlboro auf den Markt kam, waren alle Zigaretten in dem Sinne Unisexmarken, dass sie gleichermaßen für Männer und Frauen reizvoll waren. Marlboro entwickelte sich fort von der Hauptströmung der Zigarettenmarken, indem es die bildliche Vorstellung vom Cowboy dazu einsetzte, eine männliche Marke zu schaffen.

Vergessen Sie die Tatsache, dass fast so viele Frauen wie Männer Marlboro rauchen. Marketing hat nichts mit Märkten zu tun; Marketing hat etwas mit unseren Köpfen zu tun. Und in unserem Kopf ist Marlboro eine männliche Zigarette; genau das ist auch der Grund, warum Frauen die Marke rauchen, nämlich um ihre maskuline Seite zum Ausdruck zu bringen.

Nr. 10: Mercedes-Benz (21 Milliarden Dollar)

Karl Benz erfand im Jahre 1885 das Auto (ein Dreirad); und auf ihn folgte Gottlieb Daimler, der im Jahre 1886 ein vierrädriges Auto vorführte. Später fusionierten die beiden Firmen, die von den beiden Autopionieren gegründet worden waren, um die Daimler-Benz AG zu bilden.

Mercedes-Benz war die Marke, die von der Firma Daimler-Benz geschaffen worden war. Heutzutage ist Mercedes eine der renommiertesten Automarken weltweit, obwohl die Firma alles tut, um dieses Renommee zu zerstören. Dies geschah zunächst einmal, indem sie mit einer weiter unten am Markt angesiedelten Firma, der Firma Chrysler, fusionierte, und dann, indem sie eine Serie von Modellen einführte, die weiter unten am Markt angesiedelt waren.

Warum die Grösse des Marktes irrelevant ist

Wie groß war der Markt für Cola an dem Tag, als Coca-Cola gegründet wurde?

Wie groß war der Markt für 16-Bit-PC-Betriebssysteme an dem Tag, als man Microsoft MS/DOS auf den Markt brachte?

Wie groß war der Markt für elektrische Glühbirnen an dem Tag, als Thomas Edison seine epochale Erfindung einführte?

Wie groß war der Markt für Mikroprozessoren an dem Tag, als Intel die 4004 erstmals vorführte?

Wie groß war der Markt für Zeichentrickfilme an dem Tag, als Walt Disneys Mickey Mouse erstmals auftrat?

Wie groß war der Markt für Fast-Food-Hamburger an dem Tag, als die McDonald-Brüder ihr erstes Restaurant eröffneten?

Wie groß war der Automobilmarkt an dem Tag, als Karl Benz seinen ersten Wagen vorführte?

In allen diesen acht Fällen war die Marktgröße praktisch gleich null. Acht der zehn wertvollsten Marken weltweit wurden durch Divergenz einer bestehenden Gattung geschaffen.

Die Macht der Konzentration auf einen kleinen Bereich

Die beiden übrigen Fälle (IBM und Nokia) sind Ausnahmen von der allgemeinen Regel, dass Marken durch Divergenz aufgebaut werden. Diese beiden Fälle demonstrieren jedoch auch ein anderes Prinzip der Markeneinführung. Man kann gewinnen, wenn man das Richtige macht, oder man kann gewinnen, wenn der Konkurrent das Falsche macht.

Bei IBM und Nokia machten die Konkurrenten das Falsche.

Nehmen Sie beispielsweise Remington Rand. Die Firma stellte eine breite Vielfalt von Produkten her, einschließlich Elektrorasierer, Systeme für das Betriebsfernsehen, Lochkartenmaschinen und Computer. Sie konnte nicht Schritt halten mit der intensiven Produktentwicklung, die im Bereich der Computer stattfindet.

Vier Jahre, nachdem die erste Univac eingeführt worden war, wurde IBM Marktführer im Bereich der Großrechner; und diese Marktführerschaft hat IBM nie verloren.

Nehmen Sie zum Beispiel Motorola. Die Firma beging den klassischen Fehler der Produktausweitung: Sie verwendete den Namen Motorola für eine sich entwickelnde neue Gattung mit der Bezeichnung Handy.

Aber machte IBM nicht das Gleiche wie Motorola? Verwendete die Firma nicht den Namen IBM für Großrechner, obwohl sie andere Produkte herstellte, insbesondere Lochkartenmaschinen? Das ist richtig, aber IBMs intensive Konzentration auf Computer verwandelte die Marke IBM in eine Marke für Großrechner.

Das geschah jedoch nicht im Falle Motorola. Die Marke Motorola stand nie allein für eine Handy-Marke. Es handelte sich um eine Mischmarke (und sie ist es immer noch), die außer für Handys noch für Halbleiter, globale Kommunikationseinrichtungen, Kabelmodems und Settop-Boxen auf Fernseher, für Heimtelekommunikationsgeräte, Notfallfunkgeräte sowie für Militärelektronik und Weltraumelektronik steht.

Motorola unternahm sogar unglückselige Raubzüge im Bereich der PCs und der Großrechner – natürlich unter dem Label Motorola.

Markt kontra Verstand

Was bei der Einführung einer Marke zählt, ist die Fähigkeit, zwischen Markt und Verstand zu unterscheiden.

Primäres Ziel einer Markeneinführung ist nicht der Markt für das Produkt oder die Dienstleistung. Primäres Ziel ist immer die geistige Durchdringung. Als Erstes kommt der Verstand, der Markt bewegt sich in die Richtung, die der Verstand ihm weist.

Viele Manager versuchen diesen Prozess kurzzuschließen. Sie denken in Begriffen des Markts und ignorieren das Bedürfnis, zunächst einmal das Denken der Kunden zu beeinflussen. Bei der Frage der Marktdefinition und der Marktposition kann dies große Verwirrung stiften.

Nehmen Sie zum Beispiel die Zigaretten von Marlboro. Man könnte argumentieren, dass der von Marlboro angepeilte Markt der gesamte Bereich der Zigaretten sei und der Cowboy nur eine raffinierte Art und Weise darstellte, diesen Markt anzusprechen.

Von diesem Ansatz geht die Werbeindustrie aus. Marlboro wurde mit Cowboys glücklich; deshalb ging die Suche nach neuen cleveren Visualisierungen weiter, die eventuell zum Verkauf von Zigarettenmarkten beitragen würden: Tiere (Camel), Swimmingpool (Parliament), Rennwagenfahrer (Winston) und so weiter.

Der Verstand denkt nicht in Marktbegriffen. Der Verstand denkt in Gattungen. In dieser Hinsicht ist die Visualisierung nur ein Mittel zum Ziel. Im Falle von Marlboro ist das Ziel eine Gattung, die der Verstand mit einer »männlichen« Zigarette identifiziert.

Sicher, am Ende wollen Sie, dass Ihre Marke den gesamten Markt beherrscht, wie dies schließlich auch mit der Marke Marlboro geschah. Aber die Methode, wie man das schafft, besteht nicht darin, groß anzufangen, sondern klein.

Die erste Frage, die man sich stellen sollte, lautet: Gibt es im Bewusstsein der Menschen bereits eine Gattung mit der Bezeichnung »männliche« Zigarette? Die zweite Frage, die man sich stellen sollte, lautet: Kann man eine Marke schaffen, die eine Divergenz der Hauptströmung des Zigarettenmarktes einleitet? Eine Divergenz, die am Ende die Gattung einer »männlichen« Zigarette schafft?

Der Prozess hängt nicht vom Markt ab

An dem Tag, als Marlboro als männliche Marke wieder eingeführt wurde, mag es Dutzende von männlichen Zigarettenmarken auf dem Markt gegeben haben. Wichtig ist nicht, was es auf dem Markt gibt. Wichtig ist, was im Kopf existiert. Gibt es dort einen Platz oder eine Position für eine neue Gattung?

Am 2. Juli 1908 waren Dutzende teurer Uhrenmarken auf dem Markt; das war der Tag, an dem sich Hans Wilsdorf die Marke Rolex patentieren ließ. (Die Schweizer Uhrenindustrie ging in der Mitte des 16. Jahrhunderts von Genf aus.) Aber im Kopf des Durchschnittsmenschen gab es keine Gattung mit der Bezeichnung »teure« Uhr, und ganz gewiss gab es in dieser Gattung keine Marken, obwohl sich der durchschnittliche Uhrenkäufer vage der Tatsache bewusst war, dass man eine Uhr für 5000 Dollar kaufen konnte.

Wie bei der Einführung von Marlboro schuf die Einführung der Rolex die Wahrnehmung einer neuen Gattung (teure Uhr), sorgte dafür, dass die Gattung mit einer neuen Marke (oder Rolex) identifiziert wurde, und drängte den Markt am Ende in diese Richtung. Vor Rolex war der Markt für teure Uhren unbedeutend. Heutzutage halten teure Uhren einen beträchtlichen Anteil am Uhrenmarkt.

Wie groß ist der Markt?

Null. Großartig! Das ist der Markt, auf den wir abzielen.

Allmähliche Veränderung

Ford — Taurus
Ford — Fairlane
Ford — Modell T

Divergenz

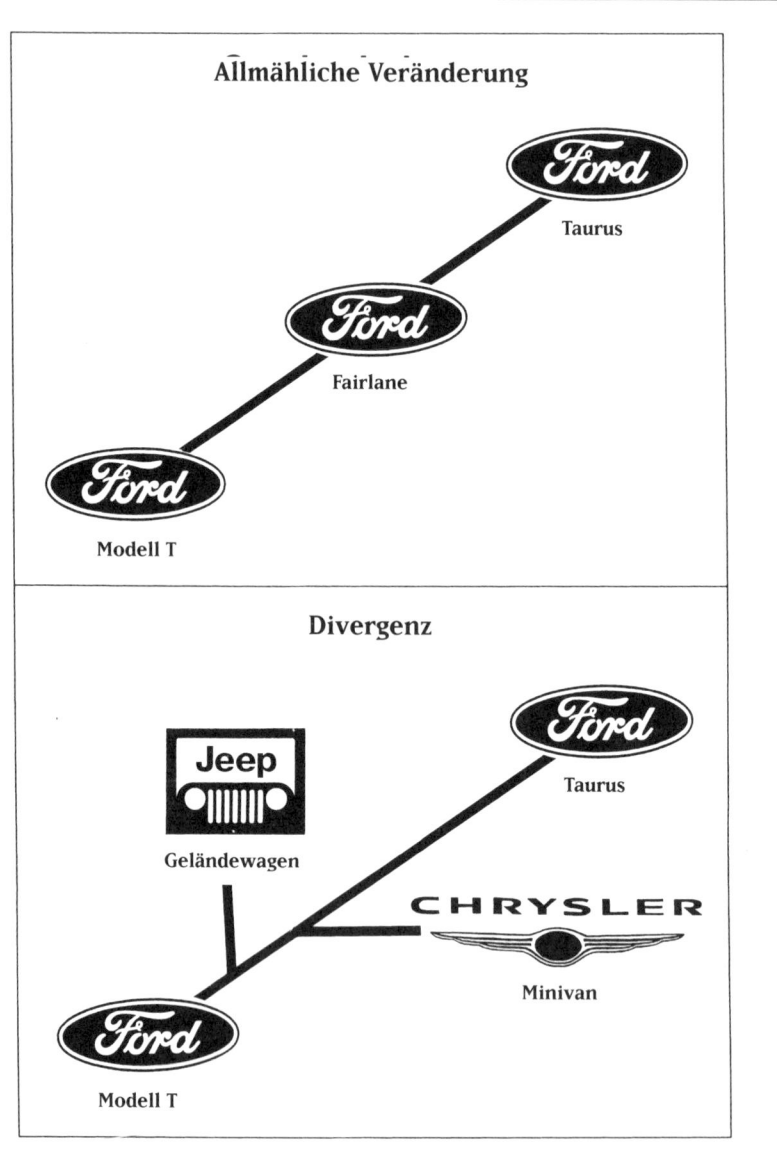

Ford — Taurus
Jeep — Geländewagen
Chrysler — Minivan
Ford — Modell T

Die Limousinen von Ford haben sich allmählich entwickelt. Abrupte Veränderung oder Divergenz tritt auf, wenn neue Typen oder Fahrzeuge eingeführt werden.

Kapitel 4

Allmähliche Veränderung kontra Divergenz

Darwin erkannte, dass zur Evolution zwei Aspekte gehören. Bei dem einen geht es um eine allmähliche Veränderung vom Zustand unserer Vorfahren zum momentanen Zustand (man nennt sie Anagenesis). Beim anderen Aspekt geht es um Divergenz oder um die Verzweigung des Stammbaums, wodurch neue Zweige entstehen (man nennt sie Kladogenesis).

In der Biologie sind Anagenesis (allmähliche Veränderung) und Kladogenesis (Divergenz) weitgehend voneinander unabhängige Prozesse. Durch Anagenesis entstehen Erdbeeren von der Größe einer Pflaume. Aber durch Anagenesis kommen einfach keine Pflaumen zustande. Dafür braucht man Divergenz.

Im Geschäftsleben gibt es auch zwei weitgehend voneinander unabhängige Prozesse. Wenn man die beiden durcheinander bringt, kann dies zu Problemen führen. Man muss erkennen, was eine normale, natürliche Veränderung ist und welche Umstände zur Divergenz führen, die eine abrupte Veränderung beinhaltet.

Ein Ford Taurus aus dem Jahre 2004 sieht nicht aus wie ein Ford Fairlane aus dem Jahre 1955; aber bei beiden handelt es sich um Limousinen.

Bei den Limousinen von Ford hatte es über die Jahre hinweg eine Reihe von

Veränderungen gegeben, aber sie haben sich nicht zu Minivans oder zu Jeeps entwickelt.

Betrachtet man Divergenz als natürliche Veränderung, dann wird man die Gelegenheit zur Schaffung einer profitablen neuen Marke verpassen. Sieht man eine natürliche Veränderung als Divergenz, dann führt man möglicherweise eine neue Marke ein, die sich als Desaster herausstellt.

Prinzip Nr. 1: Allmähliche Veränderung

Das erste grundlegende Evolutionsprinzip ist das Überleben des Stärksten. Die Konkurrenz zwischen den Individuen verbessert die Art über einen längeren Zeitraum hinweg. Darwin war der Auffassung, dass sich alle Lebewesen in einem brutalen Kampf ums Dasein befinden und dass dies dazu führt, dass all jene Pflanzen und Tiere aussterben, denen ungünstige Eigenschaften vererbt werden.

Mit der Zeit entwickelt sich eine Art und wird wegen der Konkurrenz stärker und widerstandsfähiger gegenüber ungünstigen Lebensbedingungen.

Vor 100 Jahren konnte der durchschnittliche amerikanische Säugling erwarten, bis zum Alter von 47 Jahren zu leben. Heute beträgt seine Lebenserwartung 77 Jahre.

Vor 200 Jahren betrug die durchschnittliche Größe eines amerikanischen Mannes 1,70 Meter. Heutzutage ist der durchschnittliche amerikanische Erwachsene 1,75 Meter. Fünf Zentimeter über einen Zeitraum von zwei Jahrhunderten scheint keine große Veränderung zu sein, es sei denn, man multipliziert diese Zahl mit den Tausenden von Jahrhunderten der Existenz der Menschheit.

Außer dem *Homo sapiens* verbessern sich Vögel, Bienen, Pflanzen und Tiere in dem Maße, in dem die Natur die Schwachen diskriminiert.

Bei den Olympischen Spielen 1896 gewann Thomas Burke aus den Vereinigten Staaten den 100-Meter-Lauf in 12 Sekunden. Bei den Olympischen Spielen 2000 gewann Maurice Green aus den Vereinigten Staaten den gleichen Lauf in 9,87 Sekunden. Individuen verbessern sich mit der Zeit nicht so sehr, aber auf die Art trifft dies zu. Alle Teilnehmer am Wettlauf im Jahre 1896 hätten sich (in der Blüte ihres Lebens) für einen Lauf bei den Spielen im Jahre 2000 nicht qualifiziert.

Prinzip Nr. 2: Divergenz

Das zweite grundlegende Evolutionsprinzip leitet sich unmittelbar aus dem ersten ab. Es handelt sich um das Prinzip der Divergenz. Die Konkurrenz zwischen den Arten treibt sie immer weiter auseinander.

Darwin beschreibt den Prozess folgendermaßen: »Je mehr daher während der Umänderung der Nachkommen einer jeden Art und während des beständigen Kampfes aller Arten um Vermehrung ihrer Individuenzahl jene Nachkommen differenziert werden, desto besser wird ihre Aussicht auf Erfolg im Ringen um's Dasein sein. ... Natürliche Zuchtwahl führt, wie soeben bemerkt worden ist, zur Divergenz der Charactere und zu starkem Aussterben der minder vollkommenen und der mittleren Lebensformen.«

Dieses Prinzip lässt sich durch ein berühmtes biologisches Experiment demonstrieren. Stecken Sie zwei unterschiedliche Arten von Pantoffeltierchen in ein Teströhrchen, und kommen Sie nach ein paar Tagen zurück. Eine Art wird den oberen Teil des Teströhrchens besiedeln, die andere Art den unteren Teil. Der Bereich dazwischen ist eine Wüste.

Ähnlich verhält es sich mit den Rankenfußkrebsen. Die eine Art besiedelt die Flutlinie, die andere die Ebbelinie. (Im Marketing bezeichnet man eine Marke, die versucht, zwei unterschiedliche Positionen zu besetzen, oft als etwas, was in der »schwammigen Mitte« stecken geblieben ist.)

ZWEI ARTEN VON KONKURRENZ

Diese beiden Prinzipien der Natur haben eine große Bedeutung im Bereich des Marketing. Konkurrenz zwischen Individuen (Marken) verbessert die Art. Konkurrenz zwischen Arten (Gattungen) treibt die Gattungen immer weiter auseinander.

Nehmen Sie als Beispiel Marken in der Gattung mit der Bezeichnung Personal Computer. Die Hersteller von PCs, die ihre Produkte nicht kontinuierlich verbessern und neue Varianten herausbringen, werden schon bald feststellen, dass sie Bankrott gehen. Das Gleiche gilt für die meisten Produkte und Dienstleistungen. Man kann dem Verbraucher von heute nicht die Produkte von gestern verkaufen.

Darwins zweites Prinzip trifft ebenfalls auf das Marketing zu. Konkurrenz zwischen den Arten (Gattungen) treibt die Gattungen immer weiter auseinander. Compaq führte den ersten transportablen Computer ein, der 9 Kilogramm wog. Es handelte sich im Wesentlichen um einen abgespeckten Desktop-Computer mit einem Griff. Anstatt das Produkt als einen transportablen Computer zu bezeichnen, nannten ihn die Computernutzer einen »gepäckfertigen« Rechner oder Schlepp-Top.

Vergleichen Sie einmal die Desktop-Computer von heute mit den modernen transportablen Computern (man nennt sie jetzt Laptop). Auf Lauras Schreibtisch steht ein Rechner namens Dell Dimension XPS T550 (13 Kilo), ein 19 Zoll großer LCD-Monitor (8 Kilo) und eine ergonomische Tastatur von Microsoft mit Maus (1,6 Kilo). Gesamtgewicht: 22,6 Kilo.

Wenn Laura jedoch unterwegs ist, hat sie einen Toshiba Protégé dabei, der gerade einmal 2 Kilo wiegt. Man kann in diesen Tagen nicht mehr nur einen Griff an einem Desktop-Computer anbringen und ihn als »transportabel« bezeichnen. Der transportable Computer oder der Laptop hat sich aus dem Desktop-Computer herausentwickelt.

Von der Optik her ließe sich die gemeinsame Herkunft des Laptops und des Desktop-Computers nur schwer erkennen. Aber vom Rationalen her sehen wir den Zusammenhang, weil man auf ihnen die gleiche Software benutzen kann und beide als Personal Computer bezeichnet werden.

Der Prozess hört nie auf. Heutzutage teilt sich die Gattung Laptop in voll ausgestattete Geräte, die zwischen 2,5 Kilo und 3,5 Kilo wiegen, und ultraleichte Geräte auf, die zwischen 1,4 Kilo und 1,8 Kilo wiegen. Hier handelt es sich um einen wichtigen Begriff, weil Ihr Gefühl Sie in eine andere Richtung leiten könnte. Wenn Sie sich den Kunden als jemanden mit einer einzigen Identität vorstellen (und viele Firmen machen das), dann haben Sie das Gefühl, dem Kunden jeden Wunsch erfüllen zu müssen. Infolgedessen muss ein Laptop voll ausgestattet, aber ultraleicht sein. Mit anderen Worten, Sie positionieren sich genau in der schwammigen Mitte – dort, wo es keinen Markt gibt.

Der »entscheidende Punkt« eines Marktes ist eine Illusion, die bald Platz macht für mehrere »entscheidende Punkte«. Welchen Punkt soll Ihre Marke Ihrer Absicht nach im Markt besetzen? Den oberen Bereich des Teströhrchens oder den unteren? Wenn man versucht, beides zu machen, landet man direkt in der schwammigen Mitte.

Die Automobilbranche hat oft den Fehler gemacht, dem Verbraucher jeden Wunsch zu erfüllen. Deshalb wurden die Autos jedes Jahr ein wenig länger, ein wenig breiter, etwas mehr mit Chrom verziert und ein bisschen teurer. Früher oder später wurden die Automarken aus ihren natürlichen Nischen herausgedrängt.

Der Druck zur Divergenz

Am Beispiel des Menschen beschreibt Darwin den Druck, den die Natur auf die Art in Richtung Divergenz ausübt: »Es ist derselbe Fall, wie bei den Matrosen eines in der Nähe der Küste gestrandeten Schiffes; für diejenigen, welche gut schwimmen können, wäre es besser gewesen, wenn sie noch weiter hätten schwimmen können, während es für die schlechten Schwimmer besser gewesen wäre, wenn sie gar nicht hätten schwimmen können und sich an das Wrack gehalten hätten.«

Wenn die Seeleute eine Art wären, die genügend Zeit und hinreichend viele Wracks zur Verfügung hätte, dann gäbe es am Ende zwei Arten von Seeleuten: Schwimmer und Nichtschwimmer. Hier wäre die schwammige Mitte wieder etwas, was man meiden sollte.

Wenn es auf der Welt bloß zwei Sportarten gäbe, Basketball und Pferderennen, dann würde man schließlich nur zwei Arten von Sportlern haben. Die Großen und die Kleinen. Center und Jockeys. Giraffen und Gazellen.

Beim Marketing kann man leicht beobachten, wie sich eine Marke mit der

Zeit »entwickelt«. Aus dem Modell T von Ford aus dem Jahre 1908 ist der Ford Taurus des Jahres 2004 geworden. Es ist offensichtlich, dass sich die Marke in derselben Zeit auch »auseinander entwickelt« hat.

1908 hatte Ford ein Modell, eine Farbe und einen Preis. Heutzutage kann man von Ford zehn unterschiedliche Modelle kaufen.

- Ford Crown Victoria (Luxuslimousine)
- Ford Ecoline (Van)
- Ford Excursion (großer Geländewagen)
- Ford Explorer (Geländewagen)
- Ford Focus (Kleinwagen)
- Ford F-Serie (Pickup)
- Ford Mustang (Sportwagen)
- Ford Ranger (kleiner Pickup)
- Ford Taurus (Mittelklasse)
- Ford Windstar (Minivan)

Die Modelle in der heutigen Produktpalette von Ford sehen unterschiedlich aus und erfüllen unterschiedliche Aufgaben, aber sie hatten offensichtlich alle einen gemeinsamen Vorfahren, das Modell T von Ford.

Die allmähliche Veränderung hat die Nachkommenschaft bei Ford mit der Zeit verbessert, als die Divergenz neun unterschiedliche Gattungen schuf, wo es früher einmal nur eine gegeben hat.

Achten Sie darauf, dass jede Gattung eigentlich ziemlich allein für sich dasteht. Der Pickup ist kein leicht veränderter Kleinwagen. Der Geländewagen ist kein leicht veränderter Sportwagen. Obwohl es offensichtlich Dinge gibt, die ihnen gemeinsam sind.

Der Mensch stammt laut Darwin nicht von den Affen ab, obwohl wir einige gemeinsame Vorfahren haben. Irgendwann in grauer Vorzeit entwickelte sich der *Homo sapiens* heraus oder bildete einen neuen Zweig von dem Ast und vom selben Baum, der auch Menschenaffen, Gorillas, Schimpansen, Orang-Utans, Gibbons und Affen hervorgebracht hat.

Wie man mit der Konkurrenz Schritt hält

Jede Marke, die mit der Konkurrenz Schritt halten möchte, muss sich »entwickeln«. Das 1908er Modell T von Ford könnte man nicht in Konkurrenz mit dem Chevrolet Malibu verkaufen. Die Marke Ford ist dieselbe (selbst das Symbol für die Marke ist relativ unverändert geblieben), aber das Produkt hat sich drastisch verändert, damit es von den technologischen Entwicklungen in der Automobilindustrie profitiert.

Mehr oder minder trifft dies auf alle Marken zu. Veränderung ist der Preis, den man zahlt, um dabei zu bleiben.

Die meisten führenden Marken müssen vor dem Gang der Dinge keine Angst haben. Solange sie erfolgreich »mit der Konkurrenz Schritt halten«, sollte es ihnen gelingen, ihre Position am Markt zu behaupten. Selbst wenn Chevrolet einen besseren Wagen einführt, ist es unwahrscheinlich, dass Ford seine Marktführerschaft bei den Autos verliert.

Warum? Weil man für ein besseres Produkt Zeit benötigt, um bei den Autokäufern etwas im Kopf zu bewegen. Und Zeit ist ein Pluspunkt des Marktführers. Die Konkurrenz mit Argusaugen zu beobachten und dann mit ihren Entwicklungen gleichzuziehen (sowie sie zu übertreffen) ist das, worum es bei der Markenpflege heute geht.

Darwins zweites Prinzip schafft für die Marketingfachleute neue Möglichkeiten (und neue Probleme). Divergenz ist ein Evolutionsprinzip, auf das die Schaffung neuer Arten zurückgeht. Und eine neue Art kann eine bestehende Art (oder Produktgattung) leicht auslöschen. Sie haben ja selbst erlebt, was der PC bei den Schreibmaschinen angerichtet hat und was das Internet bei den Faxgeräten anrichtet.

Das Wort »Evolution« ist irreführend

Das Wort *Evolution* beinhaltet eine allmähliche Transformation von einer Art zu einer anderen. Doch das ist nicht das, was in der Natur geschieht.

In der Erstausgabe des *Ursprungs der Arten* verwendete Charles Darwin das Wort überhaupt nicht. Und tatsächlich benutzte er es in späteren Ausgaben nur zögerlich, als offensichtlich wurde, dass das Wort *Evolution* auf ewig mit seiner Arbeit verknüpft bleiben wird.

Für Darwin war das Divergenzprinzip gleich wichtig wie das Prinzip der allmählichen Veränderung. Wenn die Natur einen »evolutionären« Weg einschlüge, dann bedeutete dies, dass viele Arten so eng miteinander verwandt wären, dass es schwierig wäre, sie voneinander zu unterscheiden. Ist dieses Tier eine Katze oder ein Hund? Nun ja, das ist schwer zu sagen. Es könnte das eine oder das andere sein.

Darwins geniale Erkenntnis bestand darin, dass Arten wie Katzen und Hunde möglicherweise einen gemeinsamen Vorfahren haben, aber dass sie als Antwort auf Veränderungen in der Umwelt »einen neuen Zweig gebildet« bzw. sich auseinander entwickelt haben. Mit der Zeit werden die Unterschiede zwischen den Arten übertrieben stark ausgeprägt. Mit Darwins Worten: »Die Natur begünstigt die Extreme.«

(Auch bei der Einführung von Marken begünstigt die Natur die Extreme. Schauen Sie sich am oberen Ende der Stufenleiter den Erfolg von Rolex, Starbucks und Ritz-Carlton an. Und am unteren Ende Swatch, Wal-Mart und Costco.)

Wäre die »Evolution« das Einzige, was sich in der Geschichte der Erde ereignet hätte, dann wäre die Welt von den größten, stärksten und robustesten Einzellern bevölkert, die man sich nur vorstellen kann.

Schlimm genug. Die Evolution der Marken ist als Marketingkonzept weithin akzeptiert. Dagegen ist die Divergenz der Marken überhaupt nicht akzeptiert. Auf lange Sicht ist es die Divergenz und nicht die Evolution, die die meisten Möglichkeiten zum Aufbau einer neuen Marke bietet.

Nehmen Sie als Beispiel die Firma Ford. Mit der Zeit hat Ford bei der Einführung neuer Marken viele Gelegenheiten zur »Divergenz« verpasst. Beispielsweise die Sportwagenbranche, in der Porsche momentan die dominierende Stellung hat, oder die Branche der Luxuslimousinen, die gegenwärtig von Mercedes-Benz dominiert wird. Ford verpasste auch die Gelegenheit bei den Geländewagen (Jeep) und sogar bei den Minivans (Chrysler).

Evolution ist eine offenkundige Strategie: »Jedes Jahr müssen wir unsere

Produkte besser, billiger und zuverlässiger machen als je zuvor.« Divergenz ist es nicht. Tatsächlich kann Sie Ihr Gefühl genau in die falsche Richtung leiten.

KMART, WAL-MART UND TARGET

Nehmen Sie beispielsweise den Kampf Kmart gegen Wal-Mart. Kmart verlor augenscheinlich den Kampf um den Massenmarkt an seinen Erzrivalen aus Bentonville (Arkansas). Und was machte Kmart dann?

Man stellte ein neues Management ein, das bei den wöchentlichen Postwurfsendungen abspeckte, in denen zahllose Sonderangebote angepriesen wurden, und machte wie Wal-Mart eine »Tägliche-Niedrigpreis«-Politik zur Institution.

Mögen die Kunden das, was die Firmen ELP nennen (everyday low pricing oder täglicher Niedrigpreis)? Selbstverständlich, das ist doch der Grund, warum sie bei Wal-Mart einkaufen, der Ladenkette, die ihr Versprechen »immer niedrige Preise« verkündet (und einhält).

Target andererseits ging einen eigenen Weg, indem die Firma vom Wal-Mart-Muster »abzweigte«. Breite Gänge, schöne Schaufenster und Designer-Produkte trugen dazu bei, dass sich die Marke Target von der Marke Wal-Mart unterschied. »Cheap chic« lautet das Motto. (Oprah Winfrey nennt den Laden »Tar-ZHEY«.)

Target bildete einen neuen Zweig abseits von der Gattung Massenmarkt und wurde zum gehobenen Discounter.

Wenn man die Marken Target, Wal-Mart und Kmart zusammen in ein Teströhrchen steckte, das als Massenmarkt vermarktet wird, und alles miteinander vermischte, würde man Target am oberen Ende finden, Wal-Mart und Kmart, die Firma, die Bankrott machte, in der schwammigen Mitte.

Wenn Sie sich mit der Geschichte von Sam Walton und seiner Wal-Mart-Kette beschäftigen, werden Sie herausfinden, dass die Marke sowohl Zeiten der Divergenz als auch Zeiten der allmählichen Veränderungen durchmachte.

Anfangs war die Marke Wal-Mart eine klassische Divergenz-Geschichte.

Kmart war die führende Discounter-Kette mit Läden in den meisten großen Städten. Wal-Mart machte dann, statt Auge in Auge mit Kmart zu konkurrieren, Läden in kleineren Städten auf.

Mit wenig oder ohne große Konkurrenz wurde Wal-Mart durch allmähliche Veränderung jedes Jahr stärker. Als die Firma erst einmal ihre Lagerhaltungs- und Auslieferungssysteme ausgebaut hatte, war sie stark genug, um in Kmarts Terrain vorzudringen. Der Ausgang dieses klassischen Kampfes wurde durch das »Überleben des Stärksten« bestimmt.

Zwei Marken können nicht dieselbe Marktposition belegen

Im Kampf ums Überleben können zwei Arten (oder zwei Marken) nicht dieselbe Position belegen. Wenn sie dies dennoch versuchen, wird die eine Art (oder Marke) die andere auslöschen.

Was auf lange Sicht stimmt, lässt sich über eine kurze Zeit hinweg oft nur schwer beobachten. Eine raffinierte Werbeaktion, eine Kette glücklicher Zufälle oder irgendwelche anderen Marketingwunder können die Verkaufszahlen einer Marke hochschnellen lassen ... kurzfristig. Doch wenn man für eine Marke keine wirksame Strategie findet, ist sie gewöhnlich langfristig zum Untergang verdammt.

Nehmen Sie als Beispiel Miller Lite. Nach Jahren sinkender Marktanteile erlebte die Marke kürzlich durch ihre Kampagne einen kleinen Aufschwung für kohlenhydratarme Produkte. (Heutzutage reden alle über kohlenhydratarme Ernährung.)

Aber ist kohlenhydratarm langfristig eine gute Strategie für einen Massenmarkt mit einer Marke für Otto Normalverbraucher? Miller Lite braucht eine Mainstream-Idee, wenn es nicht auf der gleichen Stufe bleiben soll wie Bud Light und Coors Light. Mit »gesundem Bier« schafft man das nicht.

Das gilt vor allem, weil Michelob Ultra zuerst auf den Markt kam, sich ausschließlich auf weniger Kohlenhydrate konzentrierte und weniger Kohlenhydrate enthält als Miller Lite. Ultra ist das Bier der Wahl mit weniger Kohlenhydraten. Miller Lite mag kurzfristig höhere Verkaufszahlen haben, langfristig jedoch wird es dahin zurückfallen, wo es am Anfang war.

Eine existierende Marke zu retten ist nur eine Seite der Medaille. Die andere Seite ist die Entwicklung neuer Marken. Es wird bei weitem zu viel Zeit und Mühe darauf verwendet, Marken zu retten. Dabei könnte man viel mehr Wirkung für das eingesetzte Geld erzielen, wenn man es in neue Marken investierte.

Darwin war der Auffassung, dass alle Lebewesen (Pflanzen ebenso wie Tiere) durch ihre gemeinsamen Vorfahren über einen einfachen Urtyp miteinander verwandt sind. Wenn das so ist, ist der Umfang der Divergenz Schwindel erregend. Man weiß heute, dass etwa 1,7 Millionen Arten existieren, von denen ungefähr 50.000 im Detail beschrieben worden sind. Das ist ein Bruchteil der schätzungsweise 10 bis 100 Millionen Arten, die die Erde bevölkern.

Bei dieser Zahl sind auch die Millionen von Arten nicht mit eingerechnet, die über die Jahre hinweg ausgestorben sind. Die Dinosaurier, die Mammuts und viele andere. Wahrscheinlich sind mehr Arten ausgestorben, als gegenwärtig leben (das Gleiche trifft auf Marken zu).

»Endlose Reihe der schönsten und wundervollsten Formen«

Diese Vervielfachung der Lebensformen durch Divergenz kann als positive Kraft gesehen werden. Darwin fasst seinen Begriff von Leben in den letzten beiden Sätzen über den *Ursprung der Arten* zusammen. »So geht aus dem Kampfe der Natur, aus Hunger und Tod unmittelbar die Lösung des höchsten Problems hervor, das wir zu fassen vermögen, die Erzeugung immer höherer und vollkommenerer Thiere. Es ist wahrlich eine grossartige Ansicht, dass der Schöpfer den Keim alles Lebens, das uns umgibt, nur wenigen oder nur einer einzigen Form eingehaucht hat, und dass, während unser Planet den strengsten Gesetzen der Schwerkraft folgend sich im Kreise geschwungen, aus so einfachem Anfange sich eine endlose Reihe der schönsten und wundervollsten Formen entwickelt hat und noch immer entwickelt.«

Sehen Sie sich die endlose Reihe von Produkten an, die vor 50 oder 100 Jahren gar nicht existiert haben. Computer, Handys, Digitalkameras. Alkoholarmes Bier, Cola light, Energy Drinks. Englische Muffins, gefriergetrockneter Kaffee, Jogurt, Mikrowelle, Kabelfernsehen, Videorekorder, DVDs.

Wird sich über die Forschungs- und Entwicklungslabors künftig weiterhin ein Füllhorn neuer Produkte ergießen? Sicherlich.

Doch im Ernst, die große Mehrheit der schönsten und wunderbarsten Produkte liegt noch vor uns. Und jedes Einzelne von ihnen schafft eine Gelegenheit, eine neue Marke einzuführen.

Eine neue Marke, die Sie so reich machen kann, wie Sie es sich nie im Traum hätten einfallen lassen. Aber zunächst einmal müssen Sie den Lockungen der Konvergenzpropagandisten widerstehen.

KAPITEL 5

DER FLUCH DES RADIOWECKERS

Der Radiowecker hat mehr Schaden angerichtet als alle Regierungsstellen und Investmentbanker der Wall Street zusammen.

Der Erfolg des allgegenwärtigen Radioweckers überzeugte Tausende von ansonsten so rationalen Wirtschaftsbossen, dass die Zukunft einem Konzept mit der Bezeichnung Konvergenz gehört.

Wenn die Uhr mit dem Radio kombiniert werden kann, damit sich auf diese Weise ein interessantes und nützliches Gerät herstellen lässt, wäre es dann nicht möglich, dass die ganze Branche konvergiert?

WAS SCULLEY SCHUF

Manche führen den kürzlich aufgetretenen kurzen Anstieg des Interesses an der Konvergenz auf ein Interview in der *New York Times* zurück (oder sie geben ihm die Schuld dafür), das am 15. September 1992 erschien: »John Sculley, der Vorstandsvorsitzende von Apple, predigte über ein postindustrielles gelobtes Land, in dem vier gigantische Wirtschaftszweige (Computer, Unterhaltungselektronik, Kommunikation und Information) konvergieren würden.

1978

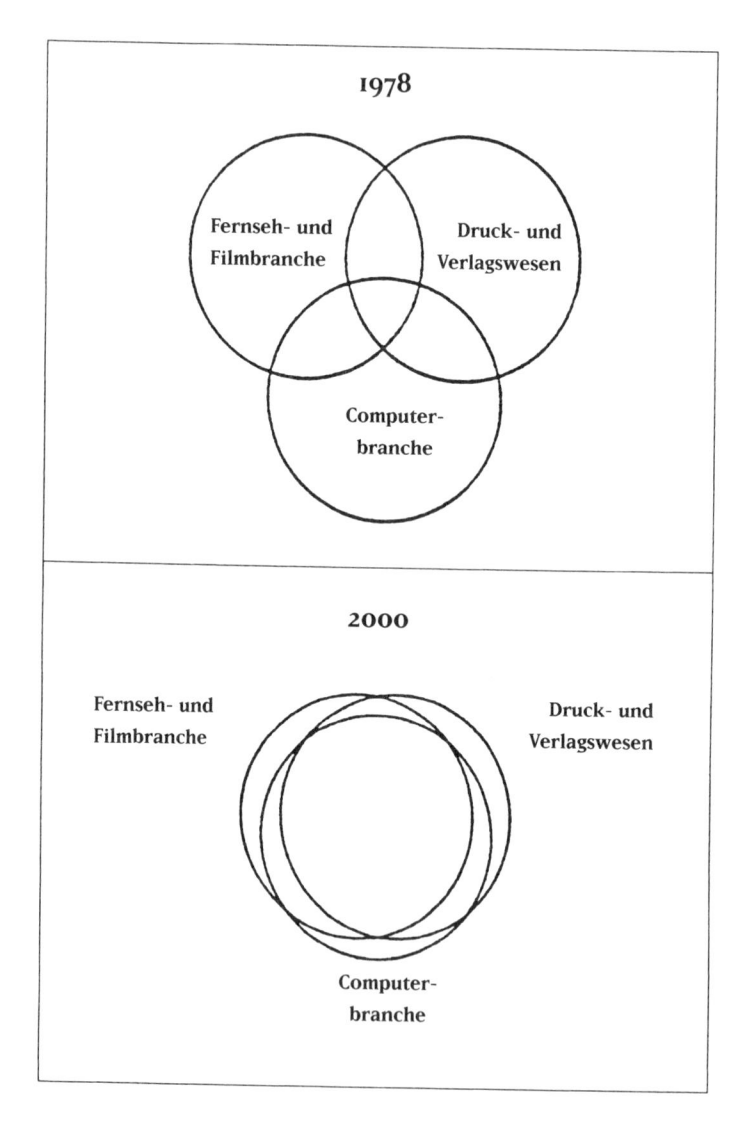

- Fernseh- und Filmbranche
- Druck- und Verlagswesen
- Computerbranche

2000

- Fernseh- und Filmbranche
- Druck- und Verlagswesen
- Computerbranche

Der Gründer des Media Lab am MIT versuchte in dieser oder einer ähnlichen Grafik 1978 zu zeigen, wie die künftige Konvergenz dreier Hauptwirtschaftszweige aussehen wird.

Mr. Sculley beschreibt eine sich entwickelnde Branche, von der er sagt, dass sie innerhalb eines Jahrzehnts zu einem 3,5-Billionen-Dollar-Geschäft werden wird.

Sie wird, so sagt er, etwas mehr als halb so groß sein wie die heutige Wirtschaft in den USA, in Kanada und in Mexiko zusammen.«

Im folgenden Jahr lief das *Wall Street Journal* dem erfolgreichen Modetrend Konvergenz hinterher: Schock – das ist in diesen Tagen der allgemeine Gefühlszustand unter den Führern der fünf größten Wirtschaftszweige auf der Welt: Computer, Kommunikation, Unterhaltungselektronik, Unterhaltung und Verlagswesen. Verbunden durch eine gemeinsame Technologie – durch eine zunehmende Fähigkeit, preiswert riesige Mengen von Videos, Tönen, Grafiken und Texten in digitaler Form zu übermitteln – transformieren sie sich und konvergieren.

Im selben Jahr goss die Zeitschrift *Fortune* Öl ins Feuer; dort war in einem Kommentar über den geplanten Ankauf der Tele-Communications Incorporation durch Bell Atlantic zu lesen: »*Konvergenz* wird für den Rest des Jahrzehnts zum Modewort werden. Hier geht es nicht nur darum, dass das Kabel und das Telefon eine Hochzeit eingehen. Es geht um Kulturen und Konzerne in wichtigen Wirtschaftszweigen – Telekommunikation (einschließlich der Telefonnetzbetreiber), Kabel, Computer, Unterhaltung, Unterhaltungselektronik, Verlagswesen und sogar der Einzelhandel). Sie werden zu einer Megaindustrie zusammenwachsen, die Informationen, Unterhaltung, Güter und Dienstleistungen für Ihr Zuhause und für das Geschäftsleben liefern wird.«

In ebendiesem Jahr begeisterte sich die *New York Times* gleichfalls für die Konvergenz: »Die digitale Konvergenz ist keine futuristische Vision oder eine Wahlmöglichkeit, die man unter vielen anderen hat; es handelt sich um einen auf uns zurasenden Zug. Die Digitalisierung aller Formen von Informationen (einschließlich der Übertragung von Empfindungen) hat sich als genau, wirtschaftlich, ökologisch klug, universell anwendbar, einfach nutzbar und als ebenso schnell wie leicht erwiesen.«

Die Überschrift eines kürzlich in der *New York Times* erschienenen Artikels lautet: »Wenn zwei mächtige Wirtschaftszweige konvergieren, wird es reichlich

Veränderungen geben.« Der Artikel fährt mit folgendem Bericht fort: »Für die lange vorhergesagte, aber nie eingetretene Konvergenz von Medien und Technologie gibt es erste Belege – der Hochgeschwindigkeitszugang zum Internet lässt vieles möglich werden.«

SIE STECKEN IHR GELD IN ANGEKÜNDIGTE PROJEKTE

Mehr noch, eine Reihe großer Zeitschriften investieren viel Geld in Projekte, über die man zuvor nur geredet hatte. Das *Wall Street Journal* veröffentlicht eine Beilage für europäische Zeitschriften mit dem Titel *Konvergenz*. Die Zeitschrift *Business Week* veranstaltet eine jährlich stattfindende Konferenz unter dem Motto »The Global Convergence Summit«.

Dow Jones führt eine jährliche Konferenz in London durch unter dem Motto »The *Wall Street Journal Europe*'s Annual CEO Summit on Convergence Technologies«. Zu den Vortragenden auf dem siebten jährlichen Treffen mit Wirtschaftsführern gehörten Michael Dell, Vorstandsvorsitzender von Dell, und Michael Capellas, der frühere Vorstandsvorsitzende von Compaq und jetzige Vorstandsvorsitzende von WorldCom.

Im Jahre 1999 veröffentlichte die Zeitschrift *Forbes ASAP* eine Sonderausgabe mit dem Titel »Die große Konvergenz«. Der Autor des Leitartikels für die Ausgabe war ganz verzückt: »Großartige Ideen haben uns schon oft verändert. Wir teilen die Menschheitsgeschichte oft nach den Daten ein, an denen sie aufkamen: Feuer, die Domestizierung von Tieren, Ackerbau und Viehzucht, Handel, Demokratie, Kaiserreich, das gottgegebene Recht der Könige, das heliozentrische Weltbild, die Newton'sche Mechanik, Freiheit, Massenproduktion, der Nationalstaat, Evolution und Relativität, Atomspaltung, Abstraktion, Digitalisierung, Gleichheit. Die Idee, die zu unserer Zeit gerade im Entstehen begriffen ist, ist die der Konvergenz. Es handelt sich um die bestimmende Metapher zum Wechsel des Jahrtausends.«

Demokratie, Freiheit, Gleichheit, Konvergenz? Welche von diesen vier großen Ideen scheint Ihnen hier nicht ganz am Platze zu sein?

Konvergenz kontra Divergenz

Beim Marketing ist dies heute die wichtigste Frage. Der Weg, den man einschlägt, hat ungeheure Konsequenzen für den Erfolg Ihrer Marke.

Es ist nicht leicht, eine neue Gattung von Produkten zu schaffen und dann zu gewährleisten, dass der Markenname im Bewusstsein der Verbraucher für diese neue Gattung steht. Dies gilt vor allem heute, wo der Schwerpunkt beim Produktdesign und bei der Produktentwicklung nicht darin besteht, neue Gattungen zu schaffen, sondern darin, bestehende Gattungen miteinander zu kombinieren.

Wenn Gattungen konvergieren, dann werden bestehende Marken (und die Firmen, denen diese Marken gehören) mächtiger werden. Wenn der Handheld Computer (oder PDA) mit dem Handy konvergiert (wie es die Technikpropheten vorhergesagt haben), dann ist die Wahrscheinlichkeit groß, dass der sich daraus ergebende Markt für die Kombination aus Handhelds und Handys entweder von Palm, der dominierenden PDA-Marke, oder von Nokia, der dominierenden Handymarke, beherrscht wird.

Wenn sich Gattungen auseinander entwickeln, dann eröffnen sich Möglichkeiten für neue Marken.

Sie kennen ja unsere Auffassung. Obwohl die Medien das Gegenteil propagieren, glauben wir fest daran, dass es nie zur Konvergenz kommen wird. Technologien konvergieren einfach nicht, sie entwickeln sich auseinander. Und Gott sei Dank tun sie dies, sonst wäre es fast unmöglich, neue Marken zu schaffen.

Auch unter den besten Bedingungen ist die Einführung einer Marke keine leichte Aufgabe, vor allem heute, wo die Konvergenzphilosophie einen so ungeheuer großen Einfluss auf die Psyche der Konzerne hat.

Das Täuschungsmanöver geht weiter

George Orwell sagte einmal, dass manche Ideen so verrückt sind, dass man schon zur Intelligenz gehören muss, um an sie zu glauben (denken Sie etwa an den Kommunismus).

Konvergenz ist so eine Idee. Das interaktive Fernsehen ist eines der Lieblingsthemen der Konvergenzpropagandisten.

Die Zukunftsforscherin Faith Popcorn schrieb einmal »... werde ich eines Tages in naher Zukunft Ally McBeal auf dem Bildschirm sehen. Ich mag die Sachen, die sie trägt. Deshalb lege ich meine Hand auf den Fernsehbildschirm, sie wird das Programm unterbrechen und sagen: ›Faith, gefällt dir, was ich trage?‹ ›Ja‹, sage ich, ›ich mag das Kleid.‹ Und sie wird sagen: ›Du kannst es in den folgenden Farben haben.‹ Ich sage Ally, dass ich nur Marineblau oder Schwarz trage oder vielleicht beides. Und sie wird sagen: ›Nein, das wirst du nicht tun, Faith. Du hast schon zu viele marineblaue und schwarze Sachen in deinem Schrank. Ich glaube, du solltest es diesmal mit Rot probieren.‹ Und ich sage OK, und am nächsten Tag wird das rote Kleid in meiner Größe bei mir zu Hause abgeliefert.«

Auf die Frage, wie bald dies geschehen wird, erwiderte Mrs. Popcorn: »Innerhalb der nächsten fünf Jahre.« (Ally McBeal läuft nicht mehr; deshalb wird Faith Popcorn keine Chance bekommen, Allys persönlichen Einkaufsservice auszuprobieren.)

Praktisch die gesamte Intelligenz steht wie ein Mann hinter dem Konvergenzkonzept. Hier nur eine kleine Auswahl:

- Alvin Toffler, der Autor von **Future Shock:** »Heutzutage rasen wir wieder einmal auf eine Metakonvergenz zu – diesmal mit einer superbeschleunigten Geschwindigkeit.«

- John Naisbitt, Autor von **Megatrends:** »Am Ende kommt alles zusammen. Genau das wird die Telekommunikationsrevolution hervorrufen, von der wir schon so lange gehört haben. Im Folgenden eine Liste der Ideen und Medien, die gerade dabei sind, sich zu vereinen: Lichtleitertechnik, interaktive, digitale, drahtlose Computer, Unterhaltung, Fernsehen, Computersoftware, Telefon, Multimedia, handygestützte, globale Pager, virtuelle Realität, Netze.«

- Denis Waitley, Autor von **Seeds of Greatness:** »Wir haben kürzlich einen der großen historischen Angelpunkte erreicht, der auf ewig die Art und

Weise verändern wird, wie unsere gesamte Gesellschaft funktioniert. Wir sind in einer schönen neuen Welt angekommen.«

- John Malone, Kabelpionier: »Medien, Computer und Telekommunikation konvergieren in eine weltweite Informationsbranche, die Unmengen von Dollars bringen wird.«

- Mitch Kapor, Gründer der Lotus Development Corporation: »Die Idee, dass es getrennte Geschäftszweige für Telefon und Kabel gibt – diese Idee ist tot.«

- Bill Gates, Chef von Microsoft: »Die Konvergenz der Märkte für PCs und Unterhaltungselektronik bietet ungeheure Möglichkeiten. Immer mehr Geräte für den Verbrauchermarkt sind so effektiv miteinander vernetzt und programmierbar wie der PC. Deshalb wird es immer wichtiger, Software zu entwickeln, die dafür sorgt, dass diese Geräte gut miteinander zusammenarbeiten.«

- Bob Palmer, früherer Vorstandsvorsitzender der Digital Equipment Corporation: »Die Arbeit am Computer, die Telekommunikation, das Verlagswesen, das Bildungswesen, die Unterhaltung und die Unterhaltungselektronik konvergieren. Der Unterschied zwischen ihren Produkten und Dienstleistungen schwindet rapide.«

- Nicholas Negroponte, Gründer und Direktor des Media Laboratory am MIT: »Machen Sie sich keine Gedanken über den Unterschied zwischen dem Fernseher und dem PC; in naher Zukunft wird es keinen Unterschied mehr zwischen den beiden Geräten geben.«

- Barry Diller, Vorstandsvorsitzender von InterActive Corp.: »Jeder weiß, dass es das Fernsehen, der Computer und das Kommunikationsnetz eilig haben, zu einer nahtlos miteinander verbundenen Gesamteinheit zu werden.«

Und – kaum zu glauben – die Stadt Denver macht als Konvergenzkorridor für sich selbst Reklame. In einer Anzeige der Zeitschrift *Forbes* hieß es: »Es geschieht hier und jetzt. Es geschieht in Denver (Colorado), wo Firmen die Art und Weise, wie die Welt miteinander kommuniziert, neu definieren, indem sie Stimme, Daten und Videobilder zusammenführen (Konvergenz), um dadurch eine schnellere, zuverlässigere globale Interaktion zu ermöglichen. Und dies alles geschieht in einer Stadt, die sich selbst als Konvergenzkorridor des 21. Jahrhunderts neu erfunden hat.«

Wir sollten nicht vergessen, den Staat Illinois zu erwähnen, der sich selbst als Konvergenzwirtschaft bezeichnet. Doch lesen Sie, wie der Staat sich selbst beschreibt: »Eine Wirtschaft, in der unterschiedliche technologische Plattformen zusammenkommen, den Geschäftserfolg vorantreiben und neue Möglichkeiten für die Zukunft schaffen. Um in dieser anspruchsvollen Geschäftsdynamik Erfolg zu haben, suchen die Firmen nach einem Staat, der ihnen eine solide Grundlage zur Unterstützung von Industrien gibt, die Konvergenz ermöglichen. Illinois ist die Gegend, wo all dies zusammenkommt.«

DIE VORTEILE DER KONVERGENZ

Steve Case, der frühere Vorstandsvorsitzende von America Online, war einer der ersten und heftigsten Verfechter der Konvergenz. Zitat aus der *New York Times:* »Deshalb rief er Mr. Levin (den Vorstandsvorsitzenden von Time Warner) an, um ihm eine Zukunft zu beschreiben, in der es immer wahrscheinlicher wird, dass die Medien und das Internet konvergieren – in dem Maße wie der Personal Computer, das Fernsehen und das Telefon parallele digitale Wege zu neuen Arten von Informationen und Unterhaltungsdienstleistungen werden. Meine Motivation ist es, diese Firma so zu positionieren, dass sie von der Ära der Konvergenz profitiert«, erklärte Mr. Case.

USA Today pries die Vorteile der Fusion folgendermaßen: »Die Hochzeit von America Online und Time Warner ist ein gigantischer Schritt in eine Art von Zukunft, von der wir einst in der Sciencefiction einen Vorgeschmack bekommen haben ...«

Fortune kommentierte den Fall Case wie folgt: »Er malt das Bild eines auf den Kunden fixierten Giganten – wenn dies nicht ein Widerspruch in sich ist –, der zu einer Macht werden wird in den Medien, der Kommunikation, dem Einzelhandel, den Finanzdienstleistungen, dem Gesundheitssystem, dem Bildungswesen und in der Reisebranche; er wird mit allem und jedem in Konkurrenz treten, angefangen mit Zeitungen, Fernsehen und Radiostationen bis hin zu Telefonfirmen, Banken, Maklern, Autohäusern, Reisebüros, dem Fotoladen in der Nachbarschaft und der Kneipe um die Ecke. ›Für immer mehr Menschen wird Interaktivität immer stärker zum Bestandteil des Alltags werden‹, sagte Case. ›Diese Firma ist perfekt im Epizentrum der Veränderung positioniert.‹«

Perfekt positioniert? Steve Case ist gegangen, Jerry Levin ist gegangen. Aber die Konvergenz ist noch da.

Am 7. Februar 2000 waren America Online und Time Warner auf dem Aktienmarkt zusammen 240 Milliarden Dollar wert. Momentan ist die Firma (die sich jetzt schlicht Time Warner nennt) 76 Milliarden Dollar wert; das sind 68 Prozent weniger.

Konzerne für Konvergenz

Konvergenz wird von der Elektronikbranche massiv unterstützt. Und die Elektronik ist selbstverständlich mehr als nur ein Industriezweig. Sie ist die Speerspitze der Wirtschaft eines Landes. Wohin die Elektronik geht, dorthin geht auch die Nation.

- **Sony.** Nach *Advertising Age* hat die Firma gerade eine umfassende Reorganisation hinter sich, »um von der Konvergenz von Unterhaltungselektronik, Informationstechnologie, Kommunikation und Unterhaltung zu profitieren«.
  Auf Sonys Jahreshauptversammlung »Dream World«, die dieses Jahr in Paris abgehalten wurde, sagt Sir Howard Ringer, Vorstandsvorsitzender der Sony Corporation America: »In Europa sind wir eine Hardware-Marke, keine Konvergenzmarke. Wir versuchen zu zeigen, dass wir die

Marktführer in der digitalen Konvergenz sind; dies ist immer noch ein Kampf, den wir auskämpfen müssen.

Auf die Frage nach dem Zusammenbruch der Vivendi Universal, der französischen Variante einer Konvergenzfirma, erwiderte Sir Howard: »Vivendi zieht sich gerade aus diesem Geschäft zurück, aber niemand bittet uns darum, uns aus diesem Geschäft zurückzuziehen.«

In einer Meldung der *New York Times* hieß es: »Bei Sony, darauf insistierte er, ist die Idee der Konvergenz jetzt so tief verankert, dass sie sich in Myriaden von Kooperationen zwischen den dort tätigen Film- und Musikmanagern, den Designern von Videospielen und Ingenieuren manifestiert.« Träumen Sie weiter, Sir Howard.

- **Samsung.** »Die digitale Konvergenz zum Leben erwecken« — so lautet der Aufmacher einer kürzlich erschienenen Werbeanzeige von Samsung. Es folgt der Text in der Anzeige: »Bei Samsung DigitAll geht es vor allem darum, dass das Versprechen der digitalen Konvergenz eingelöst wird — gleichgültig wo sie sind, wer sie sind und was sie tun. Es geht um Fernsehapparate, die zu dem Zweck hergestellt wurden, im Netz zu surfen (aber auch spannende Episoden in der Lieblingsfernsehsendung zu sehen). Kühlschränke, die Ihr Essen gut gekühlt bereithalten (und mit denen Sie, während Sie am Ofen stehen, eine anregende Koch-DVD drahtlos von ihrem DVD-Player sehen können). Kopfhörer, mit denen Sie etwas sehen, aber auch sprechen und etwas anhören können.«

Nach den Worten von Jong Yong Yun, dem stellvertretenden Direktor von Samsung Electronics, ist die Konvergenz gerade dabei, unsere Gesellschaft total zu verändern. »Die Evolution wird am Ende zu einem allgegenwärtigen Netz führen«, merkte Yun an. Er glaubt, dass diese künftige Gesellschaft die Unterschiede zwischen und die individuellen Begrenzungen von Netzen, Geräten und Zeit aufhebt.

Machen Sie eine Reise mit dem Segelschiff *Beagle*, Mr. Yun. Die Evolution bewegt sich in die entgegengesetzte Richtung. In Richtung Divergenz, nicht in Richtung Konvergenz.

- **Philips.** Europas größter Elektronikkonzern verfolgt eine ähnliche Strategie, die er als Connected Home bezeichnet. Seine Strategie besteht darin, »die Firma in dem Maße als Marktführer zu positionieren, in dem wir uns von den eigenständig funktionsfähigen Boxen weg und hin zu denkenden Netzen bewegen, deren ›intelligente‹ Komponenten in Möbeln, Kleidung, Fenster und Wände integriert sind«.

  Das Connected Home ist nach Philips »ein Ort, an dem Geräte durch drahtlose Internettechnologien miteinander verbunden sind, an dem sie miteinander sprechen und Daten austauschen«. So heißt es in einer Philipsbroschüre: »Wenn jemand einen Film im Wohnzimmer sieht und in die Küche gehen möchte, um Popcorn zuzubereiten, wird der Film ihm ohne Unterbrechung folgen.«

- **Microsoft.** Die größte Softwarefirma der Welt unternimmt gegenwärtig große Anstrengungen, eine Software zu entwickeln, die alles miteinander vernetzt. »Bill Gates, der jetzt als Vorstandsvorsitzender und oberster Softwarearchitekt im Verborgenen wirkt, setzt« nach der Zeitschrift *Fortune* »alles daran, die Microsoftprogramme sogar noch allgegenwärtiger zu machen, indem er alle Arten der Verwendung von Computern, Kommunikationsmitteln und elektronischen Verbrauchergeräten in einem Netz von Software miteinander verbindet, das gesamte Internet und überhaupt alles zu einer einzigen programmierbaren Gesamteinheit zusammenführt. ... Das heißt aber auch, Wege zu finden, um den Microsoft-Programmiercode in Handys, Spielgeräten und anderen Geräten auf dem Verbrauchermarkt – also praktisch in allem mit einem elektrischen Schaltkreis – so zu implementieren, dass sie zusammenarbeiten, und zwar bei minimaler Einmischung des Menschen.«

- **Intel.** Die größte Microchip-Firma der Welt kündigte kürzlich einen neuen Siliziumchip an, der »die Grenze zwischen Rechnern und Kommunikation fließend werden lässt«.

  »Es handelt sich um einen weiteren Schritt auf dem Weg zur Konvergenz, über die wir in den ganzen letzten Jahren diskutiert haben«, sagte Paul Otellini, der Chef von Intel. »Vorher gab es zwei Welten, Computer und Kommunikation«, sagte Alan Huang, ein Physiker, der früher bei Bell Labs arbeitete. »Jetzt werden sie zu ein und demselben, und wir werden überall effiziente Computer haben.«

- **Legend.** Chinas größter Hersteller von PCs hat gerade die Supremia2 eingeführt, ein Produkt, das die Brücke zwischen Computern, Stereoanlagen und Fernsehgeräten schlägt. Mit einer Supremia2 kann eine chinesische Familie Fernsehprogramme und Fotos ansehen, aber auch ihr Haushaltskonto führen. Legend glaubt daran, dass sich Konvergenz positiv für die Firma auswirkt, wenn man einmal annimmt, dass ihre Produktpalette bereits von Digitalkameras über Laptops bis zu Pocket-PCs reicht.
Interessanterweise glauben Firmen, die eine breite Palette von Produkten haben (Sony, Samsung, Philips und Legend), in starkem Maße an Konvergenz. Das Management schaut sich seine Produktpalette an und stellt sich die Frage: Wie können wir all diese Dinge zusammenführen?

- **NEC Corporation.** Die ganzen Jahre seit 1977 hat sich die NEC Corporation einem Konvergenzkonzept gewidmet, das als C&C bezeichnet wird (Computers and Communications). C&C, ein Lieblingsprojekt des früheren Vorstandsvorsitzenden Koji Kobayashi, ist zu so etwas wie einer Religion innerhalb von NEC geworden.
Vor ein paar Jahren sagte Hisashi Kaneko, ein weiterer früherer Vorstandsvorsitzender, voraus: »Es wird eine Konvergenz zwischen dem PC und anderen elektronischen Produkten geben. In etwa zehn Jahren werden all diese Technologien zusammenkommen.«

- **Hitachi.** »Wohin wird die Konvergenz zwischen Computern, Kommunikation und Inhalten führen?« Das war vor einigen Jahren die Überschrift einer Zeitungsannonce von Hitachi im Wall Street Journal. (Wir sagen: Nirgendwohin.)

- **Siemens.** Die Internetadresse der Firma sagt schon alles: www.siemens.convergence.com.

- **Canon.** Warum führte die Firma zur Ergänzung ihrer Kopiergeräte und Kameraprodukte eine Linie von PCs ein? Der stellvertretende Chef der Firma erklärte dies so: »Canon musste einen Fuß im PC-Geschäft haben, um einen Vorteil aus den zusammenwachsenden Technologien von Computern, Druckern, Kopierern und Faxgeräten zu ziehen.«

Alles kulminierte auf der Messe für Unterhaltungselektronik in Las Vegas 2004, die mehr als 110.000 Besucher und 2500 Aussteller anzog. Nach *Newsweek:* »Bei der Messe für Unterhaltungselektronik in Las Vegas letzte Woche ging es vor allem darum, damit zu prahlen, dass die lange versprochene ›digitale Konvergenz‹ jetzt endlich im Gange ist.«

Bei der Messe in Las Vegas scharten sich die japanischen Elektronikgiganten um ein Konvergenzthema mit der Bezeichnung Allgegenwärtigkeit. Im *Wall Street Journal* hieß es: »Im engsten Sinne des Wortes bedeutet ›allgegenwärtig‹ ein Netz von technischen Spielereien – die Art von Geräten, für die japanische Firmen berühmt sind –, die Informationen weitergeben. ... Aber für diejenigen, die mehr darüber wissen, beschreibt ›allgegenwärtig‹ eine großartige Vision, bei der alles – von Kartoffeln über Menschen bis zum Müll – über ein großes Netz miteinander verbunden ist, das überall und jederzeit zugänglich ist.«

WAS DER RADIOWECKER SCHUF

Wäre es möglich, dass diese verrückten Konvergenzkonzepte ihren Ursprung im allgegenwärtigen Radiowecker hatten? Wenn das der Fall wäre, könnte es sich lohnen, dieses folgenreiche Konvergenzprodukt einmal näher zu betrachten. Ist der Radiowecker wirklich die revolutionäre Entwicklung, die er zu sein scheint?

Wie viele Uhren auf der Welt empfangen Radiosignale? Sehr wenige.

Wie viele Radios auf der Welt haben Uhren? Sehr wenige.

Der Radiowecker ist auch nicht allgemein beliebt; das trifft vor allem auf diejenigen zu, die man in Hotelzimmern vorfindet und von denen kein Mensch in Amerika zu wissen scheint, wie sie funktionieren. »Ich habe einen Universitätsabschluss im Maschinenbau und einen Master of Business Administration«, sagte ein Nutzer. »Wenn ich in ein Hotelzimmer komme, ziehe ich erst einmal den Stecker für das Radio heraus, damit ich sichergehen kann, dass es mich nicht mitten in der Nacht mit den Verkehrsnachrichten aufweckt, weil der Hotelgast vor mir die Weckzeit auf 4 Uhr morgens eingestellt hat.«

Ein weiterer Nutzer versuchte im Hotel nachzufragen: »Ich ging abends zur Rezeption, um zu fragen, wie man die Weckzeit einstellt. Die beiden Angestellten an der Rezeption sagten, dass viele Gäste diese Frage stellten, aber das Hotelpersonal habe nicht die geringste Ahnung, wie man den Wecker einstellt.«

Es ist nicht nur der Radiowecker, der die Anhänger des Konvergenzdenkens in Aufregung versetzt. Ein anderes Produkt war sogar noch folgenreicher.

KAPITEL 6

DENKEN NACH DEM MODELL DES SCHWEIZER MESSERS

Jeder Macho hat es. Aber wann haben Sie zum letzten Mal tatsächlich jemanden dabei beobachtet, wie er die kleine Schere am Schweizer Messer dazu benutzt hat, etwas zu zerschneiden? Oder den Schraubenzieher, um etwas abzuschrauben? Oder die Pinzette, um einen Stachel herauszuziehen?

Es gibt viele »Schweizer-Messer«-Produkte auf dem Markt. Sie erregen viel Aufsehen, regen die Fantasie der Öffentlichkeit an, sie werden in Millionen von Exemplaren verkauft, und dann landen sie in Kommodenschubladen, wo sie für Jahrzehnte unbenutzt liegen bleiben.

Das Denken nach dem Modell des Schweizer Messers ist auf den Korridoren der amerikanischen Konzerne weit verbreitet. (Selbst Absolut Wodka pries das Konvergenzkonzept in einer seiner berühmten Werbeanzeigen mit einer Flasche an.)

Welches sind die drei größten, spannendsten, dynamischsten Wirtschaftszweige in Amerika? Die meisten Menschen würden wahrscheinlich Fernsehen, Computer und Internet sagen. Großartig, warum kombiniert man nicht das Internet sowohl mit dem Fernsehgerät als auch mit dem Computer? Und dann hört man eine laute Stimme: »Interaktives Fernsehen, die Sache der Zukunft.«

Noch so eine Modewelle.

Um auch wirklich keinen Trend zu verpassen, orientierte sich Absolut-Wodka mit dieser Werbeannonce am Konvergenzkonzept.

Der Ursprung der Marken

Interaktives Fernsehen – die Microsoft-Variante

1997 kaufte Microsoft WebTV Networks für 425 Millionen Dollar und hat seitdem mehr als eine halbe Milliarde Dollar in das Unternehmen gesteckt. Das Resultat war trostlos. Heute hat WebTV (dessen Name in MSN TV geändert worden ist) etwa 1 Million Abonnenten, eine triviale Zahl verglichen mit den mehr als 100 Millionen Fernsehgeräten, die momentan in Gebrauch sind.

Konvergenz hat sich bei Microsoft eindeutig zu einer Zwangsvorstellung entwickelt. »Ist William H. Gates zum Kapitän Ahab des Informationszeitalters geworden?«, fragte die *New York Times*. »Mr. Gates' weißer Wal bleibt eine schwer fassbare Settop-Box für das Kabelfernsehen, von der sich Microsoft erhofft, dass sie die PC-Branche regeneriert, indem der PC, das Internet und das Fernsehgerät miteinander zu einer Leviathanmaschine für Unterhaltung und Information im Wohnzimmer verschmelzen.«

Ebenfalls im Jahre 1997 investierte Microsoft 1 Milliarde Dollar für 11,5 Prozent der Comcast Corporation, zu diesem Zeitpunkt dem viertgrößten Kabelanbieter der USA. Die *New York Times* schrieb dazu: »Comcast wird für Mr. Gates zum Testlabor werden, um seine Vision von einer konvergierenden Welt an der Realität zu überprüfen.«

Microsoft probiert es immer noch aus. Nach der eher lauen Aufnahme von WebTV machte Microsoft mit UltimateTV weiter. Eine Uhr zusammen mit einem Radio anzubieten ist nichts, verglichen mit dem, was Microsoft mit dem Fernsehglotzer von heute vorhat.

UltimateTV besteht aus einem Abonnement für das Satellitenfernsehen DirecTV (22 bis 83 Dollar pro Monat), einer speziellen Satellitenschüssel auf dem Dach, mit der man zwei Kanäle auf einmal empfangen kann (50 plus 200 Dollar Installationskosten), einem Satellitenempfänger für 35 Stunden und einem digitalen Videorekorder (399 Dollar) sowie einem Abonnement für UltimateTV (9,95 Dollar pro Monat). Natürlich kann man Geld sparen, wenn man sein eigenes Fernsehgerät verwendet.

Was kann man mit UltimateTV anfangen? Alles, es ist das ultimative Fernsehen. Man kann 35 Stunden lang Sendungen aufnehmen und speichern. Man kann das gerade laufende Programm anhalten und es dann sofort zeitversetzt abspielen. Man kann zwei Shows auf einmal sehen und aufzeichnen. Man kann während des Fernsehens eine E-Mail versenden und online chatten.

Fred Allen sagte einmal, dass das Fernsehen zu 85 Prozent aus verworrenem Zeug und zu 15 Prozent aus Übermittlungsgebühr besteht. UltimateTV könnte sich als etwas herausstellen, was zu 100 Prozent verworrenes Zeug ist.«Wem das Stellen der Uhr an einem Videorekorder Kopfschmerzen bereitet«, so stand es in einem Bericht der Zeitschrift *Fortune*, »bei dem wird UltimateTV zum totalen Nervenzusammenbruch führen.«

Interaktives Fernsehen — AOL-Variante

Schon vor der Fusion mit Time Warner war America Online ein starker Befürworter der Konvergenz. Im Jahre 1999 investierte die Firma 1,5 Milliarden Dollar in Hughes Electronics und bekam dafür das Recht, sein Programm AOLTV auf dessen Satellitendienst DirecTV zu senden.

Im Juli 2000 begann AOL seinen AOLTV-Dienst mit einer Settop-Box für 249 Dollar, die es dem Nutzer gestattet, während des Fernsehens Instant Messages zu versenden, E-Mail zu lesen, online zu chatten und im Web zu surfen. Abonnenten von AOL, die jetzt 21,95 Dollar pro Monat bezahlen, würden zusätzliche 14,95 für AOLTV ausgeben. Für Nichtmitglieder betrügen die monatlichen Ausgaben 24,95 Dollar plus die Kosten für die Box.

Was könnte man für all dieses Geld tatsächlich mit AOLTV machen? *USA Today* malte sich das so aus: »Stellen Sie sich vor, Sie liegen auf dem Sofa und sehen sich eine Sendung, die von der Zeitschrift *Cooking light* produziert wurde, auf Ihrem wandgroßen Plasmabildschirm an. AOL Time Warner serviert Ihnen eine digitale Version des Rezepts. Sie senden das Rezept an Ihren Kühlschrank; der wiederum weiß, dass Sie dazu Milch brauchen, die er online bestellt.«

USA Today bezeichnet interaktives Fernsehen als »den Heiligen Gral bei AOL Time Warner. Es wird am Ende die Fernsehzuschauer in die Lage versetzen, zu kommunizieren, einzukaufen, Spiele zu spielen, Informationen abzurufen sowie Nachrichten und Unterhaltung je nach Wunsch vom Fernsehbildschirm abzurufen.« (Es könnte etwas ungehobelt klingen, wenn wir darauf hinweisen, dass innerhalb von 2000 Jahren noch niemand den Heiligen Gral gefunden hat.)

Wie Sie vielleicht erwartet haben, macht AOLTV jetzt eine kreative Pause und nimmt keine neuen Abo-Bestellungen mehr an.

Interaktives Fernsehen – die NASCAR-Variante

Wenn Sie Abonnent des Dienstes von NASCAR im Auto sind, der momentan von Time Warner, Cox und Comcast angeboten wird, dann können Sie sich Autorennen aus dem Cockpit von sieben unterschiedlichen Fahrern ansehen. Drücken Sie nur den Knopf an einer speziellen Fernbedienung, um von der Perspektive eines Fahrers zur nächsten zu wechseln, oder sehen Sie sich stattdessen einfach die Standardversion der Sendung im normalen Fernsehen an.

Für etwa 20 Dollar im Monat können Sie sich selbst in den Fahrersitz begeben und sogar dessen Gespräche beim Boxenstopp mithören. Aber wenn der Reiz des Neuen vorbei ist, wenn Sie einen großen Zusammenstoß verpassen, weil sie das Geschehen vom falschen Wagen aus beobachtet haben, wenn Sie lieber Popcorn essen und Bier trinken, als Knöpfchen zu drücken, dann sollten Sie noch einmal gut über den Wert des interaktiven Fernsehens nachdenken.

Die Zeiten haben sich geändert, so argumentieren die Propagandisten der Konvergenz. Vor allem junge Leute möchten mit einem Unterhaltungsmedium wie dem Fernsehen interagieren. Als Beleg dafür führen die Wirtschaftspropheten den Erfolg von Videospielen wie NASCAR Thunder an. Es wird mehr Geld für das interaktive Medium Videospiele ausgegeben als für das passive Medium Kino.)

Das stimmt, aber wenn man NASCAR Thunder spielt, ist man selbst der Fahrer, und man steuert den Wagen. Wenn man ein Autorennen bei NASCAR sieht, steuert man gar nichts. Man ist einfach nur Beifahrer.

»Die Menschen möchten nicht passiv sein, wenn sie fernsehen«, sagt Nicolas

DeMartino, Direktor für Unternehmen aus dem Bereich Neue Medien am American Film Institute. »Ältere Menschen möchten passiv sein. Junge Leute machen viele Dinge auf einmal; sie schauen ins Internet oder telefonieren, während sie fernsehen.«

Die älteren Menschen, die wir kennen, lesen oft eine Zeitschrift, während sie fernsehen. Aber sie wollen nicht unbedingt die Zeitschrift auf der einen Hälfte des Bildschirms haben und die Fernsehsendung auf der anderen.

Auch wollen junge Leute nicht unbedingt das Fernsehen mit dem Telefon und dem Internet kombinieren, nur weil sie möglicherweise mehrere Geräte auf einmal benutzen. Man zahlt einen Preis dafür, wenn man versucht, mehrere Dinge zusammenzuführen. Und der Preis ist gewöhnlich, dass man dafür Einfachheit, Flexibilität und leichte Handhabung opfert.

Interaktives Fernsehen — ABC-Variante

»Wir glauben an das interaktive Fernsehen«, sagte Rich Mandler, Generaldirektor von ABCs Enhanced TV Group, »weil es das Live-Fernsehen und Live-Ansehen von Werbeeinblendungen belebt. Geben Sie dem Verbraucher während einer geplanten Sendung etwas Aktives zu tun, so die Argumentation, dann wird er sich alles ansehen, samt der Werbeeinblendungen.

Die erste Überprüfung dieser Argumentation war *Celebrity Mole II*, eine Sendung, die im Januar 2004 begann. ABC bietet auch einfache interaktive Versionen einiger Sendungen an, aber die meisten bedienen sich eines Ansatzes mit zwei Bildschirmen. Der Zuschauer sieht eine reguläre Sendung auf dem Fernsehgerät, während er seinen PC dazu benutzt, über die Website von ABC zusätzliches Material zu bekommen.

Bei *Celebrity Mole II* ist es anders; aber um alle Vorteile nutzen zu können, braucht man einen PC, auf dem das Windows XP Media Center läuft. Eine TV-Karte im PC hält das gesendete Standardbild fest, und der Internet-Server von ABC liefert zusätzliche Grafiken.

Das klingt kompliziert, und das ist es auch. Wie viele Zuschauer werden zudem die Anstrengung unternehmen, ihren PC anzuwerfen, um eine Sendung zu sehen, wenn es viel leichter ist, den Einschaltknopf der Fernbedienung für den Fernseher zu drücken?

Interaktives Fernsehen – die Newsweek-Variante

Im Folgenden finden Sie einen Text, in dem die Zeitschrift *Newsweek* das Fernsehen der Zukunft beschreibt: »Sie kommen von der Arbeit nach Hause und greifen zur Fernbedienung. Während Sie so herummachen, den Schlips oder die Strumpfhose ausziehen und gelegentlich einen kurzen Blick auf den Bildschirm werfen, bringt Sie Ihr persönlicher Videonavigator auf den neuesten Stand. Sie finden heraus, welche Fernsehsendungen Ihre Kinder nach der Schule gesehen haben und hören sich einen Erinnerungsanruf des Blumenhändlers an: Es ist an der Zeit, Tante Agnes zum Geburtstag einen Blumenstrauß zu schicken; wie wäre es mit diesem Strauß? Sie sehen sich Tommys Zeugnis an, das an diesem Tag ausgestellt wurde, und aufgrund des Films *The Age of Innocence*, den Sie so gut fanden, eine Liste von Filmen, die Sie sich an diesem Abend anschauen könnten. Sie klicken auf ›Wie bereite ich Rindfleisch à la Bourginon zu?‹, wofür Sie sich heute Morgen entschieden haben. Ihnen stehen alle Zutaten zur Verfügung, weil das Programm inzwischen automatisch eine Liste an den Supermarkt Safeway faxte, der auch schon geliefert hat.«

So wird es angepriesen, aber die Realität sieht anders aus. Das Internet ist ein aktives Medium. Es passiert nichts, bis der Benutzer die Tastatur betätigt oder mit der Maus etwas angeklickt hat. Die Interaktivität ist ein wesentliches Element der Internet-Erfahrung. Das Fernsehen dagegen ist ein passives Medium.

Konvergenz ist ein grundlegend irreführendes Konzept; aber es wird sogar noch schlimmer, wenn man versucht, ein aktives Medium (das Internet) mit einem passiven Medium (Fernsehen) zusammenzuführen.

Wird der durchschnittliche Fernsehglotzer sein Bierglas lange genug abstellen, um den Winkel der Kamera zu verändern oder im Netz zu surfen? Das glauben wir nicht. TV-Regisseure werden für so etwas bezahlt. Warum sollte der durchschnittliche Zuschauer das umsonst tun wollen?

Es ist erstaunlich, wie lange dieses Konzept schon kursiert und wie wenig Fortschritte zu verzeichnen sind. Warner Amex Cable führte 1977 QUBE, das erste interaktive Fernsehsystem, in Columbus (Ohio) ein. Das war vor 27 Jahren.

Wilbur und Orville Wright unternahmen im Jahre 1903 den ersten Flug mit einem Flugzeug. 24 Jahre später flog Charles Lindbergh allein über den Atlantik, und das Flugzeug etablierte sich langfristig als ein überlebensfähiges Transportmittel. 27 Jahre, nachdem die Gebrüder Wright das erste Mal in der Luft waren, transportierten American Airways, Eastern Airways und TWA Passagiere.

Wo befindet sich das interaktive Fernsehen 27 Jahre nach seinen Anfängen? Eins ist sicher, es ist nicht auf seinen ersten Flug über den Atlantik vorbereitet.

Semiinteraktives Fernsehen

Selbst das semiinteraktive Fernsehen war kein Kassenschlager. TiVo und ReplayTV wurden im Jahre 1999 mit einem Feuerwerk von Werbeaktivitäten eingeführt. Unter der Bezeichnung »persönlicher Videorekorder« ermöglichen es diese coolen elektronischen Geräte dem Nutzer, mit einem Knopfdruck durch Werbesendungen und Musikshows zu zappen.

Michael Lewis schrieb im *New York Times Magazine* vom 13. August 2000 eine Titelgeschichte darüber und setzte dabei die Gründung von TiVo mit dem Ende des Massenmarktes gleich. »Der 4. August 1999 war der Anfang vom Ende einer weiteren sozialistischen Kraft im amerikanischen Leben: des Massenmarktes.« Der Autor sagte voraus, dass es gegen Ende des Jahres 2002 5 bis 7 Millionen dieser persönlichen Videorekorder geben würde. Innerhalb eines Jahrzehnts 90 Millionen.

Mike Wallace verwendete einen Großteil der Sendung *60 Minutes* darauf, ein Lob auf TiVo zu singen. (Am darauf folgenden Montag stieg die Aktie von TiVo um 27 Prozent an.)

Fünf Jahre, nachdem die Firma auf den Markt gekommen ist, hat TiVo weniger als 1 Million Abonnenten, und die gesamte Branche für persönliche Videorekorder hat zusammen weniger als 2 Millionen Abonnenten.

Werden TiVo und seine Nachahmer überleben? Zweifellos. Für einen gewissen Prozentsatz der Zuschauer ist ein persönlicher Videorekorder eine jener Dienstleistungen, von denen sie sagen: Ich kann ohne sie nicht leben. Wird TiVos Auftauchen auf dem Markt das Ende des Massenmarkts bedeuten? Das ist ziemlich unwahrscheinlich.

Zu viele Manager betrachten jede technologische Entwicklung im Sinne von »alles oder nichts«. Entweder TiVo ist ein Misserfolg, oder es handelt sich um das Ende des Massenmarkts.

Die Realität liegt gewöhnlich irgendwo dazwischen. Es gibt einen Markt für Konvergenzkonzepte, auch wenn sie nichts für den Durchschnittsmenschen sind und keinen Trend darstellen, der fast immer in Richtung Divergenz geht. Wir sagen voraus, dass der Marktanteil für persönliche Videorekorder am Ende im Bereich von 10 bis 15 Prozent des Fernsehmarkts liegen wird; das ist in etwa der gleiche Marktanteil, den die Hausmarken im Supermarkt haben.

Konvergenz scheint gerade dadurch Erfolg zu haben, dass das Konzept in der Lage ist, massives Aufsehen in der Öffentlichkeit zu erregen. Kein Konvergenzprodukt, gleichgültig wie trivial es ist, wird ohne ein Feuerwerk positiver PR angekündigt.

INTERAKTIVE TELEFONE

»Alle scheinen der Ansicht zu sein«, berichtete *The Economist* vor vier Jahren, »dass das Mobiltelefon schnell den PC als Hilfsmittel überholen wird, über das die meisten Menschen Zugang zu Online-Diensten finden.« Im Jahre 2005 werden nach Forrester Research 97 Prozent der 177 Millionen Handys, die dann in Umlauf sein werden, einen drahtlosen Zugang zum Internet haben.

Niemand hat uns gefragt, aber wir sind der Meinung, dass auch dies sehr unwahrscheinlich ist. Die Kombination aus Handy und Internetgerät ist kompliziert und schwer zu benutzen. Die winzigen Bildschirme der Geräte sind nur für kurze Nachrichten und einfache visuelle Darstellungen geeignet.

Beim interaktiven Telefon hat die europäische Telekommunikationsindustrie mit viel Fantasie gearbeitet. Bei der Entwicklung ihrer Systeme für die nächste Generation interaktiver Telefone (bei den sog. 3G-Telefonen) hat sich dieser Wirtschaftszweig schwer verschuldet. Die *New York Times* schreibt: »Nach der verrückten stürmischen Anfangszeit, in der es um den Ankauf von Lizenzen und den Aufbau von Netzen ging, bleibt den Telefonnetzbetreibern eine Last von ungefähr 330 Milliarden Dollar an Schulden.« (Zweifel sind angebracht, ob die Anbieter jemals ihr Geld zurückbekommen werden.)

Um diese Art von Investitionen zu rechtfertigen, führen die Telefonanbieter gerne den Erfolg von iMode an, einem Dienst, der von NTT DoCoMo in Japan eingeführt wurde. Es handelt sich mit rund 40 Millionen Abonnenten um den am schnellsten wachsenden Telefondienst der Welt.

Mit dem iMode-Dienst kann man Notizen hin und her schicken, Tickets kaufen und Melodien herunterladen, um sie auf dem Telefon abzuspielen. Im Prinzip kann man ein iMode-Telefon dazu benutzen, sich Internetseiten anzuschauen. Aber man wird wahrscheinlich nur einen kleinen Teil der Seite sehen und das, was man sieht, ist möglicherweise nicht sehr bedeutsam.

Die meisten Nutzer verbringen den größten Teil ihrer Zeit bei iMode mit den etwa 3000 iMode-Partner-Seiten, die von ungefähr 2000 Anbietern von Inhalten betrieben werden. Was da zu geschehen scheint, ist ein klassischer Verzweigungsprozess, bei dem sich iMode-Sites und traditionelle Internet-Websites auseinander entwickeln.

Anstelle eines Internets wird es zwei geben: die traditionellen Internet-Websites und die abgespeckten vom Typ iMode, die über das Telefon zugänglich sind.

Smart Phones

Das neueste Beispiel für ein Denken nach dem Modell des Schweizer Messers trägt den Namen Smart Phone. Hier wird ein PDA oder Handheld Computer mit einem Handy kombiniert, das Zugang zum Internet hat. Viele Smart Phones haben auch eine Digitalkamera als Zugabe. Alle wichtigen Handyhersteller vermarkten diese Geräte, einschließlich Nokia, Motorola, Samsung, Siemens und Hitachi. Außerdem haben Hersteller von PDAs wie Handspring (jetzt Teil von palmOne) Smart Phones eingeführt.

Und wie raffiniert ist es, ein Handy mit einem Gerät für Videospiele und einem MP3-Player zu kombinieren, wie dies bei Nokias neuem N-Gage geschieht? Wie viele jugendliche Spieler können 300 Dollar für ein Telefon bezahlen plus 22 Dollar pro Monat für Sprachdienste, 10 Dollar pro Monat, um online spielen zu können, 30 bis 50 Dollar für jedes neue Spiel und 50 Dollar für eine Multimediakarte, um MP3-Melodien anhören zu können? In der Zwischenzeit verkauft sich der Goldstandard für Handheld-Spiele, der 100 Dollar teure Nintendo Game Boy Advance SP, wie warme Brötchen.

Einige Hersteller führten eine Tastatur als Zugabe ein und nannten ihre Produkte Communicator statt Smart Phones oder Handys. Nehmen Sie zum Beispiel den Nokia 9210 Communicator. Es handelt sich um ein Handy, einen PDA, drahtlose E-Mail und ein Internetgerät, das sich mit einer digitalen Kamera verbinden lässt. Die Software umfasst eine Textverarbeitung, ein Tabellenkalkulationsprogramm, ein Programm zum Ansehen von Präsentationen und einen Dateimanager. Was könnte man sonst noch haben wollen?

Wie ist es mit Einfachheit, Zuverlässigkeit, Annehmlichkeit, niedrigen Kosten, leichter Benutzbarkeit, kleiner Größe, geringem Gewicht und Schutz vor vorschnellem Veralten?

Und wie smart ist es, 10 Dollar pro Monat zu bezahlen, um Fernsehen auf das Handy zu bekommen? Genau das verlangt Sprint für einen neuen Dienst namens MobilTV, der als »Live-Fernsehen, überall, jederzeit« angepriesen wird. Oder wie ein Journalist nach einem Test anmerkte: »Live-Diashow, an manchen Orten, manchmal.«

Das Migrationsproblem

Wenn sich eine Konvergenztechnologie etablieren soll, dann muss sie für Benutzer aus dem Pool der zur Verfügung stehenden potenziellen Käufer attraktiv sein.

Wer würde höchstwahrscheinlich eine Kombination von Handy und PDA kaufen? Grob gesprochen gibt es zwei Gruppen potenzieller Käufer. Die erste Gruppe besteht aus denen, die immer das Neueste haben müssen und die allgemein ausgedrückt die primäre Zielgruppe für jede neue Technologie sind. Kann sich jemand einen Menschen, der immer das Neueste haben muss, vorstellen, der nicht bereits entweder ein Handy oder einen PDA hat? Wir nicht!

Zudem haben diese Menschen, die immer das Neueste haben müssen, wahrscheinlich das neueste und modischste Handy oder den neuesten und modischsten PDA. Dies bedeutet, dass ein solcher Mensch ein Handy oder einen PDA, der vollkommen in Ordnung ist, wegwerfen müsste, wenn er ein Kombinationsprodukt kaufte. Wie viele Leute würden so etwas wohl tun?

Die zweite Gruppe besteht aus potenziellen Käufern, die weder ein Handy noch einen PDA besitzen. Zum größten Teil sind dies Menschen mit einem geringen Einkommen und einer gewissen Naivität. Die meisten von uns gehen, bevor sie laufen. Erwartet wirklich irgendjemand von einem Menschen, der weder ein Handy noch einen PDA benutzt, dass er in den Laden rennt und ein Kombinationsgerät für 500 oder 600 Dollar kauft?

Eine Gattung von Käufern, die das Übergangsproblem nicht betrifft, sind die Kolumnisten, die überschwängliche Testberichte über all diese Konvergenzprodukte schreiben. Sie bekommen bereits alle Dinge umsonst, die sie möglicherweise benutzen könnten. Für einen Kolumnisten ist es kein Problem, ein Gratishandy und einen Gratis-PDA in einer Schreibtischschublade verschwinden zu lassen und zu einem Gratis-Kombinationsprodukt überzugehen.

Das Migrationsproblem wirkt sich negativ auf einige praktische Konvergenzprodukte aus. Ein DVD-Player ist nutzlos ohne ein Fernsehgerät oder einen Monitor. Man könnte erwarten, dass die meisten Menschen eher eine Kombination aus Fernsehgerät und DVD-Player kaufen als die einzelnen Teile; aber das tun sie nicht.

Gehen Sie in einen beliebigen Laden, in dem man so etwas kaufen kann, beobachten Sie, was passiert. Die meisten Menschen kommen in den Laden, um entweder ein Ersatzfernsehgerät oder einen Ersatz-DVD-Player zu kaufen. Einige wenige Kunden wollen beide Produkte gleichzeitig kaufen. Wenn sich die Hersteller dieser Geräte etwas ausdenken könnten, damit das Fernsehgerät und der DVD-Player genau gleichzeitig kaputt gehen, dann könnten Konvergenzprodukte einen größeren Markt finden. (*The One-Horse Shay*, ein Gedicht von Oliver Wendell Holmes, ist gerade deswegen so witzig, weil derartige Ereignisse nicht so häufig vorkommen.)

KAMERATELEFONE

Mit Kameratelefonen lässt sich relativ gesehen ein besseres Geschäft machen als mit Smart Phones; und es gibt einen Grund dafür. Es ist der Annehmlichkeitsfaktor. Ein Kameratelefon ermöglicht es Ihnen, ein Foto zu machen und es per E-Mail fast sofort abzuschicken. Man könnte das Gleiche mit einer Digitalkamera und einem Laptop oder einem Desktop-Computer erreichen, aber es ist bei weitem nicht so bequem. Man müsste die beiden Geräte miteinander verbinden und sich dann mit der Software herumschlagen.

Annehmlichkeit ist ein wirkungsvoller Motivationsfaktor, der vielleicht den Erfolg irgendwelcher Konvergenzprodukte garantiert. Kann man mit einem Kameratelefon genauso gute Bilder machen wie mit einer Digitalkamera? Nein, aber das ist egal, denn das Kameratelefon ist bequemer.

Andererseits haben einige große Arbeitgeber Kameratelefone an der Arbeitsstelle angesichts von Befürchtungen verboten, dass die Privatsphäre der Mitarbeiter oder die Betriebsgeheimnisse der Firma durch diese technischen Spielereien gefährdet sind. Aber was nun? Müssen die Mitarbeiter dieser Firmen ein Telefon für das Büro und ein Telefon für die Zeit danach kaufen?

In gewissem Sinne jedoch ist das Kameratelefon kein echtes Konvergenzprodukt; denn es ersetzt die Digitalkamera nicht. Jeder, der sich wirklich für Fotografie interessiert, würde wahrscheinlich zusätzlich zu einem Kameratelefon eine Digitalkamera kaufen. (Der Radiowecker ersetzte ja auch nicht den Wecker.)

INTERAKTIVE ALLESKÖNNER

Trotz des relativen Misserfolgs der meisten Konvergenzprodukte, waren die Firmen ganz wild darauf, Interaktivität in ihre Produkte einzubauen.

- **Interaktive Autos.** Fidelity Investments und General Motors haben sich zusammengetan, um es Ihnen zu ermöglichen, den momentanen Wert Ihres Wertpapierbestands und sogar gehandelter Aktien zu überprüfen, während sie hinter dem Steuerrad sitzen. Der Dienst wird von General Motors über das OnStar-System angeboten.
- **Interaktive Benzinpumpen.** BP (früher British Petroleum) gibt 200 Millionen Dollar dafür aus, an 28.000 Tankstellen mit dem Internet verbundene Zapfsäulen zu installieren, damit die Autofahrer in ihrem Kopf Nachrichtenüberschriften und Verkehrsnachrichten tanken können, während sie ihren Autotank mit Benzin füllen.
- **Interaktives Zuhause.** Gannett, die Muttergesellschaft von *USA Today*, investierte 270 Millionen Dollar in ZapMedia.com, eine Firma, die ein Gerät entwickelt, das einen Internetzugang mit einer Festplatte, einem DVD/CD-Player und einem MP3-Player in sich vereint. Mit einer Fernbedienung und einer drahtlosen Tastatur bewaffnet wäre der Fernsehzuschauer in der Lage, einen Zugang zu Videos, Musik, E-Mail und anderen Internetinhalten zu bekommen und sie zu speichern; diese könnten dann an Fernsehgeräte, Radios, PCs und andere Geräte weitergeleitet werden.
- **Interaktive Klaviere.** Man kann sich Instrumentalmusik für die interaktiven Klaviere von Yamaha und Casio herunterladen, um angehenden Klavierspielern zu zeigen, wie man eine Melodie richtig spielt.

■ **Interaktive Uhren.** Für 10 Dollar pro Monat bekommt man nicht nur die korrekte Uhrzeit, sondern auch Sportmeldungen, Nachrichten, den Wetterbericht, Aktienstände sowie persönliche Botschaften und Erinnerungen an Termine. Hergestellt von Fossil, Citizen und Suunto verwenden die Uhren Microsofts Smart Personal Objects Technology, abgekürzt SPOT. Microsoft hofft, SPOT in Weckern, Kühlschrankmagneten und Schlüsselanhängern unterzubringen.

■ **Interaktives Spielzeug.** Das britische Startup-Unternehmen Intrasonics hat eine Technologie erfunden, die es Spielzeugen ermöglicht, auf Töne aus einem Fernseher, einem Radio, von einer CD, einer digitalen Videodisc oder einem PC zu reagieren. Beispielsweise könnte ein Spielzeughund mit dem Schwanz wackeln und bellen, wenn ein anderer Hund auf dem Fernsehbildschirm erscheint. (Keine große Sache, unser echter Hund macht das bereits.)

■ **Interaktive Sessel.** La-Z-Boy führte den ersten »e-cliner« der Welt ein, ein Produkt, das mit einer auseinander faltbaren drahtlosen Tastatur geliefert wird, die bei geeigneter Hardware über das Fernsehgerät einen Zugang zum Internet ermöglicht.

■ **Interaktive Kleidung.** Reimar, eine finnische Firma, führte das Smart Shout Jacket ein, mit dem der Träger im Laufen kommunizieren kann. Im Gürtel des Mantels stecken ein eingebauter Mikroprozessor, ein Lautsprecher, ein Mikrofon und ein Telefonadapter. Der Prozessor speichert die Telefonnummern aller Mitglieder der Gruppe. Ziehen Sie an einer Troddel, sprechen Sie in ein Mikrofon an Ihrer Schulter, und die Stimme ist für die anderen Gruppenmitglieder vernehmbar. Könnte der Zugang zum Internet das Nächste sein?

■ **Interaktive Print-Werbung.** Die Digital Convergence Corporation (was für ein prophetischer Name) führte den CueC.A.T. ein, der es den Benutzern ermöglicht, spezielle Streifencodes in gedruckten Werbeanzeigen einzuscannen. Dann stöpselt man den CueC.A.T.-Scanner in den

Computer ein, der einen direkt mit der Website der werbenden Firma verbindet.

James Berrien, Chefredakteur der Zeitschrift *Forbes*, begeisterte sich so für die Technologie, dass er CueC.A.T. an seine 850.000 Abonnenten verschickte: »Wir sind stolz auf das Debüt: CueC.A.T.-Technologie von DigitalConvergence.com. Wieder einmal leitet *Forbes* eine neue Ära der Kommunikation ein – die Konvergenz von Zeitschriftenveröffentlichungen und digitalem Zeitalter.«

- **Interaktive Stifte.** Cross Pen führte seinen neuen Convergence Pen ein, der sich durch einen eingebauten Scanner auszeichnet und die Nutzer in die Lage versetzt, sich mit dem Internet zu verbinden.

- **Interaktive Zeitung.** Sowohl E Ink als auch Gyricon Media (ein Ableger des Xerox Palo Alto Research Center) arbeiten an e-paper, einem papierähnlichen Blatt, das sich aus Tausenden von Mikrokapseln zusammensetzt, die elektrisch aufgeladen sind; sie können dann weiß oder schwarz bzw. jedes andere Paar von Farben darstellen. Der Direktor von E Ink sagte, dass e-paper so etwas wie eine Kreuzung zwischen Sendeanstalten und Printmedien ist. (Das ist ein schlechtes Zeichen.)

- **Interaktive Kühlschränke.** Samsung hat eine 8000 Dollar teure Kombination aus Kühlschrank und Gefriergerät (nebeneinander) mit Türen eingeführt, die gleichzeitig als Dockingstation für ein 9 mal 11 Zoll großes Internettablett dient; sie ist verdrahtet und vorbereitet auf die Verbindung zu einem Hochgeschwindigkeitsinternetdienst, aber auch auf den Zugang zu Satelliten- und Kabeldiensten. Man kann die Einheit auch an DVD-Player und Videorekorder anschließen; das bedeutet, dass man E-Mails lesen und versenden, im Internet surfen, Fernsehen und Filme auf einem 10-Zoll-Bildschirm betrachten und Text- oder Videobotschaften für die Familie und für Freunde hinterlassen kann.

- **Interaktive Waschmaschinen.** Sprachexperten aus Deutschland haben die ultimative Waschmaschine geschaffen. Die interaktive Wäscherin heißt Hermine und versteht solche gesprochenen Kommandos wie »vorwaschen, dann heiß waschen mit einer Temperatur von 40 Grad, dann mit 1400 Umdrehungen pro Minute schleudern und in einer halben Stunde anfangen«.

- **Interaktive Mineralwasserspender.** Im Mai 2002 führte Coca-Cola einen Mineralwasserspender ein, von dem die Firma versprach, dass er die schlagkräftigen Marken der Firma mit Internetmarketing und dem technologischen Potenzial verbindet. Das Gerät ist als iFountain bekannt und von technischen Fehlern geplagt. »Am Ende könnte Cokes iFountain-Experiment«, so kommentierte *USA Today*, »zum größten Marketingmisserfolg der Firma seit der Einführung und dem Einstellen von New Coke vor einer Generation werden.«

- **Interaktive Toiletten.** Bei dieser Entwicklung wird eine herkömmliche Kloschüssel mit Elektronik kombiniert, die man braucht, um den Toiletteninhalt zu analysieren sowie die Temperatur und den Blutdruck des Nutzers zu überwachen. (Die Konvergenz hat einen neuen Tiefpunkt erreicht.)

- **Interaktive Haushaltsgeräte.** LG Electronics hat HomNet eingeführt, ein Netz, das es LG-Geräten erlaubt, miteinander zu kommunizieren. Das Herz des Systems ist ein 8000 Dollar teurer Internetkühlschrank, der »Server« für die anderen Einheiten, zu denen eine Spülmaschine, eine Mikrowelle, eine Klimaanlage und ein digitaler Projektionsfernseher gehören.
  Was kann man mit einem 30.000 Dollar teuren HomNet-System machen? In einem Szenario, wie es in den Broschüren von LG aufgeführt wird, vergaß eine Frau, als sie das Haus verließ, den Startknopf ihrer HomNet-Waschmaschine zu drücken; deshalb rief sie in ihrem Büro die Internetseite www.dreamlg.com auf und startete das System.

Sparen Sie sich das Geld. Für nur 1800 Dollar hätten Sie sich eine Einheit der Salton iCEBOX (schrecklicher Name) kaufen können, die eine Kombination aus

Fernsehen, DVD/Audio-CD-Spieler, Gerät mit Internet-Zugang, UKW-Radio und Hausüberwachungseinheit ist.

Die meisten dieser interaktiven Ideen sind einfach nur verrückt, einige haben etwas für sich und manche könnten sich sogar durchsetzen, wenn sie eine gewisse Annehmlichkeit bieten.

Die Rolle der Annehmlichkeit

Nehmen Sie zum Beispiel den in den USA so treffend genannten »Convenience Store« oder den 24-Stunden-Laden, der gewöhnlich mit einer Tankstelle verbunden ist. Haben diese Läden niedrigere Preise? Nein. Bessere Waren? Nein. Größere Auswahl? Nein. Der einzige Grund für ihre Existenz ist Annehmlichkeit (= convenience). Man kann eine Anzahl von Lebensmitteln und Drogerieartikeln kaufen, wenn man gerade an einer Tankstelle vorbeikommt.

Beachten Sie bitte auch, dass das Warensegment in diesen Läden normalerweise nur einen kleinen Anteil jeder Produktgattung ausmacht. Die klassischen Läden dieser Art verzeichnen nur einen kleinen Prozentsatz von Verkäufen für Bier, Softdrinks, Essen und Drogerieartikeln. Entsprechend erwarten wir, dass Kameratelefone, TV/DVD/Videorekorder-Kombinationen und andere Konvergenzprodukte, die den Vorzug der Annehmlichkeit haben, am Ende nur einen kleinen Anteil an den entsprechenden Märkten haben werden.

Wenn Ihre Firma einen großen Marktanteil in Ihrer Produktgattung hat, warum sollen Sie sich dann mit Nischenkonvergenzprodukten herumärgern? Lassen Sie Firmen, die Brookstone, Hammacher Schlemmer, Herrington und The Sharper Image beliefern, diese Kombinationsprodukte anpreisen.

Von Palm zu Handspring und wieder zurück

Donna Dubinsky und Jeffrey Hawkins, das Duo, das den PalmPilot erfunden hat, gründete eine Firma namens Handspring. Diese führte ein Gerät ein, das ähnlich aussah wie ein Palm und als Visor bezeichnet wurde. Das Schlüsselmerkmal zur

Differenzierung war ein Erweiterungssteckplatz, in den man eine breite Vielfalt von Modulen stecken konnte: alles von Kameras bis zu einem GPS und Diktiergeräten. Mehr als 2000 Entwickler nahmen Kontakt auf, um Module für den Visor zu bauen.

Der Markt für die Module war mehr oder minder eine Katastrophe; deshalb machte Handspring mit dem Treo weiter, einem Kommunikationsgerät, in dem Handy und PDA sowie drahtlose E-Mail, SMS-Nachrichten und Surfen im Netz miteinander kombiniert werden. Der Treo stieß auf eine Welle öffentlicher Zustimmung.

- »Der Communicator ist ein Durchbruch im Bereich der Handheld-Geräte. ... Der beste persönliche digitale Assistent, den ich je benutzt habe, und das fähigste Handy.« Walter S. Mossberg, *Wall Street Journal.*

- »Handsprings cleverer Treo Pocket Communicator ist genau nach meinem Geschmack: sprechen, E-Mail, surfen und mehr.« Peter Lewis, *Fortune.*

- »Endlich ein Kombinationsgerät, das wirklich funktioniert.« Stephen H. Wildtstrom, *Business Week.*

Treos Verkaufszahlen standen in keinem Verhältnis zum Öffentlichkeitsrummel, und Handspring, das auf dem Aktienmarkt einmal mehrere Milliarden Dollar wert war, wurde bei einem 190-Millionen-Dollar-Deal an Palm verkauft. (Jeff Hawkins allein hatte Handspringaktien, die einmal 3,9 Milliarden Dollar wert waren.)

Der Glanz dieser Produkte verblasste angesichts der Anstrengungen, die man im Bereich der Infrastruktur unternommen hatte, welche erforderlich war, um die Medienkonvergenz in den Griff zu bekommen. Ein Beispiel: Im Jahre 1999 brachte Mory Ejabbat, ein Veteran in der Netzbranche, eine Rekordsumme von 500 Millionen privater Gelder für ein Startup-Unternehmen namens Zhone Technologies zusammen. Sein Ziel bestand darin, ein einzelnes Gerät auf den Markt zu bringen, das in der Lage ist, Telefon, Internet, Kabelfernsehen, terrestrisches Fernsehen und drahtlose Dienstleistungen in sich zu vereinigen. Wie abzusehen bezeichnete *Business Week* sein Konzept als »den Heiligen Gral der digitalen Konvergenz«.

Die Verkäufe der Zhone Box sind bisher nahe null.

Angesichts dieser und anderer Geschichten sind nicht die Misserfolge selbst entmutigend. In einem System der freien Marktwirtschaft muss man mit Misserfolgen rechnen. Entmutigend ist, dass die Manager aus den Lektionen die falschen Schlussfolgerungen ziehen.

Es geht nie um das Konzept. Es geht immer um die Umsetzung. »Wir haben die bittere Erfahrung gemacht«, sagte Donna Dubinski, »dass die Herstellung der Produkte schwierig ist und dass die Geschäftskontakte zu den Netzbetreibern schwer zu steuern sind.«

Nicht ein Wort darüber, dass Handspring auf den Holzweg geführt worden ist. Nicht ein Wort über Konvergenz oder gar über die Fragwürdigkeit des Konvergenzkonzepts.

Nichts verschleiert das objektive Denken so sehr wie der Medienrummel. Handspring war auf dem richtigen Weg. Denn das *Wall Street Journal*, *Fortune* und *Business Week* schrieben ja, dass dem so sei. Jedes Versagen gegenüber den Medien muss einfach auf Probleme bei der Umsetzung zurückzuführen sein.

Mit der Zeit staut sich hinter einem Damm mit der Aufschrift »Glaubensvorstellungen« der Rummel, bis der Damm ihn nicht mehr halten kann und die Glaubensvorstellungen durchbrechen. Die Resultate sind nicht schön. So geschah es mit den Internet-Startups, und so wird es mit der Konvergenz gehen.

Je länger der Rummel anhält, desto schmerzhafter wird das Ende. Der Internetdamm brach nach nur drei oder vier Jahren Aufbau. Der Rummel hinter dem Konvergenzdamm hat sich inzwischen seit mehr als zehn Jahren aufgestaut.

MEDIA HUB, MEDIA PLAYER, MEDIA CENTER

Stützpfeiler des Konvergenzdamms ist ein Reigen neuer Medien-Produkte mit Namen wie Media Hub, Media Player und Media Center. »Konvergenz, der seit langem versprochene Heilige Gral der Unterhaltungselektronik ist endlich da«, berichtete die Zeitschrift *Fast Company*. »Diesmal ist das passende Gerät des Tages das Media Hub über das Netz – eine Settop-Box, die es Ihnen ermöglicht, Dateien mit dem PC und ihrem Heimkinosystem gemeinsam zu nutzen.«

Hewlett Packard, GoVideo und Gateway waren die Ersten, die ein Media Hub auf den Markt brachten, sozusagen ein Zentrum, an dem sich alle möglichen Arten von Medien anschließen lassen. Für weniger als 300 Dollar kann man eine Box kaufen, mit der man seine gesamte PC-basierte Unterhaltung ins Wohnzimmer bringen kann. Man stellt sie auf das bereits vorhandene Mediensystem und verbindet es über Standardvideo- und Audiooutputkabel mit dem Fernsehgerät und dem Stereoempfänger.

Inzwischen konzentriert Microsoft seine Anstrengungen auf den Media Player, eine Software, die im Computer oder einem anderen Gerät des Benutzers steckt und die ein Portal zu etwas eröffnet, was die Branche Rich Media nennt – Filme, Musik, Video; sie werden so über das Internet verbreitet, wie dies der Browser als Portal zum Ansehen von Internetseiten tut. Microsoft und RealNetworks RealOne Player teilen sich momentan den Markt für Media Player.

Microsoft hat auch eine Version seiner Windows XP Software namens Media Center entwickelt. Es hat eine spezielle Schnittstelle, die es ermöglicht, einen Computer über einen eingebauten TV-Tuner zu steuern. Jetzt kann man, während man in der anderen Ecke des Zimmers sitzt, mit Hilfe einer Fernbedienung fernsehen oder Fotos, Videos und DVDs auf dem Computer angucken.

Sony, Hewlett-Packard, Gateway und Dell haben Media-Center-Computer auf den Markt gebracht. Aber werden diese Kombinationsprodukte einen Markt finden? Gewiss, sie mögen ihren Platz in Studentenbuden und winzigen Wohnungen finden, aber die übergroße Mehrheit der Menschen wird sich wahrscheinlich eher eine Sendung auf einem Fernsehgerät anschauen oder ihre Rechenarbeiten auf einem Computer erledigen.

Ein Schritt in die falsche Richtung

Die Eier legende Wollmilchsau ist ein Schritt in die falsche Richtung. Der Trend bei den Fernsehern geht in Richtung auf große Flachbildschirme. Der Trend bei den Computern geht in Richtung auf kleine Laptops. Ein Kasten für das Media Center wird ein mittelmäßiges Gerät zum Anschauen von Bildern und Filmen und ein mittelmäßiges Gerät für den Computereinsatz sein.

Wenn man die Aussichten einer neuen Technologie einschätzen will, müsste eigentlich immer eine kleine rote Flagge hochgehen, wenn die Produktbezeichnung einen allumfassenden Begriff wie *Medien* enthält.

»Was machst du heute Abend?«

»Ich werde nach Hause gehen und Medien anschauen.«

Kein Mensch redet so, und keiner kauft Produkte mit solchen Namen.

Steve Jobs fand die richtigen Wort für das Media Center. Als er gefragt wurde, ob Apple Computer ein solches Produkt einführen würde, sagte er, dass dies so sinnvoll wäre, wie wenn Apple einen Computer einführen würde, der auch toasten könnte.

Da stimmen wir mit ihm überein. Das Media Center ist ein Toaster.

Aber Jobs ist nur eine Stimme in der Wüste. Konvergenz wird fast allgemein akzeptiert. In einem Artikel über die Branche der Unterhaltungselektronik sagte Mike Lambert von den einflussreichen *San Jose Mercury News*: »Passen Sie auf, wenn alle Modewörter in die gleiche Richtung weisen.«

Der Rummel reißt den Konvergenzdamm ein.

Der Pen Computer

Wir wollen uns einmal näher anschauen, wie die Konvergenzpropagandisten denken. Vor der Erfindung des PCs gab es nur zwei Hauptformen der schriftlichen Kommunikation. Man konnte einen Füllfederhalter oder einen Stift verwenden, um Wörter zu Papier zu bringen. Oder man konnte eine Schreibmaschine benutzen, um das Gleiche zu erreichen.

Wir bringen immer noch viele Wörter mit Hilfe von Füllern und Stiften zu Papier, aber die Schreibmaschine ist so gut wie durch den PC ersetzt worden.

Macht korrumpiert, und das ist mit der Macht von Computern nicht anders. Die genialen Denker in der Hightech-Industrie sahen einen Weg, um die Rechenkraft eines PCs dazu zu nutzen, die Papier-und-Stift-Form von Kommunikationen mit der Schreibmaschine zu kombinieren.

Auf diese Weise wurde der Stiftcomputer geboren, und der Rummel folgte schon bald.

»Den Computer gibt es nun in seiner dritten Inkarnation«, schrieb die Zeitschrift *Economist* im April 1992 großtuerisch. »Die ersten Zahlenfresser waren Ungetüme, die in Räumen mit der Airconditioning eingeschlossen wurden. In den achtziger Jahren schrumpften sie und krochen als PCs auf den Schreibtisch.«

Die dritte Inkarnation? Der Stiftcomputer? *The Economist* sagte voraus: »Computer, die Befehle von Stiften von der Größe eines Kugelschreibers anstelle einer Maus oder einer Tastatur annehmen, und eine Vielfalt anderer neuer Schöpfungen werden den Markt in dem Maße so dramatisch – und möglicherweise gewinnträchtig – verändern, wie das Aufkommen der PCs dies vor über einem Jahrzehnt tat.«

»Im Wettbewerb darum, diesen neuen Markt zu beherrschen, ist es eng geworden«, berichtete *The Economist*. »Microsoft begann Anfang April damit, Software für Stifte auszuliefern. Go, eine neue Firma aus dem Silicon Valley, folgte bald nach. IBM hat gerade damit angefangen, an Großkunden mit speziellen Lieferbedingungen einen stiftbasierten Computer namens ThinkPad auszuliefern. Gegen Ende des Jahres werden wahrscheinlich rund ein Dutzend Firmen mit IBM, NCR, NEC, Grid und Momenta gleichziehen und Stiftcomputer auf den Markt bringen.«

Es war so schnell vorbei, wie es begonnen hatte. Im Herbst 1992 sagte John Sculley, damals Chef von Apple Computer: »Vor einem Jahr redeten wir alle über Stiftcomputer. Wer hätte damals gedacht, dass eine ganze Branche innerhalb eines Jahres entstehen und wieder von der Bildfläche verschwinden würde?«

Erst der Stift und jetzt das Tablett

Eines muss man den Konvergenzpropagandisten lassen. Sie geben nie auf. Auch wenn der Stiftcomputer ein Misserfolg war, so die Auffassung der Konvergenzpropagandisten, vielleicht könnten wir den Stiftcomputer mit einem Tastaturcomputer kombinieren?

Sicher, das Neueste in einer langen Reihe von Kombinationsprodukten für Computer kam 2001 auf den Markt. Es wird als Tablet Computer bezeichnet und hat sowohl einen Bildschirm, auf dem man schreiben kann, als auch eine Tastatur, auf der man tippen kann.

Die treibende Kraft dahinter war Microsoft. Im Jahre 2002 allein führten acht Hersteller Varianten des von Microsoft entwickelten Tablet-PCs ein. Und Bill Gates sagte selbstbewusst voraus, dass der Tablet PC innerhalb von fünf Jahren die Laptops überflügeln würde.

Dazu hat er nicht die geringste Chance. Gegen Ende des Jahres 2003 wurden nur eine halbe Million Tablet PCs verkauft – verglichen mit 36 Millionen Laptops in diesem Jahr.

Seien Sie auf die nächste Runde eines Rummels gefasst, wenn irgendjemand erkennt, dass es eine dritte Möglichkeit gibt, wie Menschen miteinander kommunizieren. Mit dem Stift, mit der Tastatur und mit dem Mund.

Wird der Sprachcomputer das Nächste sein?

KAPITEL 7

SCHLECHTE IDEEN STERBEN NIE AUS

Wer könnte angesichts der Tatsache, dass die Presse, die großen Experten und praktisch die gesamte Gemeinschaft der Hightech-Gläubigen hinter dem Konvergenzkonzept steht, auch nur daran zweifeln, dass eines schönen Tages alles so kommen wird wie geplant?

Jeder, der sich schon einmal mit der Geschichte beschäftigt hat, wird das tun. »Jene, die sich nicht an die Vergangenheit erinnern können«, schrieb George Santayana, »sind dazu verdammt, sie zu wiederholen.«

Als Gedächtnishilfe fasse ich hier kurz die lange, traurige Geschichte der Konvergenz zusammen:

- Können Sie sich an den Aerocar erinnern? Als sich die allgemeine Luftfahrt nach dem Zweiten Weltkrieg auszubreiten begann, hielten die Konvergenzpropagandisten Ausschau nach Möglichkeiten, das Flugzeug mit dem Auto zu kombinieren.

  1945 führte Ted Hall das fliegende Auto vor. Straßen würden überflüssig und Verkehrsstaus eine Sache der Vergangenheit werden. Man könnte jederzeit überall hingehen und sich völliger Bewegungsfreiheit erfreuen.

Das fliegende Auto von Hall aus dem Jahre 1945 und der Amphicar aus dem Jahr 1961 sind zwei von vielen Fehlschlägen durch Divergenz in der Transportbranche.

Jeder große Flugzeughersteller in Amerika erhoffte sich, mit Halls Erfindung das große Geld zu machen. Convair hatte das Glück, das Patent kaufen zu können. Im Juli 1946 führte Convair Halls Fantasieflugzeug als Convair Modell 118 ConvAirCar ein. Das Management der Firma sagte selbstbewusst Verkäufe von mindestens 160.000 Exemplaren pro Jahr voraus. Der Preis betrug 1500 Dollar plus einem Aufpreis für die Flügel, die auch an jedem Flughafen zur Vermietung verfügbar sein sollten.

Trotz des Werberummels wurden nur zwei ConvAirCars gebaut. Man sagt, dass sie beide in einem Lagerhaus bei El Cajon (Kalifornien) eingemottet sind.

Drei Jahre später führte Moulton Taylor den Aerocar ein, ein sportliches Stadtauto mit aufsteckbaren Flügeln und einem Schwanz. Der Aerocar erregte damals viel Aufsehen in der Öffentlichkeit. Die Ford Motor Company dachte darüber nach, ihn in Massenproduktion herzustellen. Aber den Aerocar ereilte das gleiche vorhersagbare Schicksal wie Halls fliegendes Auto.

Schlechte Ideen sterben nie aus. Erst am 2. August 2002 schrieb die *New York Times* einen großen Bericht (nahezu eine ganze Seite) über den Aerocar von Taylor: »Ein Auto mit Flügeln«, berichtete die *New York Times*, »das ist die Traummaschine vieler junger Leute, die das Fliegen lernen.«

Und dann war da Paul Moller, der vier Jahrzehnte damit verbrachte, den M400-Skycar zu entwickeln, ein persönliches Fluggerät, das so leicht wie ein Auto zu steuern ist. Heute, 50 Millionen Dollar, 43 Patente und drei Ehefrauen später hat sich sein Traum immer noch nicht in die Lüfte erhoben.

Millionen von Dollars wurden in den Versuch gesteckt, die Kombination aus Flugzeug und Auto vom Boden abheben zu lassen. Wie bei vielen derartigen Projekten versuchte man mit dem fliegenden Auto ein unlösbares Problem zu meistern. Ein Auto muss schwer genug sein, um auf der Straße zu bleiben, und ein Flugzeug muss leicht genug sein, um von der Startbahn abzuheben.

Diese Bemühungen nach dem Zweiten Weltkrieg waren auch nicht die ersten Versuche, ein Auto in den Weltraum zu katapultieren. Die Gebrüder Wright schwangen sich erstmals im Dezember 1903 in die Lüfte. Die Zeitschrift *Popular Mechanics* brachte in ihrer Ausgabe vom April 1906 die Geschichte über das erste fliegende Auto.

Es ist die Divergenz, die triumphiert, nicht die Konvergenz. Statt eines fliegenden Autos haben wir heute viele Typen von Fluggeräten (Düsenflugzeuge, Propellerflugzeuge, Hubschrauber) und viele Typen von Autos (Limousinen, Cabrios, Kombis, Minivans, Geländewagen).

- Erinnern Sie sich noch an ein anderes Autoboot? Potenzielle Konvergenzanhänger sollten sich näher mit der Kombination von Auto und Boot beschäftigen, die 1961 unter großen Fanfarenklängen von der deutschen Firma Amphicar eingeführt wurde. Wie alle Konvergenzprodukte hatte der Amphicar keine guten Leistungen vorzuweisen und funktionierte auch nicht. »Er fuhr sich wie ein Boot und schwamm wie ein Wagen« war das vernichtende Urteil der Käufer.

Schlechte Ideen sterben nie aus. Viele Millionen von Dollars wurden für den Versuch ausgegeben, das erfolgreiche Modell eines Autoboots zu entwickeln. 1983 der Amphi-Ranger, 1992 der Hobbycar, 1994 der Aquastrada Delta, 1996 der Dutton Mariner, 2003 der March WaterCar und der Gibbs Aquada.

Die Ankündigung von Gibbs im Jahre 2003 klingt ganz so wie die vorangegangenen Versuche, ein Autoboot einzuführen. »Gibbs Technology Ltd. kündigte am Mittwoch an, dass die Firma eines der aufregendsten Ingenieurprojekte in der britischen Geschichte abgeschlossen hat, die erfolgreiche Entwicklung der High Speed Amphibian Technology (HSA). Nach sieben Jahren Forschung und Entwicklung der HSA-Technologie führte Gibbs das Fahrzeug vor, das auf dem Wasser 30 Meilen pro Stunde und Geschwindigkeiten von über 100 Meilen pro Stunde auf dem Land erreichen kann.«

Und dann ist da noch der Dobbertin HydroCar, der schon bald auf einem See in Ihrer Nähe schwimmen wird.

- Erinnern Sie sich noch an das Videofon? Trotz der mühseligen Anstrengungen von AT&T und anderen Firmen, die bis in die 20er Jahre zurückgehen, sind weltweit heute nur 650.000 Videofonsysteme in Gebrauch, die meisten davon im Geschäftsleben. (Wer möchte sich schon extra schön anziehen, um ein Telefongespräch zu führen?)
  Schlechte Ideen sterben nie aus. Kürzlich führte Vialta das Beamer TV ein, eine technische Spielerei für 150 Dollar, die es Ihnen mit Hilfe eines normalen Fernsehgeräts ermöglicht, Videofongespräche zu führen. (Die Kosten für beide Geräte liegen im Bereich von 300 Dollar.) Glaubt irgendjemand, dass das Videofon, nachdem man über acht Jahrzehnte hinweg alles Mögliche versuchte, eine Zukunft hat?

- Erinnern Sie sich an 3D-Filme? Alle paar Jahrzehnte feiern sie ein Comeback und erregen viel Aufsehen als vermeintlicher Kassenschlager. Teleview führte 1922 den ersten 3D-Film ein. Im Jahre 1930 war *Campus Sweethearts* ein großer Hit, 1952 *Bwana Devil*, 1960 *13 Ghosts*, 1983 *Jaws 3-D* und im letzten Jahr *Spy Kids 3-D: Game Over*.
  Sharp und zwei US-amerikanische Firmen (X3D und Stereo-Graphics) produzieren 3D-Monitore für Messen, Schaufenster und für Spiele in Spielhallen. Aber erwarten Sie nicht, dass 3D bald 2D ersetzen wird. Es handelt sich um eine Neuigkeit, die nur mit geringer Wahrscheinlichkeit auf dem Massenmarkt Marktreife erreichen wird.
  (Tatsächlich gibt es bereits 3D-Filme. Sie laufen unter der Bezeichnung Schauspiel und sind der Kassenschlager am Broadway und in anderen Theatern.)

- Erinnern Sie sich an das Fernsehgerät, das Ihnen Ihre tägliche Zeitung im Wohnzimmer ausdrucken sollte? Als in den fünfziger Jahren das Fernsehen über die Öffentlichkeit hereinbrach, suchten die Anhänger des Konvergenzdenkens nach Möglichkeiten, das Fernsehen mit Printmedien zu kombinieren. Man sollte in der Lage sein, seine Zeitungen und Zeitschriften direkt aus dem Fernsehgerät ausdrucken zu lassen. Außerdem sollte man sich nur jene Abschnitte der Zeitung ausdrucken lassen können, die man lesen wollte.

Lachen Sie nicht. Epson hat gerade eine Produktlinie von Fernsehgeräten vorgestellt, mit denen man sich Fotos ansehen und ausdrucken lassen kann. »Wir erwarten«, sagte der Direktor von Epsons Abteilung für Heimunterhaltungsprodukte, »dass das für uns innerhalb von fünf Jahren zu einem 300-Millionen-Dollar-Geschäft wird«.

- Erinnern Sie sich an die Kombination aus Waschmaschine und Trockner von Bendix, die mit großem Rummel in den 40er Jahren eingeführt wurde? Wie kommt es, dass die meisten Menschen immer noch getrennt voneinander Waschmaschinen und Trockner haben?

- Erinnern Sie sich noch an den EVR, den elektronischen Videorekorder? CBS investierte viele Millionen von Dollars in den EVR, ein vergeblicher Versuch, elektronische Bilder mit fotografischen Bildern zu kombinieren. Im EVR-System wurden Farbbilder in Form eines kodierten Musters auf einem Schwarzweißfilm aufgezeichnet. Wenn der Film durch einen kleinen EVR-Player lief, der an einen Farbfernseher angeschlossen war, wurden die kodierten Muster elektronisch abgetastet und auf dem Bildschirm wieder in Farbbilder umgewandelt.

- Erinnern Sie sich noch an das von Xerox und anderen Firmen propagierte »Büro der Zukunft«? Im Büro der Zukunft wären alle Bürogeräte über ein Master-System miteinander verbunden. Das wurde nie umgesetzt. (Heute dreht sich der ganze Werberummel um das »Haus der Zukunft«. Nach dem aktuell gültigen Plan werden alle elektronischen Geräte im Haus über ein Master-System miteinander verbunden. Das ist die gleiche schlechte Idee.)

- Erinnern Sie sich noch an die »Straße der Zukunft«, die von General Motors auf der World Fair 1964 in New York propagiert wurde? Die Straße der Zukunft sollte von einem Road Builder gebaut werden, einer Maschine, die einen Straßenblock lang und 12 Meter hoch war. Der Road Builder würde von 30 Menschen bedient werden und wäre in der Lage, pro Stunde eine Meile eines vierspurigen Superhighways auf Stelzen zu bauen und alles, was ihm im Weg steht, einzuebnen (vermutlich auch die Umweltschützer und ihre Rechtsanwälte, die gegen jedes Autobahnbauprojekt ankämpfen).

- Erinnern Sie sich noch an das Fax-Telefon? Als das Fax in den siebziger Jahren zu einer großen Sache wurde, suchten die Anhänger des Konvergenzdenkens nach Möglichkeiten, das Fax mit dem Telefon zu kombinieren. Das Fax-Telefon sollte zum heißen Produkt des Jahrzehnts werden. Haben Sie ein Fax-Telefon? Kennen Sie irgendjemanden, der eines hat?

- Erinnern Sie sich noch an das Computer-Telefon, einen Computer, an dem ein Telefon angebracht war? Compaq, Northern Telecom, Rolm, Wang und AT&T führten Mitte der achtziger Jahre Computer-Telefone ein. Die Hersteller glaubten, dass es eine ganz natürliche Sache sei, einen Computer mit einem Telefon zu verbinden, weil Sprache und Daten bereits durch die gleichen Leitungen geschickt wurden. Man muss wohl nicht extra betonen, dass das Computer-Telefon zu nichts führte.

- Erinnern Sie sich noch an das Heimkino (Home Entertainment Center)? Eine Firma namens Advent erfand das Projektionsfernsehen, Fernsehgeräte mit Bildschirmen, die eine Diagonale von einem oder anderthalb Meter hatten. Aber das Projektionsfernsehen reichte Bernie Mitchell nicht, dem mächtigen Chef von Advent, den man als erfolgreichen Manager von Pioneer, einer Firma für Stereogeräte, abgeworben hatte. »Wir nutzen Advent dazu, unsere Flügel auch über der Unterhaltung zu Hause auszubreiten«, entschied Mr. Mitchel. Natürlich ging Advent Bankrott, und auch das Heimkino verschwand gewissermaßen im Abgrund. Interessanterweise wurde das Projektionsfernsehen zu einem großen Erfolg. Wenn sich Advent auf sein ursprüngliches Produkt konzentriert hätte, wäre die Firma heute immer noch auf dem Markt.

- Erinnern Sie sich noch an die Kombination von Baseball- und Football-Stadium? Teams aus der Profiliga sparen eine Menge Geld, wenn sie ihre Spiele in Kombinationsstadien stattfinden lassen. Ein Denkmal für diese Art von Konvergenzdenken ist das Three Rivers Stadium in Pittsburgh, das gerade abgerissen wurde, um dort durch zwei getrennte Baseball- und Football-Stadien ersetzt zu werden. In neuerer Zeit ereilte das Veterans Stadium in Philadelphia das gleiche Schicksal.
Der Hubert H. Humphrey Metrodome in Minneapolis, der 1982 eröffnet wurde, war die letzte Vielzweckeinrichtung, die in den USA gebaut wurde. Weniger als zwei Jahrzehnte später wollten die Minnesota Twins, die Minnesota Vikings und das Footballteam der University of Minnesota jeweils ein neues Stadion, und wir wollen keine bösen Worte darüber verlieren.

- Erinnern Sie sich an den Ford Ranchero und den Chevrolet El Camino, eine Kombination aus Auto und Lastwagen? Trotz der eher mäßigen Verkäufe für diese Konvergenzfahrzeuge brachten die Autohersteller von heute das Konzept erneut auf den Markt. Die Chevrolet Avalanche und SSR, der Cadillac Escalade EXT, der Subaru Baja und der Hummer H2 SUT (für sport-utility truck = Geländelastwagen) sind die letzten Kombinationen aus Auto und Lastwagen auf dem Markt. Auch der Lincoln Blackwood, der kam und so schnell wieder verschwunden war, dass er als eines der kurzlebigsten Modelle in der Geschichte der Automobilindustrie in Erinnerung bleiben wird.

- Erinnern Sie sich an die Bell-Boeing V-22 Osprey, eine Kombination aus Hubschrauber und Flugzeug? Unsere Regierung hat bisher mehr als 12 Milliarden Dollar für den Osprey ausgegeben, der bei Testflügen dreimal abgestürzt ist und zum Tod von 30 Menschen (darunter 26 Marineinfanteristen) führte.

Überraschend am Osprey-Programm ist die nahezu überwältigende Unterstützung durch die Experten aus dieser Branche. »Geben Sie nicht ein Konzept auf, bei dem es sich wahrscheinlich um die revolutionärste Sache handelt, die in den letzten 40 oder 50 Jahren von Seiten der Aeronautik aus dem Luftraum gekommen ist«, sagte Dr. Daniel P. Schrage, Direktor des Center of Excellence in Rotorcraft Technology am Georgia Institute of Technology.

Möglicherweise ist das ja gar nicht so überraschend. Die Programme für den Aerocar und das Autoboot genossen die nahezu einhellige Unterstützung von Experten auf dem Gebiet des Transportwesens. Vielleicht ist es so wie mit dem Wald und den Bäumen. Von innen sieht man die Bäume, von außen den Wald.

- Erinnern Sie sich an die Kombination aus Vielzweck-Jagdflugzeug und Bomber, die F-111. Vor Jahren überzeugte Verteidigungsminister Robert McNamara jeden, dass es eine Verschwendung für das Militär sei, unterschiedliche Flugzeugmodelle zu haben, die spezialisierte Aufgaben erfüllen. Stattdessen, sagte er, werden wir ein Flugzeug entwerfen und entwickeln, das beides kann.

  Unter dem Aspekt der Kosten, des Trainings und der taktischen Verwendungsmöglichkeiten war das Ergebnis eine Katastrophe. Die F-111 wird immer noch in den Listen des Pentagon geführt, aber nur selten verwendet. Und alle Teilstreitkräfte ordern und verwenden weiterhin eine Vielfalt von Flugzeugen, die jeweils für spezialisierte Aufgaben angemessen sind.

- Erinnern Sie sich noch an die herausnehmbare Schutzhülle, die einen Mantel in einen Übermantel verwandelte? Wie kommt es, dass die meisten Menschen heute getrennt voneinander Mäntel und Übermantel haben? Und wie kommt es, dass meine Hemden nicht mit meinen Hosen konvergierten, meine Socken nicht mit meinen Schuhen und mein T-Shirt nicht mit meinen Shorts?

- Erinnern Sie sich an die Raketenpost? 1959 experimentierte die Post zusammen mit der US-Marine mit einer neuen Form des Postversands. Bevor der Mensch den Mond erreichte, sagte ein offizieller Sprecher der Post selbstbewusst, würde Post demnächst innerhalb von Stunden mit Hilfe von Lenkraketen von New York nach Kalifornien, nach Großbritannien, nach Indien und nach Australien verschickt. (Oje, ich habe Post bekommen!)

Keine Konvergenz zu Hause

Unter nahezu jedem Aspekte des Lebens konvergieren Dinge nicht. Der Verlobungsring konvergierte nicht mit dem Ehering, der Kugelschreiber konvergierte nicht mit dem Füllfederhalter, der Stuhl konvergierte nicht mit dem Sofa, und der Teppich konvergierte nicht mit der Teppichunterlage.

Gewiss, wenn wir nur richtig danach suchen, werden wir Beispiele für Konvergenz finden. Doch gewöhnlich handelte es sich hier um Nischenprodukte, bei denen Annehmlichkeit das Wichtigste ist.

Schließlich kombinierte man den Radiergummi mit dem Bleistift. Führte diese Kombination zu einem besseren Bleistift? Nein. Zu einem besseren Radiergummi? Nein. Aber die Kombination aus beidem war *bequem*.

Wenn man bei so einer Kombination scheinbar auf nichts verzichten muss, bleibt in der Regel wenig übrig. Das aufklappbare Sofa, das sich in ein Bett verwandelt, ist weder ein besseres Bett noch ein besseres Sofa. Aber für manche Menschen ist es bequem. (Doch die meisten Menschen kaufen, wenn sie das Geld und den Platz dafür haben, Sofa und Bett getrennt voneinander.)

Die Kombination aus Shampoo und Haarfestiger ist weder ein besseres Shampoo noch ein besserer Haarfestiger, aber sie ist bequem. (Trotzdem kauften die meisten Menschen Shampoo und Haarfestiger getrennt voneinander, weil sie der Meinung sind, dass dies besser ist.)

In den meisten Häusern gibt es eine Kombination aus Badewanne und Dusche. Aber wenn sich die Leute beides getrennt voneinander leisten können, dann bauen sie gewöhnlich voneinander getrennte Einheiten ein.

Sie probieren es immer wieder

Vor Jahren gab einer unserer Freunde eine ruhige Arbeitsstelle bei einer großen Firma auf, um bei einer gerade eröffneten Fast-Food-Firma namens Celebrity House zu arbeiten. Es handele sich um eine Idee mit großer Sprengkraft, behauptete er, weil dabei zwei Verkaufskonzepte miteinander kombiniert würden, die sehr attraktiv für junge Leute seien, nämlich CDs und Hamburger (als ob Tower Records mit Burger King konvergierte).

Es war grauenhaft; nicht nur, dass die CDs schmierig wurden, auch das Konzept funktionierte nicht. Die Geschäftspartner verloren ihr gesamtes Eigenkapital.

Sie lernen einfach nicht dazu. In Europa versuchte McDonald's Hamburger und Hotels unter ein Dach zu bringen. Unter dem Namen Golden Arch kombinierte die neue Kette ein herkömmliches Hotel für Geschäftsleute mit einem McDonald's-Restaurant. (Sicher haben sich viele Firmenangestellte darüber beschwert, dass ein Geschäftstreffen in einem Hamburger-Hotel abgehalten wurde. *Wo* treffen wir uns?)

Die Golden Archs erwiesen sich nicht als Goldgrube. Drei Jahre, nachdem man sie eröffnet hatte, verkaufte McDonald's seine beiden Golden Archs an Rezidor SAS; und als Erstes wurde der Name in Parks Inn geändert.

Hier in den Vereinigten Staaten versucht McDonald's einen Coffee Shop nach der Art von Starbucks mit einem Hamburger-Restaurant unter einem Dach zu vereinen. Unter dem Namen McCafe bietet der Coffee Shop Espressogetränke, Gebäck und Edel-Sandwiches innerhalb eines herkömmlichen McDonald's-Restaurants an, das ein vollständiges McDonald's-Menü mit Hamburgern und Pommes Frites auf der Karte hat.

An zwei unterschiedlichen Orten lassen wir unsere Haare schneiden und unsere Kleidung reinigen. Aber wir sind uns ziemlich sicher: Das ist keine Gelegenheit zum Geldverdienen für irgendwelche Möchte-gern-Unternehmer, die beides miteinander kombinieren.

Vielleicht ist es ja doch möglich. Eine Firma namens Male Care eröffnete eine Kette von Läden, vor denen man nur einmal einen Parkplatz suchen muss und die einen Friseurladen mit einer Autowaschanlage und einer chemischen Reinigung verbinden. Eine französische Zeitschrift *Tendences Trends* setzte Male Care auf eine Liste der 100 einzigartigen internationalen Unternehmen.

Male Care schwimmt gegen den Trend. Ursprünglich haben wir uns in der Regel die Haare und die Nägel an einem Ort schneiden lassen. Jetzt gehen wir zu zwei unterschiedlichen Etablissements, einem für die Haare und einem für die Nägel. Das ist Divergenz in Aktion.

Als Videotheken beliebt waren, drängte sich praktisch jede Drogerie, jeder Supermarkt und jeder Lebensmittelladen mit Kiosken ins Geschäft, an denen stand: »Leihen Sie sich für heute Abend einen Film aus.« Diese Kioske findet man nicht mehr, weil die Videothekenkunden eher zu den Spezialhändlern wie Blockbuster abgewandert sind. Kombinationen funktionieren eben fast nie.

Konvergenz wird nie aussterben

Während der gesamten Geschichte haben Konvergenzkonzepte unsere Vorstellungskraft angeregt. Die Meerjungfrau, eine Kombination aus Fisch und Frau, zusammen mit dem Wassermann, einer Kombination aus Fisch und Mann, haben die Öffentlichkeit seit Jahrtausenden fasziniert.

Und dann gibt es noch den Zentauren aus der griechischen Mythologie, ein Lebewesen mit dem Körper eines Pferds und dem Kopf, den Schultern und Armen eines Mannes.

Minotaurus, teils Mensch, teils Stier. Und Hydra, die vielköpfige Kreatur, die von Herkules ins Jenseits befördert wird. Und auch Satyr, der Gott der Wälder, dem Poltrigkeit und Lüsternheit gegeben ist, ein dem Menschen ähnliches Lebewesen mit Pferdeschweif und den Beinen und Ohren einer Ziege.

Die Helden der Comics wie Batman und Spider-Man sind ebenfalls Beispiele für die weiterhin bestehende Popularität von Konvergenzkonzepten.

Wenn eine Idee unsere Vorstellungskraft anregen kann, wie dies bei der Konvergenz der Fall ist, dann wird sie im Bewusstsein einer leichtgläubigen Öffentlichkeit auf ewig weiterleben.

Manche Leute lassen sich nie überzeugen. Ein Beobachter berichtete: »Obwohl die Konvergenz von der Hauptstraße der frühen Erwartungen abgezweigt ist, bleibt sie doch der Weg der Zukunft. Nur die Reise dauert länger, sagen die Manager im Multimediageschäft, kostet mehr und ist viel komplizierter, als man es sich zunächst vorgestellt hatte.«

Darauf erwidern wir mit den Worten von General McAuliffe in der Schlacht von Bulge: »Spinner.«

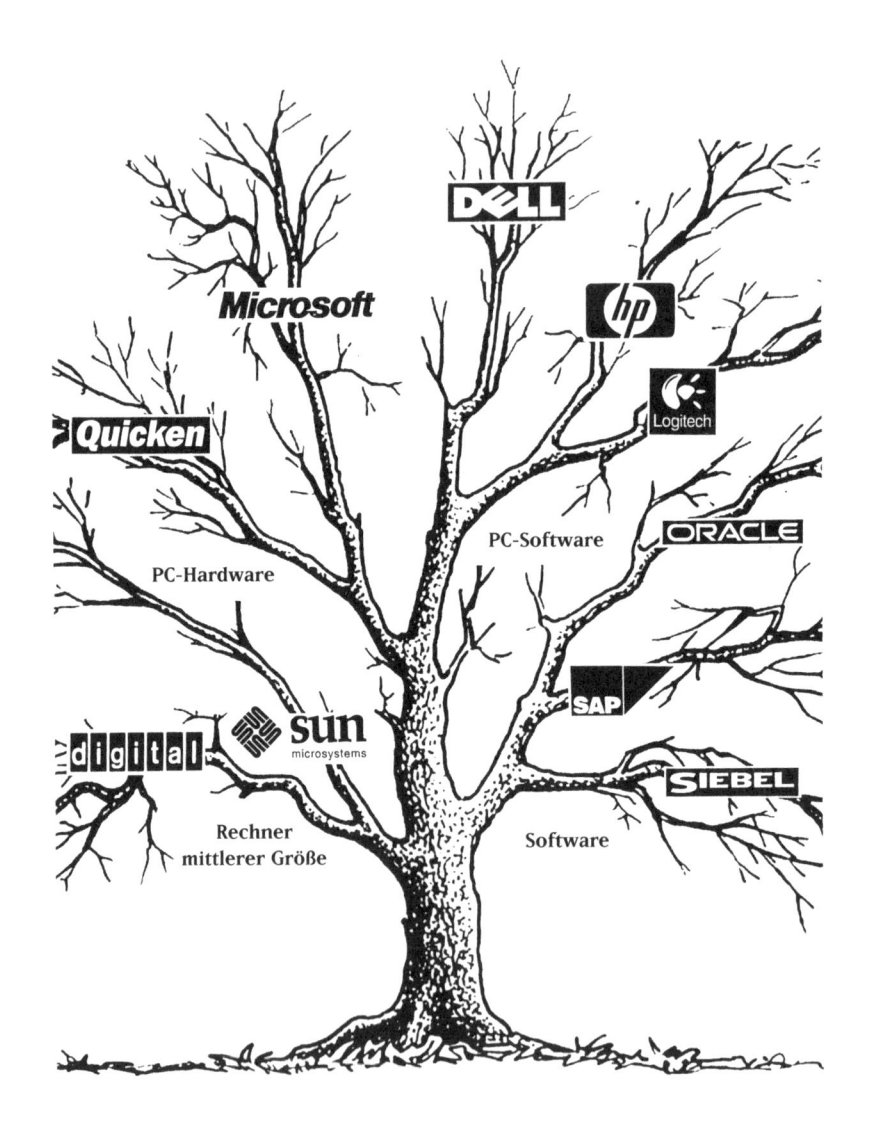

Der Großrechner verzweigte sich in Software, Computer mittlerer Größe, PC-Hardware und PC-Software.

KAPITEL 8

DER GROSSE BAUM DER HIGHTECH-MARKEN

Bezogen auf die Vorstellungskraft war es für Charles Darwin ein Riesensprung, sich »den großen Baum des Lebens« als Divergenzprozess vorzustellen, der sich vor Hunderttausenden oder gar Millionen von Jahren abgespielt hat.

Wir können von Glück sagen. Denn wir können dabei zuschauen, wie sich Marken in viel kürzeren Zeiträumen auseinander entwickeln. Nehmen Sie zum Beispiel den Computer. Der Same wurde im Jahre 1946 von Ingenieuren der University of Pennsylvania zum Keimen gebracht. Ihre Erfindung, der ENIAC, war der erste voll elektronische digitale Vielzweck-Computer.

Einführung von Marken im Zeitalter des Computers

Die Einführung des Univac durch Remington Rand im Jahre 1951 und kurz danach des Großrechners durch IBM markierten den wirklichen Beginn des Computerzeitalters. Und was für ein Zeitalter das war.

In wenig mehr als 50 Jahren war die Welt Zeuge des Auftauchens einer erstaunlichen Vielfalt von Produkten: Minicomputer, Computer mittlerer Größe, PCs, Netzrechner, Laptops und Handhelds sowie zusätzlich Tausende von Softwareprodukten. Es gibt Computerzeitschriften, Rundbriefe, Websites und das Internet sowie eine ganze Armee von Consultingfirmen für Computer.

Das Wachstum des Computerbaums und seiner vielen Zweige ermöglichte es, dass viele wirkungsvolle und wertvolle Marken geschaffen wurden; dazu gehören IBM, Unisys, Hewlett-Packard, Sun Microsystems, Siebel, Oracle, SAP, Dell, Apple, Palm, Intel und Microsoft.

Auf dem Aktienmarkt ist der Stamm des Computerbaums (IBM) 167 Milliarden Dollar wert. Doch allein die anderen elf Firmen sind 852 Milliarden Dollar wert, und es gibt Tausende anderer Zweige am Computerbaum.

Man kann interessante Spekulationen darüber anstellen, was möglicherweise geschehen wäre, wenn IBM jeweils für die Hauptcomputergeschäftszweige voneinander getrennte Marken eingeführt hätte. Wäre IBM vielleicht das Procter & Gamble der Computerbranche geworden, mit Umsätzen, die um ein Vielfaches höher gewesen wären als jetzt?

Was im Bereich der Computer geschieht, passiert auch in jedem anderen Wirtschaftszweig. Haushaltsgeräte, Autos, Getränke, Drogerieartikel, Nahrungsmittel und was immer – man stößt auf Divergenz in Aktion. Mit der Zeit teilen sich Produktgattungen auf und aus ihnen werden zwei oder drei Gattungen; dadurch entstehen zahllose Möglichkeiten zum Aufbau neuer Marken.

Die Zeit fliesst nur in eine Richtung

Noch vor einigen Generationen war das Leben einfacher. Die meisten Menschen lebten auf Bauernhöfen und besaßen nur einige wenige Artikel: Kleidung, ein paar Haushaltsgeräte und einige Flaschen mit Medizin im Erste-Hilfe-Schrank, wenn sie denn einen Erste-Hilfe-Schrank hatten. Seitdem haben wir Generationen von Divergenz durchgemacht, und das Leben ist sehr viel komplizierter geworden.

Wenn Konvergenz wirklich ein Trend wäre, dann würde das bedeuten, dass die Divergenz plötzlich nach Hunderten von Jahren pausierte und das Leben einfacher würde.

Darauf besteht herzlich wenig Aussicht. Das Leben wird nie einfacher. Es wird immer nur komplizierter. Welchen Baum man auch immer betrachtet, einer Sache kann man sich gewiss sein. In der Zukunft wird es mehr Zweige, mehr Gattungen und mehr Marken geben.

Wissen ist Macht. Zu wissen, dass sich Gattungen am Ende auseinander entwickeln, ist von gewaltigem Nutzen für jeden im Marketing Tätigen, der nach einer Gelegenheit sucht, eine neue Marke einzuführen.

DIVERGENZ BEI PCS

Ursprünglich gab es drei Hauptmarken: den Apple IIe, den Commodore PET und den Radio Shack TRS-80. Alle frühen PCs waren in dem Sinne geschlossene Systeme, dass die Tastatur, die Einheit mit dem Zentralprozessor und der Monitor in einen Kasten integriert waren.

Was meinen Sie nun, was als Nächstes in der PC-Technologie geschehen wird?

Ein Konvergenzanhänger hätte sich nach nützlichen Geräten umgeschaut, um sie mit dem PC zu kombinieren. Wie ist es mit dem Computerdrucker? Wozu ist ein PC gut, wenn man seine Arbeit nicht ausdrucken lassen könnte?

Gibt es heutzutage irgendwelche PCs, in die ein Drucker integriert ist? Ich kenne keinen. Eher ist der umgekehrte Trend eingetreten. Statt einer alles umfassenden Box haben die meisten Desktop-PCs eine von ihnen getrennte Tastatur und einen von ihnen getrennten Monitor – und natürlich einen von ihnen getrennten Drucker für den Computer.

Lassen Sie uns die Konvergenz von einem anderen Standpunkt aus betrachten. Wenn Sie ein Hersteller wären und darüber nachdächten, eine Gelegenheit dafür zu finden, dass Sie einen Drucker in Ihre Produktelinie von PCs integrieren, welche Art von Drucker würden Sie dafür auswählen?

- Laserdrucker: Farbe oder schwarzweiß?
- Tintenstrahldrucker: Farbe, schwarzweiß oder Foto?
- Bubble-jet?

- Für die Reise, den Schreibtisch oder für große Auflagen?
- Schnell (teuer) oder langsam (preiswert)?

Die Weiterentwicklung (oder Divergenz) der Drucker ist der Grund dafür, dass die Konvergenz ein Projekt auf dem absteigenden Ast ist. Es gibt immer einen neuen Typ, der auf Abruf bereit steht. Mit welchem Drucker würden Sie Ihren Computer kombinieren?

Selbst die Fotodrucker haben sich in eine neue Richtung verzweigt. Anstelle von Tinte nutzen die teuren Farbdrucker eine Thermosublimationstechnologie (kontinuierliche Farbtöne, keine Punkte).

Was mit dem PC geschah, ist typisch für das, was praktisch in jedem anderen Wirtschaftszweig geschieht. Mit der Zeit entstehen durch Divergenz neue Gattungen; dies führt wiederum zu neuen Möglichkeiten für neue Marken.

Divergenz bei PCs schuf Möglichkeiten, eine Marke für Monitore (Viewsonic) aufzubauen, eine Marke für Tastaturen und Mäuse (Logitech), eine Marke für Betriebssysteme (Microsoft), eine Marke für Mikroprozessoren (Intel), eine Marke für Laufwerke (Seagate), eine Marke für Modeme (Hayes), eine Marke für Speichermedien (Zip, Migo), eine Marke für Drucker (Epson, Lexmark), eine Marke für Laserdrucker (Hewlett-Packard), eine Marke für Finanzsoftware (Quicken), eine Marke für Videoprojektoren (InFocus), eine Marke für Scanner (UMAX), eine Marke für Computerlautsprecher (Altec Lansing), eine Marke für Etikettendrucker (Dymo) und für viele weitere künftige Marken.

Welche Marken wurden dadurch geschaffen, dass man PCs mit einem anderen Produkt kombinierte? Wir kennen keine.

Nur eine Einzelne dieser »Divergenz«-Marken (Microsoft) ist auf dem Aktienmarkt nahezu doppelt so viel wert wie die gesamte Firma IBM, die in den frühen Tagen dieses Wirtschaftszweigs die vorherrschende Computermarke war. So geht es eben. Ein Segment einer Gattung ist oft mehr wert als die gesamte Gattung, zumindest vom Standpunkt der Markeneinführung aus.

Wo sind also die wirklichen Möglichkeiten zu suchen? Indem man Dinge zusammenführt oder indem man Dinge auseinander nimmt?

Palm Computing nahm die Funktion des elektronischen Organizers aus dem

PC heraus, um die Marke Palm zu kreieren, den ersten Handheld-Computer. Research-in-Motion nahm die E-Mail-Funktion aus dem PC heraus, um die Marke BlackBerry zu kreieren, das erste drahtlose E-Mail-Gerät.

Nicht jedes Segment wird zu einer Möglichkeit, um eine Marke aufzubauen. Bei analogen Modems beispielsweise gibt es eine technologische Barriere von 56 K. Es ist nicht möglich, ein schnelleres Modem herzustellen, das eine analoge Verbindung über die Kupferkabel des Telefonnetzes aufbaut. Deshalb entwickelte sich Hayes von 14 K über 28 K bis hin zu 56 K; dann stoppte die Modemevolution. Das Modem wurde zur Massenware, und die Firma Hayes Microcomputer Products machte Bankrott.

Im großen Baum der Hightech-Marken gibt es ganz offensichtlich einige tote Zweige (und tote Marken).

Divergenz macht in der Regel nichts kaputt

So seltsam es auch sein mag, der Computer hat den Taschenrechner nicht verdrängt. Jedes Jahr werden Millionen von Taschenrechnern verkauft. Wegen der Evolution ist der Taschenrechner jedoch kleiner, leichter und preiswerter geworden. Und es hat sich auch eine neue Art von Taschenrechner, der wissenschaftliche Taschenrechner, herausgebildet.

In den meisten Fällen existiert die neue Gattung Seite an Seite mit der alten Gattung. Der elektrische Rasierapparat hat den Nassrasierer nicht verdrängt. Und auch die elektrische Zahnbürste hat die manuelle Zahnbürste nicht verdrängt. Das Leben geht weiter. Wegen der Divergenz wird das Leben jedoch komplizierter.

Bei den PCs ist eine weitere sich entwickelnde Gattung, die »intelligente Tastatur«, hervorgebracht worden, ein preiswertes, einfaches, robustes, leichtes, Energie sparendes Textverarbeitungssystem (dies alles ist ein PC nicht). Die führende Marke ist der AlphaSmart, der als Ein-Kilo-Gerät für 230 Dollar vermarktet wird und von einigen Apple-Ingenieuren erfunden wurde. Kein TrackPad, kein Modem, keine Erweiterungssteckplätze und ein Speicher, der gerade einmal dazu ausreicht, 100 Seiten Geschriebenes festzuhalten. Das ist die schlechte Nachricht. Die gute Nachricht besteht darin, dass der AlphaSmart mit einem Satz von handelsüblichen AA-Batterien 700 Stunden lang arbeitet.

Was der AlphaSmart im Bereich des Tippens leistet, das leistet die MailStation für die E-Mail. Das Gerät kann drei Dinge, aber dies extrem gut: (1) E-Mail schreiben, (2) E-Mail versenden und (3) E-Mail empfangen. Eine MailStation kostet weniger als 100 Dollar; dazu kommt eine monatliche Gebühr von 10 Dollar für den Internetdienst.

Warnung: Abspeckungsdenken ist nicht das Gleiche wie Divergenzdenken. Zu viele Firmen meinen, sie könnten die eigentlichen Feinheiten aus ihrem Produkt herausnehmen, um eine neue Gattung für den Massenmarkt zu schaffen. (Die Autohersteller entfernen oft die Chromteile von einem Wagen, um ihn dann als preiswertes Modell zu verkaufen; das funktioniert auch nicht so richtig.)

Praktisch alle großen PC-Hersteller haben es mit der Abspeckungsstrategie ohne großen Erfolg probiert. Das begann mit dem IBM PCjr. Zu den neueren Beispielen gehören 3Coms Audrey, Sonys eVilla, Intels Dot.Station, Oracles NIC, Gateways/AOLs TouchPad, Honeywells WebPad, Compaqs MSN Companion und Compaqs iPaq Home Internet Appliance.

Wenn man ein bestehendes Produkt abspeckt, dann bedeutet das gewöhnlich, dass man es schneller entwertet, als man Kosten einspart. Es ist nicht richtig, dass ein zweitüriger Wagen in der Herstellung halb so viel kostet wie ein viertüriger Wagen; das ist der Grund dafür, dass die Autoindustrie sehr viel weniger Coupés als Limousinen verkauft.

Palm hat ein Erfolgsmodell in seiner PDA-Produktlinie, den Zire; dies ist ein einfaches Gerät ohne alle Konvergenzextras wie Telefon, Kamera und Internet-Browser. Es verkauft sich wie warme Brötchen, weil der Zire für das steht, worum es bei Palm eigentlich geht. Es ist ein kleiner, einfacher elektronischer Organizer.

Divergenz in anderen Bereichen

Nehmen Sie als Beispiel die Halbleiter. Die Vakuumröhre (im Wesentlichen ein gigantischer Halbleiter) wurde nicht immer kleiner, bis sie sich zu einem Transistor entwickelte. Der Transistor war eher ein ganz anderer Zweig am Ast der Halbleiter.

Keiner der großen Hersteller von Vakuumröhren (Western Electric, Sylvania und andere) schafften den Übergang zu den Halbleitern. Stattdessen sind die großen Namen im Bereich der Mikroprozessoren neue Marken wie Intel und Advanced Micro Devices.

Oder nehmen Sie Handheld Computer. Während Milliarden von Dollars darauf verwendet werden, Handheld Computer des Typs Palm mit Handys und anderen Geräten zu kombinieren, verlaufen die wirklich interessanten Entwicklungen in die umgekehrte Richtung. Diese Entwicklung geht bei Firmen vor sich, die auf bestimmte Branchen zugeschnittene, spezialisierte Hardware und Software herstellen.

Auf ihren Handhelds können Ärzte Software von Firmen wie Epocrates und Allscripts Healthcare Solutions dazu nutzen, abzufragen, welche Wechselwirkungen Medikamente miteinander haben und welches die angemessene Dosis ist. Sie können sie auch dazu verwenden, Rezepte zu schreiben, die an eine Apotheke geschickt werden. Sie können Preise für unterschiedliche Dienstleistungen festsetzen und Notizen über den Patienten anfertigen.

Kellner können Handheld-Geräte benutzen, auf denen die Amaranth-Software gespeichert ist, um Bestellungen direkt an die Küche des Restaurants weiterzugeben, aber auch an die Lagerhaltung; dadurch haben sie mehr Zeit dafür, mit dem Gast zu schäkern, der sie dafür vermutlich mit höheren Trinkgeldern belohnen wird.

Verkäufer können Handheld-Geräte benutzen, auf denen die Software Inventiv Pocket Advantage gespeichert ist, um Bestellungen einzugeben sowie um die Bestandsliste und die Lieferungsliste zu überprüfen. Für Außendienstmitarbeiter ist es nicht ungewöhnlich, täglich etwa eine oder anderthalb Stunden dadurch einzusparen, dass sie viel von der Verwaltungsarbeit loswerden, die sie mit den herkömmlichen Hilfsmitteln für den Verkauf machen müssen.

Werden Marken wie Epocrates, Allscripts, Amaranth und Inventiv Pocket Advantage zu großen Erfolgen werden? Die meisten werden wahrscheinlich ein Fehlschlag sein, weil es reine Glückssache ist. Aber sie haben zumindest eine Chance auf Erfolg, weil sie sich von einer bestehenden Technologie fortentwickeln. Dagegen ist ein Konvergenzkonzept fast mit Sicherheit zum Misserfolg verdammt.

Paketauslieferungsfirmen waren die Pioniere dabei, Handheld Computer an die Bedürfnisse eines bestimmten Wirtschaftszweigs anzupassen. Momentan statten UPS, FedEx und Airborne ihre Fahrer mit Scannern und drahtlosen Handhelds aus, die Informationen in das firmeneigene weltweite Paketverfolgungssystem einspeisen. Und hier handelt es sich auch nicht um Peanuts. UPS gibt für seine drahtlose Technologie 250 Millionen Dollar und FedEx 150 Millionen Dollar aus.

Der Markt für spezialisierte Handheld Computer ist wahrscheinlich vier- bis fünfmal so groß wie der Markt für Vielzweckgeräte à la Palm. Und damit nehmen auch die Möglichkeiten zum Aufbau von Marken zu.

Divergenz beim GPS

Die Revolution im Bereich der Mikroprozessoren hat eine Vielzahl von Hightech-Produkten (und Hightech-Marken) hervorgebracht.

Eine ganze Reihe dieser Produkte bedient sich des Global Positioning Systems. Ursprünglich für das Militär entwickelt, ist das GPS ein satellitengestütztes System, das es den Benutzern ermöglicht, überall auf dem Erdball mit einer Genauigkeit von fünf Metern Längengrad und Breitengrad zu bestimmen. GPS-Geräte sind zum wesentlichen Bestandteil des militärischen Alltags geworden, entweder integriert in Fahrzeuge (wo sie als Luftwaffenzielgeber bekannt sind) oder im Feld (wo man sie als Arbeitstier bezeichnet).

Man hätte es vorhersehen können, dass sich die Anhänger des Konvergenzdenkens auf das GPS werfen und versuchen würden, es mit einem Handheld

Computer (GeoDiscovery Geode und Rand McNallys Streetfinder GPS) und mit einem PC (TravRoutes CoPilot) zu kombinieren. Wahrscheinlich wird es keine dieser Marken zu irgendetwas bringen.

Warum ist der Luftwaffenzielgeber kein Beispiel für funktionierende Konvergenz? Schließlich ist das GPS-Gerät in ein Kampffahrzeug integriert.

Es ist jedoch oft nicht so leicht, zwischen wahrer Konvergenz und Produkten zu unterscheiden, die aus Annehmlichkeitsgründen zusammengruppiert werden. Der Luftwaffenzielgeber ist physisch ins Fahrzeug integriert, doch funktionell bleibt er ein getrenntes Produkt.

Das ist so wie beim Autoradio. Man kann das Radio aus einem Auto herausnehmen und immer noch ein funktionsfähiges Radio haben. Wenn man zwei Funktionen in einem Konvergenzgerät voneinander trennt, so erhält man normalerweise zwei Haufen mit nutzlosen Teilen.

Das für sich funktionsfähige Gerät ist eine bessere GPS-Lösung. Garmin und Magellan (was für ein schöner Name) stellen Einheiten her, die von Wanderern, Seglern und Personen benutzt werden, die einfach gerne technische Spielereien dabei haben. Bei Hertz NeverLost handelt es sich um ein weiteres GPS-basiertes Navigationssystem. Und das Gleiche trifft auf den General Motors OnStar-Dienst zu. Ein GPS-Gerät kann Ihnen zu jedem Zeitpunkt des Tages oder der Nacht sagen, wo Sie sich befinden.

Wie könnte also eine Firma durch Verzweigungen Nutzen aus dem GPS-Ast ziehen. Eine Möglichkeit, dies zu erreichen, besteht darin, dass man ein Marktsegment gesondert betrachtet.

NICHT ALLEN, SONDERN ÜBERHAUPT JEMANDEM GERECHT WERDEN

Wie wäre es mit einem GPS-Gerät für Kinder? Wherify Wireless (dessen Gründer, Timothy Neher, die Firma gründete, nachdem er beinahe die Kinder seines Bruders im Zoo verloren hätte) bietet ein GPS-Gerät von geringem Gewicht an, das man Kindern wie eine Armbanduhr umbindet.

Die Wherify-Uhr namens »LoJack for Kids« kann so programmiert werden, dass sie die Eltern benachrichtigt, wenn ein Kind ein klar abgegrenztes Areal verlässt. Sie hat auch einen »Panikknopf«, der die Eltern oder eine 110-Nummer alarmiert. (Die Firmen Applied Digital Solutions und GBSTracks stellen ähnliche Produkte her.)

Dann gibt es noch »LoJack for Dogs«. AVID Identification Systems (und Destron Fearing) stellen preiswerte Mikrochips her, die einem Tier eingesetzt werden können. Auf jedem Chip befindet sich eine einmal vergebene Nummer, die es Tierärzten, Tierasylen, Tierkliniken und anderen ermöglicht, das Tier mit Hilfe eines Scan-Geräts zu identifizieren. Momentan sind mehr als 18.000 AVID-Scanner in Gebrauch.

Was AVID für Hunde und Wherify für Kinder schafft, leistet Safety International für die Jugendlichen. Die Firma stellt eine Blackbox her, die das Fahrverhalten der Jugendlichen überwacht. Die Box mit der Bezeichnung SafeForce zeichnet Daten wie die Geschwindigkeit des Wagens auf. Sie gibt einen Warnton ab, wenn der Fahrer zu schnell oder zu ruckartig in die Kurve fährt. Die Eltern können die Daten in der Box später abfragen und selbst sehen, wie schnell der Jugendliche gefahren ist.

Und dann gibt es da noch DriveCam, das einige Firmen installieren, um bei ihren Angestellten ein sicheres Fahrverhalten zu fördern. Das handtellergroße Gerät wird hinter dem Rückspiegel angebracht und hält fest, was der Fahrer sieht und hört, aber auch die vier Richtungen der g-Kräfte, die durch hartes Bremsen, durch starke Beschleunigung, durch schnelles Fahren in der Kurve und durch Zusammenstöße ausgelöst werden.

Eingrenzung des Markts

Wenn man eine bestimmte Technologie aufgreift und sie für ein enges Marktsegment nutzt, ist dies der sicherste Weg, um eine Marke aufzubauen. Hier einige Beispiele: der Radarfallendetektor (Passport), das Testgerät für den Alkoholgehalt im Atem (PNI), der Fischsucher (Smartcast), das Suchgerät für den Golfplatz (StarCaddy), das persönliche Messgerät für den zurückgelegten Weg, die Geschwindigkeit und den Kalorienverbrauch (SportBrain), der Wetterbeobachter (Davis), der Sprachübersetzer (Phraselator), der Handheld mit eingebautem Messgerät für den Energieverbrauch (Kill A Watt) und das Gerät zum Erkennen gefälschter Personalausweise (IDLogix).

Es gibt sogar einen Hundesprachenübersetzer (Bow-Lingual), der das Bellen eines Hundes in die Sätze eines Menschen umwandelt. Wenn ein Hund in ein Mikrofon bellt, wird dieses Geräusch mit den Sprachmustern von 80 Hunderassen verglichen. Das Bellen wird in sechs Kategorien eingeteilt: glücklich, traurig, frustriert, ärgerlich, selbstbewusst und bettelnd. Bow-Lingual sucht dann nach dem Zufall Sätze aus, die zu der entsprechenden Kategorie passen. Obwohl es unwahrscheinlich ist, dass Bow-Lingual zu einem großen Erfolg wird, veranschaulicht er doch das allgemeine Prinzip, dass man Marken durch »eingrenzendes« Denken aufbauen kann.

Bei den Marathonläufen in New York, Boston und anderswo werden kleine ChampionChip-Transponder verwendet, die etwa vier Gramm schwer sind und in ein winziges Plastiktäschchen an den Schnürsenkeln des Läufers passen. Die Transponder liefern genaue, individuelle Ergebnisse für Zehntausende von Läufern. Sie verfolgen die Zeit, die Läufer tatsächlich damit verbringen, den Weg abzulaufen (dies ist als Chipzeit bekannt) im Gegensatz zu den offiziellen Resultaten, die auch als Pistolenzeit bekannt sind. (Eines Tages wird die Chipzeit zur offiziellen Zeit werden.)

Der Bereich der Medizin hat eine große Anziehungskraft für Unternehmen, die eine Vielfalt nützlicher neuer Produkte entwickelt haben: das Testgerät für Diabetes (OneTouch), das Zucker-Überwachungsgerät (GlucoWatch), der transportable Defibrillator (HeartStart), das Überwachungsgerät für die fruchtbaren Tage (PSC), das drahtlose Überwachungsgerät für die Herzfrequenz (Polar) und der implantierbare Cardioverter-Defibrillator (Gem II DR).

Das Problem bei diesen und vielen anderen Hightech-Produkten ist immer das Gleiche: Wie kann man die Geräte kleiner, leichter und preiswerter machen, um den Markt auszuweiten? Divergenzdenken trägt dazu bei, diese Probleme zu lösen. Konvergenzdenken führt zum Gegenteil.

Der Prototyp für die GlucoWatch hatte etwa die Größe eines Backsteins und war viel zu groß, um ihn mit sich herumzutragen. »Wir konnten uns mit Problemen beschäftigen und an der Elektronik herumbasteln, als er noch größer war«, sagte der Leiter der Forschungsabteilung in der Firma. »Als das Gerät dann funktionierte, bestand die Herausforderung darin, es so klein zu machen, dass wir es vermarkten konnten.«

Divergenz in der Biometrik

Nach dem 9. September ist Sicherheit zu einem großen Thema geworden. Das ist auch der Grund dafür, dass eines der aktuellsten Themen im Hightech-Bereich die Biometrik ist, die Technologie, mit der Menschen durch Fingerabdrücke, anhand ihrer Augen oder anderer körperlicher Merkmale identifiziert werden.

Es ist interessant, zu beobachten, wie sich Geräte zur Zugangskontrolle über die Jahre hinweg auseinander entwickelt haben. Zunächst war da der Schlüssel, der immer noch bei mehr als 90 Prozent der Schlösser auf der Welt verwendet wird. Dann kam die Karte hinzu, die einen Mikrochip enthält, der von außen programmiert werden kann. Jedes Hotel und jedes Motel, das auf dem Stand der Technik sein möchte, ist von Schlüsseln zu Karten übergegangen.

Das Neueste sind die berührungsfreien Karten (ProxCard), die eine Identifikationstechnologie mit Hilfe von Funkfrequenzen verwenden. Wedeln Sie einfach mit der Karte vor dem Schloss herum und schon springt es auf (die gleiche Technologie wird bei Mautsystemen verwendet, die mit dem E-ZPass-System ausgestattet sind).

Geräte zum Scannen von Fingerabdrücken (Identix) sind ein weiterer Zweig am Ast der Zugangskontrolle. Eine Karte kann man leicht verlieren, aber es ist schwierig, seine Hand zu verlegen. Mit im Rennen ist auch das Scannen der Iris (Iridian), von dem behauptet wird, dass es sich hier um die genaueste biometrische Technologie handelt. Offensichtlich ist die Iris von zwei Menschen nie die gleiche.

Augen haben einen Vorteil gegenüber Fingern. Kriminelle, so wird behauptet, können mit Hilfe von Wachsschablonen gefälschte Fingerabdrücke erzeugen. (Eine weitere interessante kleine Einzelheit, die man erfahren kann, wenn man die Fernsehsendung *CSI* sieht.)

Es ist viel schwieriger, ein Auge einzuwachsen.

DIVERGENZ BEI MARKEN AUS KOMPONENTEN

Divergenzdenken sollte Innovatoren dazu ermutigen, sich selbst folgende Frage zu stellen: »Auf welche Komponente eines neuen Produkts können wir uns beim Aufbau einer Marke konzentrieren?« Die Wahrheit lautet, dass man mehr Geld damit verdienen kann, wenn man Batterien (Duracell) verkauft, als wenn man Blitzlichtgeräte verkauft. Mehr mit Filmen (Kodak) als mit Kameras. Mehr mit Software (Microsoft) als mit Hardware.

Die aktuellste Hightech-Komponente, die sich großer Beliebtheit erfreut, ist die Speicherkarte. Letztes Jahr wurden weltweit Speicherkarten im Wert von mehr als 3 Milliarden Dollar verkauft. CompactFlash-Karten, eine der führenden Marken für Speicherkarten, können in Digitalkameras von Nikon und Pentax, in den Handheld Computern Jornada und iPaq von Hewlett-Packard sowie in Handys von Nokia verwendet werden.

Schon bald werden Mikrochips zur Funkerkennung (RFID = radio-frequency identification) dazu benutzt werden, einen großen Markt für die Lagerhaltung zu erschließen. Benetton bestellte 15 Millionen RFID-Etiketten (Philips), um die Textilien bei der Herstellung, Auslieferung und beim Verkauf zu verfolgen. RFID-Lesegeräte werden in mehr als 5000 Läden Daten an den Kassen aufnehmen und sie automatisch an Benetton absenden.

Procter & Gamble testete RFID-Chips an den Fläschchen für Pantene-Shampoo und an den Päckchen für Bounty-Papiertaschentücher. Und Gilette machte das Gleiche mit den Chips an den Nassrasierern der Marke Mach 3.

Doch den größten Aufschwung bekam die RFID-Technologie durch Wal-Mart. Die Firma verlangte von ihren 100 größten Zulieferern, dass sie ihre Verpackungen und Paletten bis zum 1. Januar 2005 mit Chips versehen. Experten aus der Branche schätzen, dass diese Verpflichtung den Verkauf von mehr als 8 Milliarden Chip-Etiketten zur Folge haben wird.

Divergenz bei der Software

Nichts veranschaulicht die Macht des Divergenzdenkens besser als Computer-Software. Tausende erfolgreiche Marken wurden geschaffen, indem sich Menschen enge, aber spezialisierte Softwaregattungen ausgedacht haben.

Denken Sie nur an Apple Computer, einmal der größte Hersteller von Personal Computern auf der Welt und heute in einen Nischenstatus abgestiegen innerhalb eines Markts, der von Wintel-Maschinen (Computern, auf denen Windows Software von Microsoft und Mikroprozessoren von Intel laufen) dominiert wird.

Was wäre wenn? Was wäre, wenn Apple den Divergenzweg und nicht den Konvergenzweg eingeschlagen hätte? Im Jahre 1984 führte Apple den Macintosh ein: der erste Computer für uns Übrige. Und was war nun so bemerkenswert am Mac? Es war die grafische Benutzeroberfläche des Geräts, zu der aufklappbare Menüs und ein Design in Form eines Schreibtischs gehörte. Man konnte gleichzeitig mehrere Dateien auf dem Computerbildschirm öffnen wie Schriftstücke auf einem richtigen Schreibtisch.

Der Macintosh arbeitete schon mit Fenstern, bevor Microsoft dies einführte. Es war nicht gut für Apple, dass IBM 1981, zweieinhalb Jahre vor dem Mac, den ersten ernsthaften 16-Bit-Personal-Computer (den PC) fürs Büro eingeführt hatte (es ist besser, der Erste zu sein, als besser zu sein).

1984 war der IBM PC und seine Nachbauten bereits zum Standard in der Personal-Computer-Branche geworden. Die Benutzer haben einen extremen Widerwillen gegenüber Veränderungen – auch bei einem klar überlegenen Produkt. Dadurch hatte Microsoft die Zeit dafür, ein »Me-too«-Softwareprodukt namens Windows zu entwickeln. (Warnung an Unternehmer: Schlagen Sie nicht auf einen Strauchelnden ein. Eine Idee von anderen Menschen zu kopieren und ihr eine neue Wendung zu geben, ist der zuverlässigste Weg zum Erfolg.)

Die Frage nach dem Was-wäre-Wenn? Für Apple lag es auf der Hand. Was wäre, wenn Apple, statt den Macintosh einzuführen, ein nur aus Software bestehendes Produkt, das mit Fenstern arbeitet, auf den Markt gebracht hätte? Wenn Apple dies gemacht hätte, dann wäre die Firma heute vielleicht in der gleichen dominanten Position wie Microsoft (auf dem Aktienmarkt ist Microsoft 36-mal so viel wert wie Apple).

Konvergenz erregt Aufsehen in der Öffentlichkeit, aber für Divergenz bekommt man Geld. Wenn Sie sich einmal mit der Geschichte von Mischkonzernen beschäftigen, die ins Schleudern geraten sind, werden Sie eine Kurve auf dem Weg finden, die der Konzern nicht beachtet hat. Eine Kurve auf dem Weg, der die Firma vielleicht auf die Höhe des Erfolgs geführt hätte. Eine Kurve auf dem Weg zur Divergenz.

Hat Apple Computer jemals über diese hier vorgeschlagene Strategie nachgedacht? Natürlich nicht. Stellen Sie sich einmal die Reaktion auf einen solchen Vorschlag vor: »Wir machen Geschäfte mit Computern, nicht mit Computersoftware.«

KRIEG UM TABELLENKALKULATIONSPROGRAMME

Ein früher Superstar im Bereich der Software war VisiCalc, das erste Programm zur Tabellenkalkulation. Es war für die Wirtschaft und die Universitäten so nützlich, dass Leute ins Geschäft gingen und die einzige Maschine kauften, auf der das Programm lief: den 8-Bit-Apple-II.

Der 16-Bit-IBM-PC ermöglichte es, eine 16-Bit-Version von VisiCalc einzuführen. Das erste Tabellenkalkulationsprodukt, das sich dafür eignete, war Lotus 1-2-3. (Jedes neue Produkt, jede neue Dienstleistung, jede neue technologische Entwicklung schafft Möglichkeiten zur Markeneinführung, die sich in viele unterschiedliche Richtungen erweitern lassen.)

Lotus 1-2-3 wurde zu einem ungeheuren Erfolg. Eine ganze Reihe von Jahren war die Lotus Development Corporation die größte Software-Firma für Personal Computer weltweit und stellte selbst Microsoft in den Schatten.

Verblüffend an Lotus 1-2-3 und vielen anderen erfolgreichen Marken ist die Dominanz des Konvergenzdenkens. Der Grund für den ungewöhnlichen Markennamen war, dass bei dem Produkt »in einem Paket Tabellenkalkulation, Informationsmanagement (Datenbank) und Grafik« miteinander kombiniert wurden.

Die Werbeankündigung für die neue Marke Lotus 1-2-3 bestand aus 310 Wörtern, von denen nur eins das Wort Tabellenkalkulation war; und es tauchte auch erst im elften Satz auf: ein Divergenzerfolg in einem Konvergenzpaket.

Bei Software und auch bei anderen Produkten kann man durch »Pakete« die Illusion erzeugen, es handele sich um funktionierende Konvergenz. In den meisten Fällen jedoch gehört zum Paket, dass unbedingt erforderliche Produkte mit Produkten kombiniert werden, die auch allein verkauft werden könnten. Microsoft Office, das Paket, das Lotus 1-2-3 Bankrott gehen ließ, ist ein gutes Beispiel dafür.

Gegen Pakete geht man am besten gerichtlich vor, nicht auf dem Markt.

Wie konkurriert man mit einem Riesensoftwarehaus wie Microsoft? Das schafft man nicht, indem man Microsoft dadurch nachahmt, dass man seine Produkte in einem Paket anbietet, wie dies Lotus mit seiner SmartSuite probierte. Paketangebote funktionieren nur, wenn man Marktführer mit einer monopolistischen Machtstellung ist. Man sollte stattdessen lieber nach Möglichkeiten suchen, wie man vom Mainstream abweichen kann.

Intuit erreichte dies mit Hilfe von drei Marken, die alle Marktführer in ihrem Bereich wurden: Quicken (persönliche Finanzen), Quickbooks (Buchführung für den Mittelstand) und TurboTax (Erstellung der Steuererklärung).

Heute kann Intuit einen Jahresumsatz von 1,4 Milliarden Dollar bei einem Nettogewinn von mehr als 10 Prozent vorweisen. Microsoft Money hat dagegen nur einen winzigen Marktanteil.

Divergenz im Telefonbereich

Siebzig Jahre lang war das Telefongeschäft in den USA in der Hand eines Monopolisten, AT&T, eines gutmütigen Diktators, der den Markt kontrollierte. Als

Konsequenz war das Telefonsystem ein monolitischer Block mit geringer Divergenz und fast keinen neuen Marken.

Nahezu jede einzelne Regung eines Monopolisten verstößt gegen die natürlichen Gesetze. Am besten lässt man alles beim alten Namen und lässt nicht zu, dass irgendwelche Verzweigungsprozesse stattfinden (die US-amerikanische Post ist ein gutes Beispiel für diese Art von Unternehmen).

Dann, im Jahre 1968, nahm die Federal Communications Comission der AT&T das Monopol für Telefonausrüstungen (die Carterfone-Entscheidung) und erlaubte ein Jahr später den Rivalen, angeführt von MCI, das Netz von AT&T zu benutzen. Am Ende siegte das Justizministerium in einem zehn Jahre dauernden kartellrechtlichen Verfahren, das 1984 zu einer Aufspaltung von AT&T führte.

Der Boden für Jahrzehnte der Divergenz war bereitet: transportable Telefone, Autotelefone, Handys waren nur einige der Innovationen.

Das erste Handy, das MotorolaDyna TAC 8000x, wurde 1983 eingeführt. Sie haben wahrscheinlich bemerkt, dass es im Bereich von Hightech unerlässlich ist, dem ersten Produkt auf einem Markt einen langen, komplizierten und unbrauchbaren Namen zu geben.

Der erste Computer wurde nicht als Computer bezeichnet, man nannte ihn einen »electronic numerical integrator and computer«. Der erste Personal Computer war der MITS Altair 8800 Microcomputer (aber hallo, Motorola, wie wäre es gewesen, wenn Sie Ihrem ersten Handy einen einfachen Namen gegeben hätten? Etwas wie Nokia).

Obwohl Motorola Pionier im Bereich der Handys war (zu einem Zeitpunkt hatte Motorola 45 Prozent auf dem Weltmarkt), spielte die Firma ein Spiel, bei dem sie verlor. Heute hat Nokia, eine Firma mit einem einzigen Produkt, 35 Prozent des Weltmarkts und Motorola nur 15 Prozent.

Ein kräftig wachsendes, dynamisches Produkt wie das Handy muss, wenn es jemals sein volles Potenzial ausschöpfen will, aus der beschränkten Umwelt eines Mischkonzerns ausbrechen. Eine Milliarde Kunden weltweit oder einer von sechs Menschen verwendet heute ein Handy.

In etwa das gleiche Szenario ereignete sich bei den PCs. IBM hatte in Dell, einer Firma mit einem einzigen Produkt, eigentlich keinen ebenbürtigen Gegner. Je dynamischer das neue Produkt oder die neue Dienstleistung, desto größer ist das Potenzial und desto wichtiger wird es, der Kontrolle eines Konzerns zu entkommen und sich zu verzweigen (die Gründung einer neuen Firma ist eine Möglichkeit).

Ganz am Ende braucht man bei dieser Art von neuem Produkt einen völlig neuen Namen. Doch hier handelt es sich genau um die neuen Produkte, die mit der geringsten Wahrscheinlichkeit zur Gründung einer neuen Firma oder zum Erlangen einer neuen Identität führen.

Als wir dem IBM-Management vorschlugen, dass man einen anderen Namen für den neuen Personal Computer (den IBM PC) verwenden sollte, sagte man uns: Das Produkt ist zu wichtig für die Zukunft von IBM, als dass wir nicht den Namen IBM benutzen könnten. Das bedauernswerte Resultat: 21 Jahre hintereinander verlor IBM Geld in seiner Sparte Personal Computer. Letztes Jahr machte IBM mit Personal Computern zum ersten Mal einen kleinen Profit.

DIVERGENZ BEI DEN HANDYS

Jede starke Gattung wie das Handy wird sich früher oder später auseinander entwickeln, und wir sehen bereits jetzt schon einige Beispiele dafür. Es gibt preiswertere Handys, teure Handys, Handys in mittlerer Preislage.

Armbanduhren durchliefen den gleichen Prozess. Heutzutage haben wir preiswerte Uhren (Timex), Uhren in mittlerer Preislage (Seiko), modische Uhren (Swatch), sportliche Uhren (TAG Heuer), teure Uhren (Rolex) und wirklich teure Uhren (Patek Philippe).

Am unteren Ende des Handymarkts gibt es ein wegwerfbares Handy, das von Hopp-On Wireless hergestellt wird. Es hat die Größe eines Stapels Spielkarten und wird mit einer Flatrate von 60 Minuten Sprechzeit für 40 Dollar angeboten. Man kann zusätzliche Zeit mit Hilfe von Karten im Nennwert von 12, 16 und 90 Minuten kaufen. (Wenn sich die Idee eines wegwerfbaren Telefons in ihren Ohren albern anhört, wer hätte den ungeheuren Erfolg der wegwerfbaren Kameras vorausgesagt?)

Am oberen Ende befindet sich das von Nokia hergestellte Vertu. Es hat einen mit Saphirkristallen veredelten Bildschirm und einen mit Rubinen verzierten Trageriemen. Den Vertu gibt es mit einem Überzug in Stahl, in Gold und in Platin mit Preisen zwischen 4900 und 19.450 Dollar. Gwyneth Paltrow besitzt ein solches Handy, und ebenso Madonna. J.Lo besitzt drei davon, so wird berichtet. Hunderttausende von Menschen geben so viel Geld für eine Uhr aus, nur um die richtige Zeit zu wissen. (Warum sollte man nicht so viel Geld für ein Gerät ausgeben, nur um ein Telefongespräch zu führen?)

Irgendwo in der Mitte befindet sich das modische Telefon. Siemens führte das Xelibri ein, das in der Frühjahrs- und Herbstkollektion verfügbar sein wird, jeweils mit einer Auswahl zwischen vier Modellen in jeder Kollektion.

Es gibt sogar Handys für bestimmte Anwendungen wie das Magnavox 911, das dazu verwendet werden kann, einen Notfalldienst anzurufen (in den USA 911, in Deutschland 110). Es ist wirklich ein gutes Geschäft, wenn der einzige Grund, ein Handy zu besitzen, darin besteht, es in Notfällen einzusetzen. Es fallen keine monatlichen Gebühren, keine Aktivierungs- oder Roaming-Gebühren an.

Eine weitere, mit dem Telefon verwandte Branche ist die Zwei-Wege-Kommunikation über Funk mit Marken wie Audiovox und Cobra. Und Nextel leistet gute Arbeit dabei, sein Sprechfunkgerät (oder Walkie-Talkie) in seinem drahtlosen Netz anzupreisen

Was die Handybranche künftig entwickeln könnte, ist nicht ganz klar, da sich dieser Wirtschaftszweig in seinem Frühstadium befindet. Aber die wichtigen Hersteller (Nokia, Motorola und andere) konzentrieren sich viel stärker auf Konvergenz als auf Divergenz.

Sie stecken ihre Gelder für Forschung und Entwicklung in Versuche, das Handy mit Kameras, Handhelds und einer Reihe anderer Geräte zu kombinieren.

Man sollte sich lieber den Handybaum anschauen, um zu erkennen, welche Zweige man entwickeln könnte. Dann könnte man die Zweige auswählen, in denen man eine dominante Position bekommen möchte.

Man kann den Firmen keinen Vorwurf machen, dass sie die Gelegenheiten für Divergenz nicht kennen. Es ist schwer, Divergenz in Aktion zu sehen. Nur wenige Menschen haben je beobachtet, wie ein neuer Zweig aus dem Ast eines Baumes herausgewachsen ist. Eines Tages sehen Sie sich den Baum hinter Ihrem Haus an und denken: Woher sind nur all diese Zweige gekommen? (Wir haben schon über die Möglichkeit nachgedacht, die Zeitraffertechnik dazu zu verwenden, Divergenz zu demonstrieren.)

Divergenz beim Fernsehen

Ein weiterer Wirtschaftszweig, der demonstriert, wie sinnlos es ist, wenn man versucht, jeden divergierenden Zweig zu dominieren, ist das Fernsehen. Das Fernsehen konvergierte natürlich nicht mit einem anderen Medium. Es divergierte. Und jetzt haben wir das terrestrische Fernsehen, das Kabelfernsehen, das Satellitenfernsehen und das Pay-TV. Zusätzlich gibt es sogar das Flughafenfernsehen, das Fahrstuhlfernsehen und das Taxifernsehen, wobei weitere Fernsehbranchen hinzukommen werden.

Die größte Aufteilung erfolgte, als sich das Kabelfernsehen vom terrestrischen Fernsehen abspaltete. Keiner der großen Sender (ABC, CBS, NBC) wurde zu einem großen Kabelanbieter (und aus den großen Sendeanstalten wurden auch keine großen Internetanbieter).

Die meisten sehr erfolgreichen Kabelmarken haben eine völlig neue Identität. CNN, ESPN, HBO, MTV, VH1, BET, Nickelodeon, Home Shopping, QVC, Weather Channel, Discovery, E! etc.

Der Mehrheitsanteil für die Aktien bei nur einer dieser Kabelmarken (bei QVC) wurde kürzlich für 7,9 Milliarden Dollar verkauft, woraus sich für den gesamten Kanal der erstaunliche Wert von 13,6 Milliarden Dollar ergibt.

Wenn es zu Verzweigungen kommt, dann hat die Marke einen Vorteil, die sich eine neue Identität gibt. Nickelodeon beispielsweise ist erfolgreicher als der Kanal von Disney.

Stellen Sie sich vor, Sie versuchten Michael Eisner zu sagen, dass Disney einen anderen Namen für seinen neuen Kabelkanal verwenden sollte; dann werden Sie erkennen, warum die meisten der erfolgreichen Kabelkanäle nicht von großen Firmen mit ihren großen Marken und ihren großen Egos geschaffen wurden.

Im Frühstadium, wenn ein Wirtschaftszweig noch jung ist, glaubt das Management, dass ein sich entwickelnder Zweig Unterstützung durch die Kernmarke braucht. Und vielleicht ist das ja auch der Fall. Aber wenn der neue Zweig größer und stärker wird, trennt er sich von selbst von seinem Ast; und dann wird ein Name, der nur eine Erweiterung des alten ist, zu einem schwer wiegenden Nachteil.

Divergenz folgt einem Muster. Am Anfang haben die etablierten Firmen nur Spott für die Möglichkeit übrig, dass die eigenen schlagkräftigen Marken durch Konkurrenz bedroht sein könnten. Nicht ABC, CBS oder NBC waren die Pioniere des Kabelfernsehens. Es waren John und Margaret Walson, die Besitzer eines Ladens für Haushaltswaren in Mahanoy City (Pennsylvania).

Nicht Time Warner, Comcast oder Cablevision waren die Pioniere des Satellitenfernsehens. Es waren Außenseiter wie Hughes Electronics, die DirecTV einführten, das erste direkt sendende Satellitenfernsehsystem.

Später, als die etablierten Firmen den Erfolg der Außenseiter mitbekamen, begannen sie mit »Me-too«-Bemühungen, bei denen sie ihren bereits existierenden Namen verwendeten. So begann NBC mit einem Kabelkanal, den die Anstalt (natürlich) CNBC nannte, dem aber nur mäßiger Erfolg beschieden war.

Selbst ein so altes Kommunikationsmedium wie das Radio hat kürzlich Anzeichen von Divergenz gezeigt. Die beiden neuesten Gattungen sind das digitale Radio (das neue Radiogeräte erforderlich machen wird) und das satellitengestützte digitale Radio (für das man sowohl neue Geräte braucht als auch eine monatliche Abonnentengebühr bezahlen muss).

Divergenz beim Internetdienst

Zu Anfang konnte man sich nur mit Hilfe eines Telefonmodems und eines Internetdiensteanbieters wie America Online und CompuServe oder Prodigy ins Netz einwählen.

Telefonmodeme sind jedoch auch auf Geschwindigkeiten von 56.000 Bit pro Sekunde begrenzt. Die nächste Gattung war »Breitband«, und man hatte die Auswahl zwischen einer Digital Subscriber Line (DSL) und einem Kabelmodem. Beides ließ die Geschwindigkeitsbegrenzung auf Bereiche zwischen 128.000 und 800.000 Bits pro Sekunde hochschnellen.

Heutzutage hat man noch eine andere Wahlmöglichkeit, das WLAN, bei dem Antennen und Funksignale dazu verwendet werden, sich mit dem Netz zu verbinden. Die Geschwindigkeiten sind mit den DSL-Verbindungen vergleichbar, die monatlichen Kosten jedoch geringer.

Die dominante Marke für die Einwahl per Telefon ist America Online. Wird AOL zur dominierenden Breitbandmarke werden, wie es die Firma versucht?

Das ist unwahrscheinlich. In dem Maße, wie sich die Internetdienste auseinander entwickeln, bieten sich Möglichkeiten für neue Marken.

Am Horizont zeichnen sich optische Verbindungen über Glasfaserleitungen an, die Informationen hundertmal schneller übertragen können als die heutigen DSL-Verbindungen oder Kabelmodeme. Im letzten Jahr kündigten die Telefongiganten Verizon, SBC Communications und Bell-South an, dass sie sich über Standards für die Fiber-to-the-premises-Ausrüstung (FTTP = Glasfaserleitung bis zum Grundstück) geeinigt hätten, und verschickten einen Brief an die Hersteller von Telekommunikationsgeräten, mit dem Angebote eingeholt werden sollten.

So funktioniert es. Und es ist immer Platz für neue Gattungen und neue Marken.

Es gibt nichts, was sehr lange still steht

Superkluge Manager sind schnell dabei, auf den Zug der neuen Technologie aufzuspringen, aber nicht mit ihren bestehenden Marken. Eine sich neu auseinander entwickelnde Technologie schreit geradezu nach einer neuen Marke.

Eine weitere aufregende Technologie ist Wi-Fi, die drahtlose Internetverbindungen in Einzelhandelsläden, Fabriken, Krankenhäusern etc. ermöglicht. Starbucks hat sich mit T-Mobile zusammengetan, um den Dienst in etwa 2100 seiner Coffee Shops anzubieten. Boeing stattet seine mehr als 100 Jets mit der neuen Wi-Fi-Technologie aus.

Wird jemand eine schlagkräftige Wi-Fi-Marke aufbauen? Gewiss, es ist nur eine Frage der Zeit.

Bleiben Sie am Telefon. Airgo Networks hat gerade eine neue Technologie eingeführt, die in der Lage ist, die bereits hohe Geschwindigkeit von Wi-Fi noch zu verdoppeln. Die Technologie mit der Bezeichnung MIMO für »multiple-in, multiple-out« beruht auf der Rechenkraft von Computern, um Signale mit Hilfe eng beieinander stehender Antennen auszusenden. Und dann gibt es noch WiMax, eine neue Technologie, die von Intel propagiert wird.

Wer wird der Sieger im Wi-Fi-Krieg sein? Vielleicht überleben alle Systeme. Nicht jeder neu wachsende Zweig tötet einen bestehenden Zweig ab. Die Natur begünstigt oft mehrere Ansätze für das gleiche Problem.

Auch E-Mail hat sich auseinander entwickelt. Man hat jetzt normale E-Mail und Instant Messaging E-Mail; Letztere ist sehr beliebt. Etwa 70 Millionen Menschen nutzen irgendeine Art von Instant Messaging Service.

DIVERGENZ IM TRANSPORTWESEN

Die Gebrüder Wright stellten Fahrräder her, aber sie nahmen sich nicht ein Fahrrad der Marke Schwinn und brachten dort auch nicht Flügel an für den Versuch, die Dünen von Kitty Hawk zu überfliegen. Ein Flugzeug ist etwas anderes als ein fliegendes Fahrrad.

Nach einer bereits bekannten Geschichte wurde General Motors zur führenden Autofirma, indem die Firma den Markt in fünf unterschiedliche Preisgattungen aufteilte: Chevrolet, Pontiac, Oldsmobile, Buick und Cadillac. »A car for every purse and every purpose« (ein Auto für jeden Geldbeutel und jede Gelegenheit) war das Motto des Konzerns.

Divergenzdenken machte General Motors zum dominierenden Autohersteller.

Aber das Konvergenzdenken führte bei General Motors zu Problemen. Billige Cadillacs und teure Chevrolets waren nur zwei der vielen Fehler, die General Motors machte und die die Unterschiede zwischen den fünf Marken der Firma schwammig werden ließen.

Wenn sich General Motors an das Divergenzdenken gehalten hätte, dann hätte die Firma die Unterschiede zwischen den Marken eher stärker hervortreten lassen. Chevrolets wären billiger geworden und Cadillacs teurer.

Wenn das die Denkweise von General Motors gewesen wäre, dann hätten Sie vielleicht heutzutage preiswerte Chevrolets kaufen können, die in China hergestellt werden, und teure Cadillacs, die so viel Prestige ausstrahlen wie ein Mercedes. Es ist ein Fehler, zu glauben, dass ein inländisches Produkt nicht so viel Prestige haben kann wie ein importiertes (das ist durchaus möglich, aber nicht zu einem niedrigeren Preis).

Wenn man Chevrolets billiger und Cadillacs teurer gemacht hätte, dann wäre in der Mitte Platz für Pontiac, Oldsmobile und Buick gewesen. Dies hätte auch den Saturn (ein teurer Fehler) überflüssig gemacht.

Die Natur treibt die Arten auseinander

So funktioniert es in der Natur. Mit der Zeit treibt die Konkurrenz die Arten immer weiter auseinander. Ein Löwe und ein Tiger mögen gemeinsame Vorfahren gehabt haben, aber mit der Zeit sind sie immer unterschiedlicher geworden.

Darwin drückt es so aus: »Auch führt die natürliche Zuchtwahl zur Divergenz der Charaktere; denn je mehr die Wesen in Structur, Lebensweise und Constitution abändern, desto mehr kann eine grosse Zahl derselben in einem und demselben Gebiete nebeneinander bestehen ... . Je mehr daher während der Umänderung der Nachkommen einer jeden Art und während des beständigen Kampfes aller Arten um Vermehrung ihrer Individuenzahl jene Nachkommen differenziert werden, desto besser wird ihre Aussicht auf Erfolg im Ringen um's Dasein.«

Das ist nicht die Art und Weise, wie die menschliche Natur funktioniert. Unser Denken sucht nach Entschuldigungen dafür, dass man sich von der Mitte fortbewegt. Wir können uns überhaupt nicht mit dem Gedanken anfreunden, seltsam oder ungewöhnlich zu sein. Wenn sich jemand vom Mainstream entfernt, hört man ganz häufig die Bemerkung: »Was ist nur los mit ihm?«

Wir sollten uns damit abfinden. Konvergenz ist Mainstream-Denken. Divergenz ist es nicht. Daher ist ein Buch wie das vorliegende absolut erforderlich. Die Möglichkeiten stecken praktisch nie im Mainstream. Sie lauern immer an den Rändern, wo die Konkurrenz schwach ist oder gar nicht existiert.

Keine Innovation bei der Vermarktung von Autos wird wahrscheinlich je besser sein als Alfred Sloans Konzept des General-Motors-Konzerns. Aber eine ganze Reihe von Innovationen in der Automobilindustrie illustrieren die Macht des Divergenzdenkens:

- Volkswagen wurde dadurch zu einer schlagkräftigen Automarke, dass die Firma in einer neuen Gattung namens Kleinwagen Erster war.
- Jeep wurde dadurch zu einer schlagkräftigen Automarke, dass die Firma in einer neuen Kategorie namens Geländewagen Erster war.
- Hummer wurde dadurch zu einer schlagkräftigen Automarke, dass die Firma in einer neuen Kategorie namens Militärfahrzeug Erster war.
- Chrysler wurde dadurch zu einer schlagkräftigen Automarke, dass die Firma in einer neuen Kategorie namens Minivans Erster war.
- Cadillac wurde dadurch zu einer schlagkräftigen Automarke, dass die Firma in einer neuen Kategorie namens teure amerikanische Autos Erster war.
- Corvette wurde dadurch zu einer schlagkräftigen Automarke, dass die Firma in einer neuen Kategorie namens amerikanische Sportwagen Erster war.
- Porsche wurde dadurch zu einer schlagkräftigen Automarke, dass die Firma in einer neuen Kategorie namens teure Sportwagen Erster war.
- BMW wurde dadurch zu einer schlagkräftigen Automarke, dass die Firma in einer neuen Kategorie namens »driving machine« Erster war.
- Volvo wurde dadurch zu einer schlagkräftigen Automarke, dass die Firma in einer neuen Kategorie namens sichere Autos Erster war.
- Mercedes-Benz wurde dadurch zu einer schlagkräftigen Automarke, dass

die Firma in einer neuen Kategorie namens teure importierte Autos Erster war.

- Rolls-Royce wurde dadurch zu einer schlagkräftigen Automarke, dass die Firma in einer neuen Kategorie namens ausgesprochen teure importierte Autos Erster war.

Und wie der PC, der die Möglichkeiten für Komponentenmarken wie Intel und Microsoft schuf, schuf das Auto die Möglichkeit für Komponentenmarken wie Goodyear und DieHard. Eine neue Komponentenmarke, die im Entstehen ist, ist OnStar, der Sicherheits- und Wachdienst von General Motors.

Divergenz bei Fahrrädern

Das Fahrrad ging den gleichen Weg wie das Auto. Ursprünglich war die große Marke Schwinn. Aber die Gattung entwickelte sich auseinander, und wir haben heute Straßenfahrräder (Cannondale), Mountain-Bikes (Trek), BMX-Bikes (GT) und Kinderfahrräder (Huffy). Dabei wurden Marken für Fahrradaccessoires wie Bell für Fahrradhelme, Rock Schocks für Federungen und Sidi für Schuhe gar nicht erwähnt.

Schwinn entwickelte das erste Fahrrad mit schnell drehenden Rädern und initiierte die verrückte Modewelle rund um das stationäre Trainingsfahrrad, die die Fitnessstudios landesweit erfasste. Es war keine gute Idee, dass man den Namen Schwinn auf das Fahrrad klebte. Vielleicht hätte ein neuer Name die Firma davor gerettet, Bankrott zu gehen. Während sich das Rad für die Firma weiter drehte, kamen die übrigen Firmenteile von der Straße ab.

Was hätte ein Marktführer wie Schwinn tun sollen, um zu vermeiden, dass er von einer sich in Segmente aufteilenden Gattung in mehrere Teile zerrissen wurde? Die allgemeine Meinung geht dahin, zu sagen, dass man mit dem Markt gehen soll. Aber was soll man tun, wenn der Markt in mehrere unterschiedliche Richtungen gleichzeitig geht?

Man macht das, was General Motors tat. Man startet mit einer zweiten oder dritten Marke, um die sich auseinander entwickelnden Segmente aufzufangen. Man unternimmt erst gar nicht den Versuch, den eigenen Namen Schwinn für alles stehen zu lassen.

Zu einem frühen Zeitpunkt kann die Strategie mit der zweiten Marke funktionieren. Die Startup-Firmen sind in der Regel klein, unterkapitalisiert und werden von Unternehmern mit visionären Vorstellungen geführt. Der Marktführer bei einer Produktgattung hat gewöhnlich die Mittel, die Organisation und die Möglichkeiten, einen wirkungsvollen Gegenangriff einzuleiten. Leider hat der Marktführer bei einer Produktgattung häufig nicht den Weitblick, eine zweite Marke auf dem Markt zu positionieren.

Delta Airlines brauchte 32 Jahre, um sich von dem Schock zu erholen, den die Gründung von Southwest Airlines im Jahre 1971 verursacht hatte. Dann war es zu spät für Song, Deltas Kopie einer Billigfluglinie. Die Dynamik sprach für Southwest Airlines. Dabei wollen wir vom Geld und von den Ressourcen gar nicht erst reden.

Das Problem für Song (und für Ted von United Airlines) ist komplizierter; denn der Markt für Airlines ist voller erfolgreicher unabhängiger Startup-Unternehmen wie JetBlue und AirTrans.

Wenn Sie eine zweite Marke einführen wollen, dann müssen Sie dies frühzeitig tun, bevor sich die Konkurrenz auf dem Markt positioniert hat.

Divergenz beim Marketing

Das spannendste Thema beim Marketing lautet heutzutage »integriertes Marketing«. Manche Fachleute propagieren Werbung, PR, Direktmarketing per Post, Verkaufsförderung und andere Arbeitsweisen, um zu einem großen Gebilde zu konvergieren. Es gibt bereits Firmen zum integrierten Marketing, die den amerikanischen Konzernen ihre Dienste anbieten. »Die Welle der Zukunft« – so lautet ihr Kampfschrei.

Wird die Welle integrierte Tätigkeiten und die enge Kooperation zwischen unterschiedlichen Arbeiten umfassen? Zweifellos.

Werden wir beobachten, wie Firmen für Werbung, PR, Direktmarketing per Post und Verkaufsförderung vom Markt verschwinden und als eine große Gattung namens Agentur für »integriertes Marketing« wieder auftauchen? Zweifellos nicht.

Divergenz wird weiterhin die Funktionen auseinander reißen und dabei immer spezialisiertere Agenturen und sogar neue Gattungen wie Internetagenturen erzeugen. Die Werbung beispielsweise hat in dem Maße, wie sich die kleinen Teile herkömmlicher Dienstleistungen von Werbeagenturen verzweigten, viel mehr Divergenz durchgemacht als Konvergenz; die letzte Entwicklung ist der Aufkauf von Medien.

Sehen Sie sich das Militär an und Sie werden erkennen, was mit dem Marketing geschehen wird.

Die drei klassischen Zweige der Kriegführung auf dem Land waren die Infanterie, die Artillerie und die Kavallerie. Mit der Zeit machte die Evolution aus der Truppengattung der Kavallerie die Panzertruppe, und die Divergenz fügte dem eine weitere Truppengattung, die Luftlandetruppe, hinzu.

Das spannendste Thema beim heutigen Militär sind die »integrierten Operationen«, die enge Zusammenarbeit zwischen allen Truppengattungen. Heutzutage arbeiten die Luftwaffe, die Panzertruppe, die Artillerie und die Infantrie eng zusammen; aber bedeutet dies, dass das Verteidigungsministerium die vier Truppengattungen zu einer vereinen wird?

Das wird nicht geschehen. Die Divergenz treibt weiterhin die vier Truppengattungen auseinander und zwingt das Militär, Milliarden von Dollars für Kommunikationsausrüstung auszugeben, um die gemeinsamen Operationen miteinander zu verknüpfen.

Die Leute, die in der Marktforschung tätig sind, sollten das Gleiche erwarten. Mit der Zeit werden sich neue Funktionen entwickeln und an Bedeutung gewinnen, bis sie sich vom Mainstream abspalten. Sowohl innerhalb als auch außerhalb des Konzerns.

Doch bei all dem Gerede geht es um Integration und Konvergenz. »Obwohl die Integration oft als Heiliger Gral des Marketings angesehen wird«, berichtete *Advertising Age* kürzlich, »haben nur wenige ihre Geheimnisse gelüftet.« In den letzten zehn Jahren wurde nach einer Auszählung der Wörter, die von der Zeitschrift durchgeführt wurde, der Begriff *integriertes Marketing* 960 Mal erwähnt.

Es ist alles nur Gerede, kein Handeln. Immer wenn der Heilige Gral ins Gespräch gebracht wird, können Sie zudem ziemlich sicher sein, dass nichts, wovon da geredet wird, je eintreten wird.

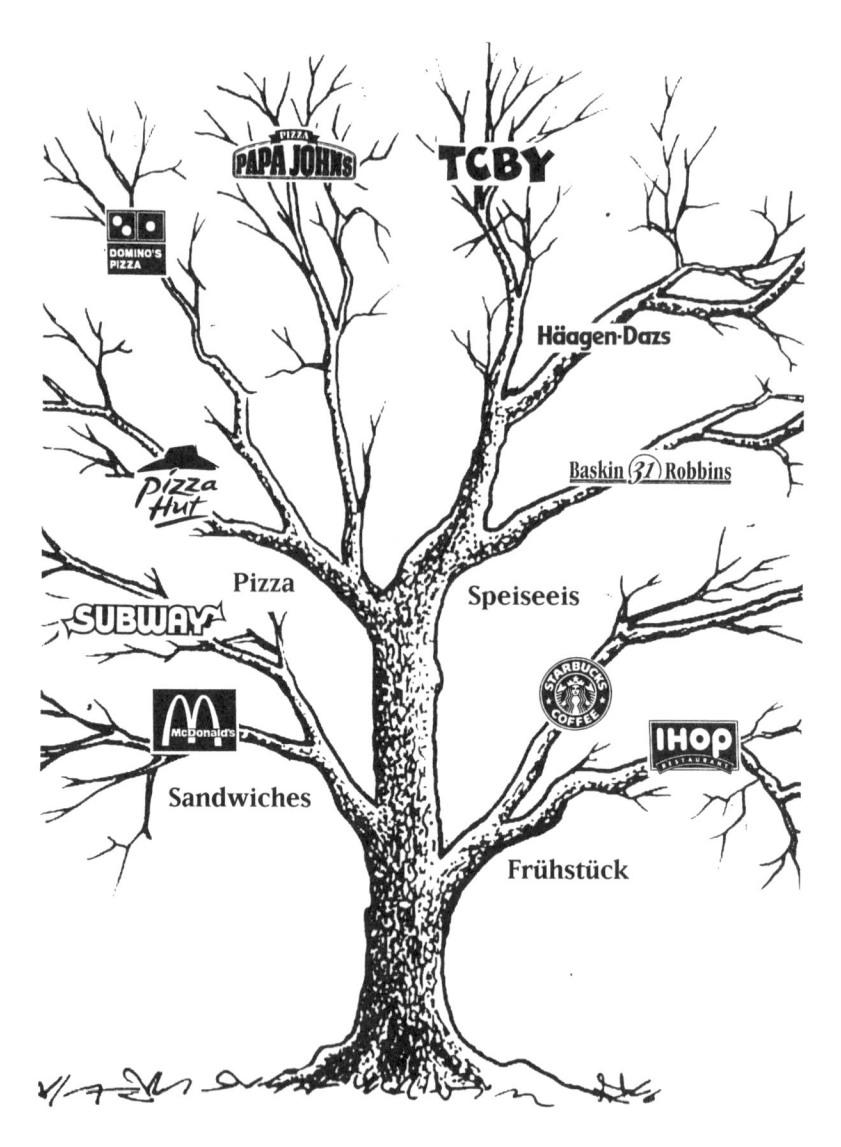

Der Coffee Shop der fünfziger Jahre verzweigte sich in entsprechende Etablissements für Sandwiches, Frühstück, Pizza, Speiseeis und viele andere Gattungen.

Der Ursprung der Marken

KAPITEL 9

DER GROSSE BAUM DER LOWTECH-MARKEN

Produkte für Verbraucher weisen ebenso viel Divergenz auf wie Hightech-Produkte. Vielleicht sogar noch mehr.

Versetzen wir uns in eine andere Zeit zurück. Vor 50 Jahren hatte jede Stadt in Amerika einen Coffee Shop. Was konnte man in einem Coffee Shop essen? Alles. Eier, Schinken, Pfannkuchen, Hamburger, Hotdogs, Hähnchen, Suppe, Sandwiches, Eis, Pasteten, Doughnuts, Kuchen, Softdrinks und natürlich Kaffee. Die meisten Coffee Shops in den fünfziger und sechziger Jahren waren Familienunternehmen mit mäßigen oder gar keinen Gewinnen, wenn man einmal von einem spärlichen Gehalt für die Besitzer absieht.

Wie hätte man bessere Geschäfte machen können, wenn man Mitte des 20. Jahrhunderts einen Coffee Shop im Mittleren Westen der USA besaß? Die Anhänger des Konvergenzdenkens würden sich wahrscheinlich auf zwei Themen konzentrieren: die Speisekarte und die Lage.

»Was die Speisekarte angeht«, würden die Anhänger des Konvergenzdenkens vermutlich sagen, »könnten Sie die Verkaufszahlen vielleicht dadurch erhöhen, dass Sie neue Produkte in Ihr Angebot aufnehmen. Wie wäre es, wenn Sie eine dieser neuen Pizza-Backmaschinen kauften, die in der Fachpresse angeboten werden? Oder möglicherweise könnten Sie eine jener Soft-Ice-Maschinen erwerben, mit denen Tom Carvel hausieren geht?«

Das ergibt durchaus einen Sinn. Wenn man mehr verkaufen möchte, braucht man mehr Dinge, die man verkaufen kann. Doch was im Alltag einen Sinn ergibt, ist beim Marketing oft überhaupt nicht sinnvoll.

Der Coffee Shop von heute, die McDonald's-Kette, hat versucht, zusätzlich Hähnchen, Pizza, Soft-Ice, vegetarische Hamburger und eine ganze Reihe anderer Gerichte auf seine Speisekarte zu setzen. Doch die Kette scheint nicht stärker, sondern schwächer zu werden.

»Was die Lage angeht«, würden die Anhänger des Konvergenzdenkens vermutlich sagen, »können wir die Verkaufszahlen möglicherweise erhöhen, indem wir den Coffee Shop an einem Ort eröffnen, der seinen eigenen Besucherverkehr generiert. Einkaufszentren, Bahnhöfe, Busstationen, Einzelhandelsläden, Eingangshallen von Hotels.«

Die Coffee Shops von heute haben es ebenfalls mit dieser Strategie probiert. Restaurants von McDonald's und Burger King werden Sie an den verschiedensten Standorten finden.

Divergenz bei Coffee Shops

Versetzen Sie sich in die fünfziger Jahre zurück und betrachten Sie den gleichen Coffee Shop mit den Augen eines Anhängers des Konvergenzdenkens. Was ist der beliebteste Einzelartikel in einem Coffee Shop? Wahrscheinlich ist es der Hamburger. Lassen Sie uns einen Coffee Shop aufmachen, in dem vorwiegend Hamburger serviert werden.

Genau das machten Dick und Mac McDonald im Jahre 1948 in San Bernardino (Kalifornien). Sie eröffneten einen Coffee Shop, in dem vorwiegend Hamburger serviert wurden. Auf der Speisekarte standen neun Dinge: Hamburger, Cheeseburger, Pommes Frites, Kaffee und fünf weitere Getränke. Wenn man keine Hamburger mochte, dann ging man wahrscheinlich nicht zu McDonald's zum Essen.

13 Jahre später verkauften die Gebrüder McDonald das Ganze für 2,7 Millionen Dollar an Ray Kroc und seine Gesellschafter (kein schlechter Gewinn für die Besitzer eines Coffee Shops, sollte man meinen). Aber sie verpassten die Chance, das ganz große Geld damit zu machen. Die McDonald's Corporation wurde zur größten Fastfood-Kette der Welt.

Wie würden Sie einen erfolgreichen Anhänger des Divergenzdenkens nennen? Wir nennen ihn Anhänger des Konvergenzdenkens; denn sobald er mit seiner Divergenzstrategie erfolgreich ist, kehrt er sofort zur ursprünglichen Denkweise zurück.

Es muss etwas an der Konvergenz dran sein. Sie funktioniert zwar nicht, aber sie hört sich in der Vorstandsetage ganz sicher gut an: Synergie, Symbiose, Cross-selling, den reinen Wert einer Marke verwerten, eins plus eins gleich drei etc.

McDonald's hat die letzten 43 Jahre damit verbracht, seine Speisekarte zu erweitern. Das heutige McDonald's sieht immer mehr wie ein Coffee Shop von gestern aus.

Vergleichen Sie McDonald's mit In-N-Out-Burger, einer Kette aus Kalifornien, die es bei der elementaren Speisekarte mit Hamburgern und Pommes Frites belassen hat. Die durchschnittliche McDonald's-Niederlassung in den Vereinigten Staaten hat einen Umsatz von 1,5 Millionen Dollar. Eine durchschnittliche Niederlassung von In-N-Out-Burger hat einen Umsatz von 1,9 Millionen Dollar.

(Das ursprüngliche Restaurant der Gebrüder McDonald in San Bernardino erzielte einen Umsatz von mehr als 400.000 Dollar pro Jahr, eine Zahl, die heute, wenn man die Inflation einberechnet, 2,9 Millionen Dollar betragen würde.)

Was hätte McDonald's tun sollen? Hätte es seine Immobilien, seine Finanzen und sein geschäftliches Fachwissen nutzen sollen, um eine zweite Marke zu positionieren. Oder gar eine dritte und vierte Marke?

Derselbe Coffee Shop, der den Hamburger als eine Möglichkeit für Divergenz hervorbrachte, brachte auch eine ganze Anzahl anderer Möglichkeiten zum Aufbau von Marken hervor.

- Hähnchen: Kentucky Fried Chicken
- Roastbeef: Arby's
- Hotdogs: Wienerschnitzel
- Kaffee: Starbucks
- Doughnuts: Dunkin' Donuts
- Zimtrollen: Cinnabon
- Plätzchen: Mrs. Fields
- Eis: Baskin-Robbins
- Gefrorener Jogurt: TCBY
- Pfannkuchen: International House of Pancakes
- Waffeln: Waffle House
- Pizza: Pizza Hut
- Sandwiches: Panera
- Baguette: Subway

Divergenz bei Restaurants mit weissen Tischdecken

Vor 50 Jahren gab es in jeder Stadt Amerikas ein Restaurant mit weißen Tischdecken.

Welche Art von Essen wurde in einem Restaurant mit weißen Tischdecken serviert? Niemand dachte daran, das Essen nach Gattungen zu ordnen, weil es keine andere Art von gehobener Gastronomie gab, die man davon hätte unterscheiden können. Auf dem Schild vor dem Restaurant stand gewöhnlich »Feine Küche«. Es gab natürlich andere Arten von Restaurants, aber diese dienten vor allem dem Zweck, Essen für verschiedene ethnische Gemeinschaften anzubieten (die erste Pizzeria wurde 1905 in New York eröffnet, um italienischen Emigranten etwas zu bieten).

Dann begann sich das Segment »Feine Küche« auseinander zu entwickeln. Heute gibt es viele unterschiedliche Arten von Etablissements für »Feine Küche«. In den Gelben Seiten von Atlanta beispielsweise sind 35 Gattungen von Restaurants aufgelistet:

Barbecue	Libanesisch
Cajun	Mandarin
Chinesisch	Meeresfrüchte
Deutsch	Mexikanisch
Europäisch	Mittelöstlich
Französisch	Persisch
Griechisch	Peruanisch
Hähnchen	Pizza
Indisch	Schweizerisch
Irisch	Soulfood
Italienisch	Steak
Jamaikanisch	Südliche USA
Japanisch	Südwestliche USA
Karibisch	Thai
Koreanisch	Vegetarisch
Koscher	Vietnamesisch
Kreolisch	und natürlich Amerikanisch
Kubanisch	

Während sich die meisten Lokale selbst nicht als »Amerikanische Restaurants« bezeichnen, wurde in ihnen während der Fünfziger etwas serviert, was wir heute als amerikanische Küche bezeichnen würden. Wie sich die Zeiten geändert haben.

In Atlanta zum Beispiel wollen nur 15 (oder sechs Prozent) von den 250 Restaurants, die bezahlte Anzeigen in den Gelben Seiten aufgeben, als Lokale gelistet werden, in denen man typisch amerikanische Speisen serviert. (Welches ist die umfassendste Gattung? Die mexikanische Küche, die mit 35 Restaurants 14 Prozent der Gesamtanzahl umfasst. An zweiter Stelle steht die chinesische und an dritter die japanische Küche.)

Je weiter sich eine Gattung entwickelt, desto mehr Gelegenheit bietet sie zum Aufbau einer Marke. Manche sind nur an einem Ort, einige regional, andere landesweit und wieder andere global vertreten. Im Folgenden finden Sie einige der landesweiten Restaurantmarken:

- Applebee's (Bar & Grill)
- Arby's (Roastbeef)
- Benihana of Tokyo (japanisch)
- Olive Garden (italienisch)
- On the Border (mexikanisch)
- Outback (Steak)
- PF Chang's (chinesisch)
- Pizza Hut (Pizza)
- Ruth's Chris (Steak)
- Taco Bell (mexikanisch)
- Tony Roma's (Rippchen)

Ganz sicher sind nicht alle hier aufgeführten Restaurants der gehobenen Gastronomie bekannt. Die Markenpositionierung in der Gaststättenbranche geht wie in vielen anderen Wirtschaftszweigen über die ganze Palette von unten nach oben. Die erste globale Restaurantmarke war kein Etablissement mit weißen Tischdecken. Es handelte sich um McDonald's, eine Marke, die am unteren Ende der Nahrungskette angesiedelt ist.

Werden die Restaurants am oberen Ende der Skala dem globalen Weg folgen, den McDonald's, Burger King, Subway und andere Restaurants vom unteren Ende der Skala gegangen sind? Wir glauben, dass dies geschehen wird; aber es wird eine gewisse Zeit dauern. Die Markenevolution geht langsam vor sich.

Bice, eine italienische Restaurantkette vom oberen Ende der Skala, betreibt bereits 28 Restaurants in 14 Ländern überall auf der Welt. Und weitere werden ganz gewiss folgen.

Divergenz bei der Pizza

Die Divergenz hört nie auf. Nehmen Sie als Beispiel die Gattung Pizza. Pizza Hut war die erste landesweite Pizzakette, und sie feierte große Erfolge. Dann bildete Domino's Pizza einen neuen Zweig, konzentrierte sich auf die Auslieferung zu Hause und wurde zur zweitgrößten Pizzakette.

Little Caesars zweigte von der Gattung Pizza ab, konzentrierte sich auf Mitnahmeprodukte und wurde zur dominierenden Marke in dieser Gattung.

Papa John's spaltete sich von der Gattung Pizza ab und konzentrierte sich auf ein Veredelungskonzept mit der Bezeichnung »Bessere Zutaten. Bessere Pizza«.

Wie in der Natur können Verzweigungen ein ziemliches Durcheinander bedeuten. Als Domino's Pizza am Anfang stand, verkaufte die Firma Pizzas und belegte Baguettes. In den Anfängen von Little Caesars verkaufte die Firma Pizza, gebratene Garnelen, Fisch und Chips sowie gebratenes Hähnchen. Beim Start von Papa John's verkaufte die Firma Pizza, Sandwiches mit Käse und Steak, belegte Baguettes, gebratene Pilze, gebratene Zucchini, Salate und Zwiebelringe.

Mit der Zeit ließ man bei jeder dieser drei Marken Produkte von zweitrangiger Bedeutung fallen, um sich auf die Hauszustellung zu konzentrieren (Domino's), sodann auf Mitnahmeprodukte (Little Caesar) und bessere Zutaten (Papa John's) – etwa so, wie eine wachsende Pflanze ihre Nebenzweige abwirft.

Das ist Divergenz in Aktion. Mit der Zeit wird sich jede erfolgreiche Marke so deutlich von der Kernmarke und den anderen Marken derselben Gattung unterscheiden wie möglich.

Ein neuer Zweig am Ast der Pizzas ist Papa Murphy's Take 'N' Bake Pizza, die mit den Mitnahme- und Hauszustellungsketten konkurriert. Eine Pizza, die einen 30-minütigen Transport in einem hitzebeständigen Behälter überlebt, ist einfach nicht so gut wie eine Pizza, die frisch aus dem Ofen kommt.

Papa Murphy's löst das Problem so, dass man »halb gebackene« Pizza verkauft, die man zu Hause weiterbackt. Die Kunden können direkt zu Hause eine Pizza genießen, die frisch aus dem Ofen kommt.

Die Dynamik der Divergenz

Wer ist die treibende Kraft hinter der Divergenz: die Verbraucher oder die Firmen? Eigentlich beide. Das lässt sich mit dem vergleichen, was in der Natur geschieht, in der sich die Lebensumstände (Verbraucher) positiv oder negativ auf die natürlichen Mutationen auswirken, zu denen es in den Organismen (Firmen) kommt.

Firmen haben eine viel stärkere Kontrolle über diesen Vorgang als die Natur, weil sie nicht darauf warten müssen, dass natürliche Mutationen stattfinden. Sie können in voller Absicht neue Marken einführen, die den Prozess vorantreiben.

Leider haben die meisten Firmen eher eine statische als eine dynamische Sicht der Dinge. Statt zu erkennen, was in der Zukunft geschehen könnte (Divergenz), erkennen sie nur, was heute getan werden könnte (Konvergenz).

»Was wäre, wenn wir die Restaurant-Pizza mit der Mitnahme-Pizza und der Zustell-Pizza zusammenlegen würden? Wir könnten größer werden als Pizza Hut, Little Caesars und Domino's zusammengenommen.«

Angenommen eine Pizzakette könnte die damit verbundenen Koordinierungsprobleme lösen (was schon weit hergeholt ist), dann liegt dieser Denkweise ein großer Irrtum zugrunde. Ein Irrtum, der als natürliche Selektion bezeichnet wird. Mit der Zeit entwickelt sich jede Pizzamarke in eine andere Richtung. Wenn man versucht, an der Spitze der drei sich auseinander entwickelnden und sich entwickelnden Gattungen zu bleiben, so ist das schwierig. (Eine Pizzamarke auf dem zweiten Platz muss nur mit Pizza Hut konkurrieren. Eine »Konvergenz«-Marke für Pizzas muss mit Pizza Hut, Domino's Pizza und Little Caesar konkurrieren.)

Die Gattung Pizza ist ständig im Zustand der Divergenz. California Pizza Kitchen war Pionier im Bereich der Gourmet-Pizza, Sbaro im Bereich der Pizzastückchen, Betucci im Bereich der Pizzas aus dem Steinofen. Und Pizzeria Uno verbreitet die Lust auf Pizza in der Bratpfanne, wie man sie in Chicago backt.

Divergenz bei den Kaufhäusern

Noch vor ein paar Jahren hatten die Kaufhäuser die Welt des Einzelhandels fest im Griff. Jede Großstadt hatte ihr großes Kaufhaus. Macy's in New York, Marshall Field's in Chicago, Rich's in Atlanta. Und dann gab es landesweite Ketten: Sears, Montgomery Ward, JCPenney.

Jeder weiß, dass die herkömmlichen Kaufhäuser in Problemen stecken. Und jeder weiß, dass sie die Ursache für diese Schwierigkeiten kennen. Sie sind nicht mit der neuesten Mode gegangen. Sie haben den Service vernachlässigt und sich auf den Verkauf konzentriert.

Was die Kaufhäuser falsch machten, wiegt gering im Vergleich zu dem, was die Konkurrenz richtig machte. Wie die Coffee Shops wurden die Kaufhäuser durch die Divergenz bei lebendigem Leib aufgefressen. Jede Abteilung brachte eine eng umrissene nationale Marke heraus, die schnell dazu überging, ihre Produktgattung zu dominieren.

Die Abteilung für Sportschuhe wurde zu Foot Locker.
Die Abteilung für Babywaren wurde zu Babies »R« Us.
Die Bettenabteilung wurde zu Bed, Bath & Beyond.
Die Abteilung für Bücher wurde zu Barnes & Noble.
Die Abteilung für Freizeitkleidung wurde zu The Gap.
Die Abteilung für Unterhaltungselektronik wurde zu Best Buy.
Die Möbelabteilung wurde zu Rooms To-Go.
Die Abteilung für Haushaltswaren wurde zu Crate & Barrel.
Die Schmuckabteilung wurde zu Kay Jewelers.
Die Abteilung für Ledermäntel wurde zu Wilsons Leather.
Die Abteilung für Dessous wurde zu Victoria's Secret.
Die Parfümerieabteilung wurde zu Sephora.
Die Matratzenabteilung wurde zu Sleepy's.
Die Abteilung für Herrenbekleidung wurde zu Men's Wearhouse.
Die Haustierabteilung wurde zu PetsMart.
Die Abteilung für Übergrößen wurde zu Lane Bryant.
Der Friseur wurde zu Supercuts.
Die Sportabteilung wurde zu Sports Authority.
Die Abteilung für junge Erwachsene wurde zu Abercrombie Fitch.
Die Spielzeugabteilung wurde zu Toys »R« Us.
Die Abteilung für Räumungsverkauf, die sich natürlich im Keller befindet, wurde zu Wal-Mart, der größten Einzelhandelskette der Welt.

Interessanterweise wurden fast all diese Kaufhauszweige von einzelnen Läden gegründet, nicht von großen Firmen. Sam Walton gründete Wal-Mart mit einem einzigen Geschäft in Arkansas. Donald Fisher gründete The Gap mit einem einzigen Geschäft in San Francisco, in dem es nur Jeans und Musik gab. Charles Lazarus gründete Toys »R« Us mit einem Geschäft in Washington (D. C.).

Große Firmen haben gewöhnlich weder die Geduld noch den Weitblick, um die Möglichkeiten von Verzweigungen zu erkennen. Große Firmen wollen bestehenden Märkten hinterherlaufen, je größer, desto besser.

Sam Walton gründete mit einer Konzession von Ben Franklin 1945 in Newport (Arkansas) einen Laden für Pfennigartikel. Im Jahre 1962 besaß Walton 15 Ben-Franklin-Geschäfte, die unter dem Namen Walton 5&10 geführt wurden.

Nur weil das Management von Franklin seinen Vorschlag ablehnte, Discountgeschäfte in Kleinstädten zu eröffnen, machte er im selben Jahr eine Wal-Mart Discount City in Rogers (Arkansas) auf.

(Was? Das Management einer großen Firma verpasst eine Gelegenheit, etwas zu erwerben, was sich später als die erfolgreichste Einzelhandelsmarke der Geschichte herausstellen wird? Sicher, das passiert ständig.)

Divergenz bei Firmen

Was man heute Outsourcing nennt, ist schon seit Jahrzehnten bei den Konzernen ein Trend. Es überrascht in der Tat, wie viele Aktivitäten einer Firma eigentlich von Spezialisten übernommen werden, die von außen kommen; dies schafft viele Möglichkeiten zum Aufbau von Marken.

Werbung (Young & Rubicam), Buchhaltung (PricewaterhouseCoopers), Gehaltsabrechnung (ADP), Datenverarbeitung (Electronic Data Systems), Entwicklung und Installation vom Computersoftware (Accenture), Erstellung der Steuererklärung (H&R Block), Kopieren und Post (Ikon) sowie Überweisungen (Brinks).

Immer wenn eine ausgelagerte Kompetenz zu einem ausreichend lukrativen Geschäft wird, gibt es weitere Gelegenheiten zur Divergenz. Im Bereich der Gehaltsabrechnung beispielsweise wurde Paychex zu einem Milliarden-Dollar-

Geschäft, als man sich auf kleine Firmen konzentrierte (Paychex hat 490.000 Kunden).

Eine typische Firma von heute könnte folgende Bereiche outsourcen: Instandhaltung, Hausmeisterdienste, Wachdienste, Lieferung von Speisen und Getränken, Gärtnerarbeiten, Lieferung von Pflanzen und Blumen sowie viele weitere Dienstleistungen. »Machen Sie, was Sie am besten können, und lassen Sie die anderen den Rest übernehmen« ist das Motto vieler moderner Konzerne.

Die Güterproduktion, von der man einmal dachte, sie sei das Herz einer Firma, ist die jüngste Konzernaktivität, die nach außen verlagert wird. Nike ist ein anschauliches Beispiel dafür, aber diese Praxis ist weit verbreitet. Mehr als die Hälfte aller Produkte werden nicht von der Firma hergestellt, deren Markenname auf der Packung steht.

Im Hightech-Bereich wurde Flextronics, eine Firma aus Singapur mit einem Jahresumsatz von 13 Milliarden Dollar, zu einer bekannten Marke. Der Konzern hat Fabriken auf fünf Kontinenten und stellt Produkte für Alcatel, Dell, Ericsson, Hewlett-Packard, Microsoft, Siemens und andere her.

Der letzte Schrei beim Outsourcing ist das Outsourcing der eigenen Angestellten. Administaff ist eine von Hunderten von Firmen, die Angestellte für amerikanische Konzerne ausleihen. Diese Outsourcing-Konzerne, die »professionelle Arbeitgeberorganisationen« genannt werden, sind ein schnell wachsendes Segment der Wirtschaft in den USA.

Divergenz in der Medizin und im Recht

Kein Bereich menschlicher Leistung beherrscht das Divergenzprinzip besser als die Medizin.

Der Körper des Menschen hat sich über die Jahrtausende hinweg nicht viel verändert, doch die Personen, die die Krankheiten von Menschen behandeln, haben sich sehr verändert. Ein Doktor der Medizin war ein »Doktor«. Heute hat sich der Berufsbestand in 24 große Spezialgebiete auseinander entwickelt: Allergologie und Immunologie, Anästhesiologie, Proktologie, Pathologie, Notfallmedizin, Allgemeinmedizin, Innere Medizin, Humangenetik, Neurochirurgie, Nuklearmedizin, Geburtshilfe und Gynäkologie, Augenheilkunde, Orthopädische Chirurgie, Hals-Nasen-Ohren-Heilkunde, Pathologie, Pädiatrie, Orthopädische Medizin und Rehabilitation, Plastische Chirurgie, Präventionsmedizin, Psychiatrie und Neurologie, Radiologie, Chirurgie, Thoraxchirurgie, Urologie.

Und das ist nur die eine Hälfte der Geschichte. Die meisten dieser Spezialgebiete haben sich in Unterspezialgebiete aufgegliedert. Die Innere Medizin hat jetzt 16 Unterspezialgebiete: Jugendheilkunde, Kardiologie, klinische Immunologie und Labormedizin, klinische Kardioelektrophysiologie, Palliativmedizin, Endokrinologie, Gastroendokrinologie, Geriatrie, Hämatologie, Infektionsmedizin, invasive Kardiologie, medizinische Onkologie, Nephrologie, Lungenkrankheiten, Rheumatologie und Sportmedizin.

Die Rechtsanwälte sind den gleichen Weg gegangen. Jeder ist ein Spezialist. Sehen Sie in die Gelben Seiten des Telefonbuchs, und Sie werden beispielsweise die folgenden Gattungen finden: Verwaltungsrecht, Seerecht, Kartell- und Wettbewerbsrecht, Revisionsrecht, Luftfahrtrecht, Insolvenzrecht, Verfassungsrecht, Forderungseintreibung, Computerrecht, Baurecht, Recht des Verbraucherschutzes, Handels- und Gesellschaftsrecht, Gläubigerrechte und Handelsrecht, Strafrecht, Erwerbsunfähigkeitsrecht, Scheidungs- und Familienrecht, Seniorenrecht, berufliche Diskriminierung, Arbeitsrecht, Medienrecht, Umweltrecht, Recht des Franchising, Einwanderungsrecht, Zollrecht, internationales Privatrecht, Völkerrecht, Jugendrecht, Arbeitsrecht, Haftungs- und Schadensersatzrecht, Schlichtungswesen, Patent-, Marken- und Urheberrecht, Rentenrecht, Schadensersatzrecht, Immobilienrecht, Recht des Anlegerschutzes, Sozialversicherungsrecht, Steuerrecht, Familien- und Erbrecht, Berufsgenossenschaftsrecht.

Wenn die Konvergenz die treibende Kraft in der Juristerei und in der Medizin wäre, dann würden die Mediziner einen Abschluss in Jura machen. Dann könnten sie dadurch Geld sparen, dass sie sich selbst in Prozessen wegen medizinischer Kunstfehler vertreten.

Divergenz bei den Vertriebskanälen

Ein weiteres Phänomen ist die Vertriebskanaldivergenz. Im Laufe der Zeit entwickeln sich eine Reihe von Kanälen zum Verkauf eines Produktes oder einer Dienstleistung. Ein fähiger Vertriebsmitarbeiter kann bisweilen eine Marke auf den Markt bringen, indem er nicht ein neues Produkt, sondern einen neuen Vertriebskanal schafft. Das geschah bei Dell mit den Direktverkäufen von PCs, bei Costco mit seinen Großhandelsklubs und bei Amway mit seinem Vertrieb auf mehreren Ebenen.

Hanes war die Nr. 1 bei den Marken für Strumpfhosen, die über den Vertriebskanal Kaufhaus verkauft wurden. Aber die Frauen gingen zum Einkaufen nicht mehr so oft in Kaufhäuser; deshalb entschied sich Hanes dafür, eine Marke für Supermärkte zu positionieren. Man wählte den Namen L'eggs, der zur führenden Marke für Strumpfhosen landesweit wurde. Hier handelt es sich nicht um ein neues Produkt, sondern um einen neuen Vertriebskanal mit einem neuen Namen.

Paul Mitchell ist zur führenden Marke im Bereich der Haarpflege geworden und wird in 100.000 Friseursalons verkauft. Paul Mitchell Systems ist die größte Privatfirma für Haarpflege und verkauft Produkte im Wert von geschätzten 600 Millionen Dollar pro Jahr.

Im Bereich der Medizin schaffen viele verschriebene Medikamente einen Quasikanal »direkt zum Verbraucher«. (Botox ist ein typisches Beispiel dafür.) Pharmazeutische Firmen bauen schlagkräftige Marken auf, indem sie ihre Medikamente direkt beim Verbraucher anpreisen. Gewiss, der Arzt fällt die endgültige Entscheidung, aber er kann durch die Vorlieben der Verbraucher bzw. Patienten leicht ins Schwanken geraten.

Ein weiteres Beispiel für die Einführung von Marken über einen Vertriebskanal ist AmeriScan, eine Firma, die technisch hoch entwickelte medizinische Schichtaufnahmen direkt für den Verbraucher anbietet. Es wurden bereits zwölf Zentren für Schichtaufnahmen eröffnet (und weitere sind geplant); AmeriScan erhofft sich, schon bald eine landesweite Kette zur Verfügung zu haben, die sowohl CT-Schichtaufnahmen (früher CAT) und Kernspintomographien als auch weiterverarbeitete EBTs (electronic beam tomography) anbietet. Es passt zum allgemeinen Trend bei den Verbrauchern, den Ärzten etwas von ihrer Verantwortung für die Gesundheit der Patienten abzunehmen.

Warum nicht? Sind Sie ein Raucher, der sich sorgt, ob er Lungenkrebs hat? Holen Sie sich eine CT-Schichtaufnahme mit geringer Strahlenbelastung, und informieren Sie sich über Ihren Gesundheitszustand (besser noch: Geben Sie das Rauchen auf!).

Divergenz zu Hause

Schauen Sie sich einmal zu Hause um, und Sie werden Divergenz in Aktion sehen. In jedem Zimmer gibt es Möglichkeiten zum Teilen und Herrschen.

Nehmen Sie z. B. den Keller. Wenn Sie die Luft im Winter erhitzen können, um Ihr Zuhause angenehm warm werden zu lassen, warum können Sie dann im Sommer nicht das Gegenteil tun? Und hier kommt die Klimaanlage ins Spiel.

Konvergierte die Klimaanlage mit dem Ofen? Nein, sie wurde zu einem gesonderten Gerät. Und nun gibt es zwei Möglichkeiten, Marken zu schaffen und die beiden Gattungen zu dominieren.

Nehmen Sie die Küche. Wurde der Herd mit dem Kühlschrank kombiniert? Natürlich nicht. Und jetzt haben wir Holzherde, Gasherde, elektrische Herde, Herde mit Ceranfeldern und viele unterschiedliche Arten von Herden in Zukunft. Auch die Mikrowelle wurde nicht mit normalen Herden kombiniert. Sie wurde zu einer davon getrennten Gattung; diese wird von Marken dominiert, die keinen Zusammenhang mit den Marken für Herde aufweisen.

Nehmen Sie den Kühlschrank. Statt dass man ihn mit einem anderen Gerät kombiniert, haben viele Menschen zwei Kühlgeräte: einen normalen Kühlschrank und eine Gefriertruhe. (Am oberen Ende der Skala der Marken befindet sich seit einiger Zeit SubZero.) Sie werden auch ein Kühlgerät für Weine finden (EuroCave).

Viele Küchen sind voll gestopft mit einer Vielfalt von Geräten: Geschirrspülmaschine, Toaster, Kaffeemaschine, Espressomaschine, elektrischer Handmixer,

Standmixer, elektrisches Waffeleisen, Eismaschine, elektrischer Eisschaber, elektrische Brotbackmaschine, Entsafter, elektrisches Messer, elektrische Küchenmaschine, Abzugshaube, elektrischer Ventilator etc.

Gewiss, ab und zu wird ein Konvergenzgerät vorgestellt, das die Vorstellungskraft anregt und Aufsehen in der Öffentlichkeit hervorruft. Beispielsweise führte Carl G. Sontheimer 1973 die Cuisinart ein, einen viel gerühmten Standmixer, dessen vielerlei Aufsätze es ermöglichten, dass man zerschneiden, in Scheiben schneiden, kneten, zerhacken, in Würfel schneiden, raspeln, zerreiben und sogar mixen konnte. Da hatten wir das ultimative Konvergenzprodukt, ein Schweizer Messer für die Küche.

Ein Beispiel ist kein Beleg für einen Trend. Obwohl die Cuisinart (und ihre Nachbauten) heutzutage weiterhin verkauft wird, ist der Gesamtmarkt für solche Produkte recht klein. Und tatsächlich ging die Cuisinart Incorporation 1989 Bankrott.

Nehmen Sie den Staubsauber. Noch vor Jahren hatte jede Familie einen Handstaubsauger (Hoover). Heute gibt es ein leichtgewichtiges Kästchen auf Rollen, einen Bodenstaubsauger, eine Kombination aus Nass- und Trockenstaubsauger und sogar Reinigungssysteme für das gesamte Haus.

Sie werden auch auf den Swiffer stoßen, der funktioniert wie ein Mopp, nur dass er einen Auslöseknopf am Griff hat, mit dessen Hilfe man Reinigungsflüssigkeit auf den Fußboden sprühen kann (eine Methode, einen einzigartigen Markennamen zu kreieren, besteht darin, sich des Hauptmerkmals »swifter«, auf Deutsch: rascher, zu bedienen und einen oder mehrere Buchstaben zu verändern.)

Dann gibt es noch den Roomba, einen Roboter zum Staubsaugen für 200 Dollar, bei dem eine intelligente Navigationstechnologie zum Einsatz kommt, mit der Ihr Fußboden gesäubert wird, während Sie schlafen, Besorgungen machen oder einfach nur da sitzen und sich entspannen.

Nehmen Sie die Beleuchtung. Die Marke General Electric wurde durch die Einführung der ersten Glühlampe aufgebaut. Heutzutage haben wir Neon-, Halogen- und fluoreszierende Lampen. Schon bald wird die Leuchtdiode (LED = light emitting diode) hinzukommen, die bei vielen Aufgaben große Vorteile in sich vereint. In Ampeln verbraucht sie 80 Prozent weniger Strom und hält zehnmal so lange.

Wird jemand eine LED-Marke aufbauen? Möglicherweise, aber es ist wahrscheinlich, dass die Zukunft den Erweiterungen der Produktlinie der drei großen Marken für Beleuchtung gehört: General Electric, Sylvania und Philips. Große Firmen wollen partout keine neuen Marken herausbringen, wenn es nur möglich ist, die Produktlinie ihrer berühmten Markennamen zu erweitern.

Divergenz bei den Hotels

Ein Hotel war früher schlicht ein Hotel. Heutzutage kann man die Nacht in einem normalen Hotel (Hilton), einem Suite-Hotel (Embassy Suites), einem Motel (Holiday Inn) oder einem Motel für einen längeren Aufenthalt (Extended Stay America) verbringen. Und es wird in Zukunft noch weitere Auswahlmöglichkeiten geben.

Zudem kann man die Nacht in einem teuren Hotel (Four Seasons), einem Hotel mittlerer Preislage (Marriott) oder einem preiswerten Hotel (Hampton Inns) verbringen.

Man könnte auf einer Federkernmatratze (Sealy Posture Pedic) schlafen, einer Luftmatratze (Select Comfort), einer Schaumgummimatratze (Tempur-Pedic) oder einem Wasserbett. Am oberen Ende der Skala gibt es die Dux-Matratze, in der sich 2000 bis 4980 Federkerne befinden, verglichen mit 300 bis 1000 Federkernen in einer normalen Matratze.

Seltsamerweise ist es oft leichter, eine Marke am oberen Ende der Skala zu etablieren als am unteren. Eine hochwertige Marke wird geradezu auf natürliche Weise bekannt. Rolls-Royce beispielsweise ist eine sehr bekannte Marke, obwohl man dort nur wenig Geld für Verkaufsförderung ausgibt und nur sehr wenige Wagen verkauft werden.

Andererseits kann man mehr Geld am unteren Ende der Skala verdienen. Wal-Mart ist das beste Beispiel dafür.

Divergenz beim Essen

Die durchschnittliche Kuh wäre wahrscheinlich entsetzt zu erfahren, wie viele Sorten von Milch man aus dem gewinnt, was aus ihrem Euter gezapft wird. Vollmilch, 2%, 1,5%, 1%, Magermilch, sehr rahmige Milch, leicht rahmige Milch, Schlagsahne, halb Milch und halb Sahne, Buttermilch, laktosefreie Milch (Lactaid), H-Milch (Parmalat) und biologisch-organische Milch (Horizon).

Das neueste Milch-Divergenzprodukt ist die Sojamilch. Der Umsatz stieg im letzten Jahr auf 277 Millionen Dollar an, das waren 51 Prozent mehr als im vorangegangenen Jahr. Silk, die Marke, die diese Produktgattung mit einem 80-prozentigen Markanteil dominiert, ist vermutlich der beste neue Markenname, der im letzten Jahrzehnt gefunden wurde. Dadurch dass man die Wörter *Soy* und *Milk* ineinander schob, schufen die Besitzer der Marke einen neuen Namen, der einzigartig war; und man brachte es zudem auch fertig, dass die Produktgattung gleichbedeutend mit diesem Namen war. Das war eine ganz schöne Leistung für einen Markennamen mit nur vier Buchstaben.

Gab es im Bereich der Milch Konvergenzprodukte? Nun, Kakao ist eins davon. Wie praktisch jedes Konvergenzprodukt weist Kakao drei charakteristische Merkmale auf: (1) Es regt die Vorstellungskraft des Verbrauchers an, vor allem wenn dieser Verbraucher sechs Jahre alt ist. (2) Es handelt sich um ein kleines Segment des Milchmarkts. Magermilch wird zehnmal häufiger verkauft als Kakao. (3) Sein primärer Vorteil ist die einfache Handhabung. Man muss weder Kakaopulver noch Kakaosirup mit Milch vermischen. Man sollte jedoch beachten, dass man den geschmacklichen Vorteil aufgibt, weil man nicht in der Lage ist, den Kakaoanteil im Glas zu dosieren; genau das ist der Grund, warum Hershey's Schokoladensirup und nicht Kakao ein großer Markenname ist.

Bei TiVo, beim Schweizer Messer, bei der Kombination aus Handy, PDA und Kamera sowie bei Kakao handelt es sich im Wesentlichen um das Gleiche. Man kombiniert den »Aber-hallo-Faktor« mit einfacher Handhabung und geringen Verkäufen. Trotz ihres Mangels an Erfolg auf dem Markt wird die Konvergenz nie aussterben. Der Aber-hallo-Faktor wird sie am Leben erhalten, und dies wohl für die künftigen Jahrzehnte.

Magermilch, die am unteren Ende der Aber-hallo-Skala angesiedelt ist, ist ein gutes Beispiel für den Bereich der Divergenz. Man kann mehr Geld verdienen, wenn man etwas (Fett) aus einem Produkt (Milch) herausholt, als wenn man demselben Produkt etwas (Schokoladensirup) beifügt.

Überall, wohin Sie im Supermarkt gucken, sehen Sie, wie sich Produktgattungen explosiv vermehren. Mehr Vielfalt, mehr Größen, mehr Preisniveaus. Beim Orangensaft beispielsweise gibt es fast so viele Sorten wie bei der Milch. Normaler Orangensaft, Konzentrat, ohne Fruchtfleisch, mit viel Fruchtfleisch, mit Kalzium, mit der doppelten Menge Vitamin C, wenig Säure, wenig Zucker, sogar Cholesterin senkender Orangensaft (Minute Maid Heart Wise). Mit einem großen Coup auf dem Markt wurde Tropicana beim Orangensaft zur führenden Marke, indem die Firma eine neue Produktgattung mit der Bezeichnung »nicht aus Konzentrat« schuf.

Beim Senf gibt es den klassischen gelbgrünen Senf (French's), den braunen (Gulden's) und den Dijon-Senf (Grey Poupon).

Jede neue Idee schafft eine Möglichkeit für eine neue Marke. Fettfrei (Snack-Well's), gesund (Healthy Choice), gefroren (Birds Eye), biologisch-organisch (Horizon, Muir), kohlenhydratarm (Atkins, Keto).

Beim Vertrieb von Lebensmitteln sieht man bereits erste Anzeichen für eine große Divergenz zwischen herkömmlichem Essen und einer neuen Gattung, die man als natürliches, organisches oder gesundes Essen bezeichnen könnte.

Die dominierende Marke in der zuletzt genannten Gattung ist Whole Foods Market. Mit 140 Geschäften in 25 Staaten ist Whole Foods weltweit die führende Kette für natürliche Lebensmittel. Der Umsatz stieg im letzten Jahr um 17 Prozent, während er bei den drei größten herkömmlichen Supermarktketten (Kroger, Albertson's und Safeway) jeweils um zwei Prozent sank.

Whole Foods ist eine Marke, die man in dem Maße beobachten sollte, in dem Amerika stärker dazu neigt, gesund zu essen.

Addition kontra Subtraktion

Addition (Konvergenz) ist die glanzvolle Seite des Marketings, doch Subtraktion (Divergenz) ist die Seite, mit der man Geld verdienen kann.

Ein weiteres Subtraktions-Milchprodukt ist Butter (Land O Lakes). Schöpfen Sie die Sahne ab, und machen Sie Butter. Dann können Sie den Rest als Magermilch verkaufen.

Dann gibt es noch Gourmetbutter mit einem höheren Fettanteil (Plugra). Und Sojabutter oder Margarine (»Ich kann gar nicht glauben, dass es keine Butter ist!«).

Beim Eis gibt es eine ähnliche Tendenz. Es gibt halbfettes, fettarmes, nicht fetthaltiges und zuckerfreies Eis, aber auch doppelt so fettes Eis (Häagen Dazs, Ben & Jerry's). Gar nicht zu reden von gefrorenem Jogurt in den Varianten normal, fettarm und nicht fett.

Eins der ungewöhnlicheren Subtraktionsprodukte ist krustenloses Brot, das 1999 in Spanien vorgestellt und jetzt in den USA unter dem Namen IronKids Crustless verkauft wurde. Weil die Kruste Feuchtigkeit vom weißen Teil des Brots absorbiert, bleibt krustenloses Brot länger weich. In Spanien wird für dieses Brot mit dem Slogan »100 Prozent mürbe und zart« geworben.

Denken Sie zuallererst an die Gattung und dann an die Marke

Wenn Sie eine neue Marke nicht in Form einer neuen Produktgattung beschreiben können, dann ist es unwahrscheinlich, dass die neue Marke Erfolg haben wird. Die beliebteste Frucht in den USA ist die Banane, doch für die meisten Menschen ist eine Banane eine Banane.

In den Ländern jedoch, in denen Bananen angebaut werden, gibt es unterschiedliche Arten von Bananen. Eine der beliebtesten ist das »kleine Gold« oder *orito* auf Spanisch. *Oritos* werden in amerikanischen Supermärkten unter verschiedenen Markennamen verkauft; dazu gehören Chiquita und Bonita, aber sie werden weitgehend für Babybananen oder unreife Bananen gehalten.

Warum sollte man eine Babybanane kaufen, noch dazu für einen höheren Preis pro Kilo, wenn man die echte für weniger Geld bekommen kann? Das würde man nicht machen, es sei denn, man betrachtet die kleine als eine andere Gattung.

Menschen aus Mittelamerika mögen *oritos*, weil sie einen intensiveren Geschmack haben als ihre großen Schwestern. Wir sind der Auffassung, dass man den Verkauf der *oritos* mit dem allgemeinen Werbeslogan »Doppelt so viel Geschmack, halb so viel Kalorien« akurbeln könnte. Selbstverständlich unter einem neuen Markennamen.

Salz war früher Salz. Heute gibt es Meersalz, koscheres Salz, Popcorn-Salz und nicht salzhaltiges Salz (Kaliumchlorid statt Natriumchlorid).

Kaugummi war früher Kaugummi. Jetzt gibt es ein Kaugummi für Kaugummiblasen (Bubble Yum), Kaugummi mit Minzgeschmack (Doublemint), Kaugummi ohne Zucker (Trident), Kaugummi, das die Zähne weißer macht (Trident White), Nikotinkaugummi (Nicorette), zahnfreundliches Kaugummi (Freedent), Kaugummi mit Fruchtgeschmack (Juicy Fruit), Kaugummi mit lange anhaltendem Geschmack (Extra) und Kaugummi, das den Atem frischer macht (Dentyne).

Mit einem 50-prozentigen Marktanteil in den USA ist Wrigley's weiterhin Marktführer in der Produktgattung Kaugummi; denn die Firma führt schnell neue Marken ein, um aus einer sich auseinander entwickelnden Gattung einen Vorteil zu ziehen.

Im sich immer stärker erweiternden Baum der Marken kann jeder einzelne neue Zweig zu Divergenz bei anderen Zweigen führen. Die Mikrowelle beispielsweise bot die Gelegenheit, im Lebensmittelbereich neue Marken aufzubauen. Das Neueste ist schnell zubereitetes Fleisch. Zu einigen aktuellen Auswahlmöglichkeiten gehören das Sechs-Minuten-Rindfleisch (im Topf geröstet), der mit Ananas überbackene Fünf-Minuten-Schinken, die Fünf-Minuten-Schweinelende in Teriyaki-Soße und der Neun-Minuten-Hackbraten.

Divergenz bei den Getränken

Wasser war früher das, was aus dem Wasserhahn floss, wenn man ihn aufdrehte. Die einzigen Sorten waren Wasser aus New York, Wasser aus Chicago, Wasser aus Los Angeles etc. Heutzutage sind eine Fülle von Marken in Flaschen auf dem Markt. Nestlé allein vermarktet fünf Marken: Polands Spring, Deer Park, Ozarka und Zephyrhills.

Wenn das Wasser fortgespült wird, werden die führenden Marken wahrscheinlich diejenigen sein, die auf getrennten Ästen hochgeklettert sind. Normales Wasser (Aquafina), teures Wasser (Evian), Wasser mit Kohlensäure (Perrier), Fitnesswasser (Propel), Wasser mit Kalzium (AquaCal), Wasser mit Nikotin (Nico), Wasser mit Koffein (Water Joe) und fluoridiertes Wasser für Babys (Nursery).

Bier war früher Bier. Heute haben wir normales Bier (Budweiser), Leichtbier (Lite), kohlenhydratarmes Bier (Ultra), dunkles Bier (Newcastle), Schankbier (MGD), Eisbier (Icehouse), teures importiertes Bier (Heineken), teures einheimisches Bier (Michelob), preiswertes Bier (Busch), mikrogebrautes Bier (Samuel Adams), Dampfbier (Anchor), Weizenbier (Hefeweizen), mexikanisches Bier (Corona), deutsches Bier (Beck's), kanadisches Bier (Labatt's), japanisches Bier (Asahi), australisches Bier (Foster's), italienisches Bier (Peroni), chinesisches Bier (Tsingtao), belgisches Bier (Stella Artois), irisches Bier (Harp), alkoholfreies Bier (Clausthaler) und viele andere Biersorten. Es gibt sogar ein Extrembier, das satte 25 Prozent Alkohol enthält und die Summe von 100 Dollar pro Flasche kostet (Samuel Adams Utopias).

Dann gibt es noch Stout (Guiness) und Ale (Bass). Sogar helles Ale (Sierra Nevada).

Im Bereich neuer Getränkegattungen hat es eine explosive Entwicklung gegeben. New-Age-Getränke wie Clearly Canadian. Natürliche Getränke wie Snapple. Sportlergetränke wie Gatorade. Jugendliche trinken so etwas wie Mountain Dew. Energy Drinks wie Red Bull.

Erfolgreiche Firmen schaffen eine neue Marke, um den Markt für jede neu entstehende Gattung zu beherrschen. Anheuser-Busch pflegte sich auf nur eine Biersorte zu konzentrieren, das normale Budweiser. Wenn die Firma nicht

Michelob und Busch herausgebracht hätte, hätte sie eine Chance in zwei wichtigen Marktsegmenten verpasst. Heute ist Michelob das am besten verkaufte einheimische Hochpreis-Bier. Budweiser ist das am besten verkaufte normale einheimische Bier. Und Busch ist das am besten verkaufte einheimische Billig-Bier.

Ab und zu wird ein Konvergenzgetränk zu einem »In«-Getränk, aber das dauert gewöhnlich nicht lange. In Al Ries' Zeit als Jugendlicher war Rainbow Soda ein beliebter Softdrink beim Eislaufen. Es handelte sich um eine Kombination aller möglichen Getränke: Cola, Zitronenlimonade und Orangensaft. Es mag großartig geschmeckt haben, aber es verletzt ein Naturgesetz und scheint irgendwie widerwärtig zu sein (die Wahrnehmung ist alles).

Zur gleichen Zeit war das beliebte alkoholische Getränk in den Klubs der Long Island Iced Tea (Wodka, Tequila, Rum, Gin, Triple Sec, Sweet-and-Sour-Mix und Coke). Am Morgen nach zu vielen Long Island Iced Teas war ein beliebter Spruch: »Mixing liquors, never sicker« (nach zu viel Durcheinandertrinken wird einem schlecht wie nie zuvor).

Im Allgemeinen jedoch ist die Kombination von Gattungen der sichere Weg sowohl in die Katastrophen als auch zum Kater. Würde eine Schnapsmarke, die zur Hälfte aus Gin und zur Hälfte aus Wodka besteht (Ginka), Erfolg haben können? (Man will weder auf das eine noch auf das andere verzichten.)

Würde ein Getränk, das zur Hälfte aus Kaffee und zur Hälfte aus Tee besteht (Coftea), Erfolg haben können?

Kaffee und Tee sind zwei kräftige Äste im Baum der Getränke, und sie werden nie konvergieren. Stattdessen fächerte sich Kaffee in Produktgattungen auf wie Instant Coffee (Nescafé), Edelkaffee (Columbian), gefriergetrockneter Kaffee (Taster's Choice), mit Geschmacksstoffen angereicherter Kaffee (Millhouse) und Espresso (Illy).

Divergenz bei den Trends

Viele Manager sind von dem Gedanken besessen, dem neuesten Trend folgen zu müssen, obwohl sich die Trends in Wahrheit häufig auseinander entwickeln und gleichzeitig in unterschiedliche Richtungen streben: fettreich und fettarm, Gourmetessen und preiswert, Übergröße und mini. Bei den Automobilen zum Beispiel geht der Trend zu großen Geländewagen wie dem Cadillac Escalade; gleichzeitig ist einer der sensationellsten Wagen auf dem Markt der kleine Mini Cooper.

Eine bessere Strategie besteht darin, mit einem eigenen Trend zu starten, indem man die Gattung in eine andere Richtung drängt. Oft bedeutet dies, dass man sich gegen die allgemeine Meinung stellt.

Bei den Lebensmitteln beispielsweise ist größer besser. »Möchten Sie das in riesengroß?«, ist eine verbreitete Frage bei McDonald's. Niemand fragt: »Möchten Sie Ihre Bestellung in einer kleineren Portion?«

Dennoch waren Miniatur-Oreos und Miniatur-Snickers so erfolgreich wie der Palm (ein Miniatur-Computer) und der Game Boy (ein Miniatur-Videospielgerät). »Miniatur« ist eines jener Konzepte, die dazu beitragen können, neue Divergenzgattungen zu finden.

Die Miniaturtaschenuhr wurde zur Armbanduhr. Die Miniaturkamera wurde zur Leica, der ersten 35-Millimeter-Kamera der Welt. Das Miniaturradio wurde zum Sony, dem ersten Transistorradio der Welt. Der Miniaturgroßrechner wurde zum PC. Der Miniaturlaserdrucker (ein Gerät, das früher einmal nur mit Großrechnern zusammenarbeitete) wurde zum Hewlett-Packard LaserJet-Drucker, dem bahnbrechenden Produkt, das die Grundlage für die HP-Dynastie schuf.

Doch dieses Konzept funktioniert am besten, wenn es dazu eingesetzt wird, neue Gattungen zu schaffen, aber nicht, wenn es so verwendet wird, dass darunter »unreife« oder Babyvarianten erwachsener Produkte zu verstehen sind. Es geht nicht um Babymöhren, sondern um belgische Möhren. Es geht nicht um Babyorangen, sondern um Clementinen, deren Schale sich ganz leicht schälen lässt.

Wodurch kommen diese neuen Marktsegmente zustande

In der Natur werden neue Arten im Laufe der Zeit und durch den Kampf ums Überleben geschaffen.

Beim Marketing werden im Laufe der Zeit keine neuen Gattungen, sondern nur Möglichkeiten geschaffen. Firmen schaffen neue Gattungen durch ihre Marketinganstrengungen.

Genau deshalb werden Probleme auf eine Firma zukommen, die all ihre Anstrengungen darauf verwendet, »die Wünsche ihrer Kunden zu befriedigen«. Verbraucher wissen nicht, was sie wollen, bis man ihnen Auswahlmöglichkeiten anbietet.

Wenn ein Biertrinker in den goldenen zwanziger Jahren des letzten Jahrhunderts in einen Salon kam, bestellte er ein Bier. Und der Mann am Tresen schenkte ihm ein gezapftes Bier ein. Es war höchst unwahrscheinlich, dass ein Biertrinker ein Flaschenbier bestellte, bis Schlitz, Pabst, Miller und Anheuser-Bush begannen, landesweit Flaschenbier zu vermarkten.

Die Brauereien schufen die Gattungen, nicht die Biertrinker.

Und es zahlt sich aus, der Erste zu sein. Die erste landesweite Marke war Budweiser, und mit großem Abstand ist es immer noch die führende Marke.

Es ist das Marketing, das die Möglichkeiten zur Einführung neuer Gattungen schafft. Es sind nicht die neuen Gattungen, die Möglichkeiten dafür schaffen, dass Marketingprogramme erfolgreich sind.

Dennoch agieren die meisten Firmen als passive Zuschauer, wenn sich beim Marketing das »Überleben des Stärksten« vor ihren Augen abspielt. Sie meinen, dass sie gewinnen würden, wenn sie großartige Produkte hervorbringen und diese großartigen Produkte mit einem großartigen Kundendienst verbunden sind.

Das ist nicht richtig. Die Sieger sind jene Firmen, die neue Marken einführen, die ihrerseits neue Gattungen schaffen. Die Gatorades, nicht die PowerAdes. Die Mountain Dews, nicht die Mello Yellows. Die Dr. Peppers, nicht die Mr. Pibbs.

Viele ansonsten pfiffige Firmen führen neue Marken mit üppig ausgestatteten Werbebudgets ein und vergessen, über das Thema Produktgattung nachzudenken. Zu welcher Gattung gehört Pepsi One, ein neues Colagetränk, das von PepsiCo mit einem Werbebudget von mehr als 100 Millionen Dollar eingeführt wurde? Wie unterscheidet sich Pepsi One von PepsiCos schon bestehendem leichtem Cola-Getränk, dem Diet Pepsi?

Selbst der Name ist bedeutungslos. Man könnte glauben, dass Pepsi One eine leichte Cola mit einer Kalorie ist; aber das stimmt nicht. Es handelt sich um eine leichte Cola ohne Kalorien. Pepsi No wäre ein deskriptiverer Name gewesen.

Momentan verkauft sich die Diet Pepsi zehnmal besser als Pepsi One. Nicht dass Diet Pepsi besonders erfolgreich gewesen wäre. Es hinkt mit weniger als halb so hohen Verkäufen hinter Coke light von Coca-Cola hinterher.

DIE ROLLE DER MODE

Wie ist unberechenbares Wachstum zu erklären? Ein Zweig eines Astes wird plötzlich emporschießen, während ein anderer Zweig am selben Ast verdorrt und manchmal sogar abstirbt. Häufig ist die treibende Kraft dahinter die Mode.

Was ist die treibende Kraft hinter der Mode? Es ist die ständige Suche nach dem Neuen und anderen. Jemand sagte einmal: »Alles, was eindeutig in ist, ist bereits wieder dabei out zu sein.« Die Mode bewegt sich in den gleichen Bahnen wie starker Schnaps.

Nach dem Zweiten Weltkrieg war in den USA das alkoholische Getränk der Wahl Whiskey, vor allem Roggenwhiskey. »Rye and soda« war eine typische Bestellung in einer Kneipe. Die folgenden Generationen bevorzugten Scotch Whisky, dann Gin, dann Wodka; heutzutage ist der Schnaps mit dem größten Zuwachs der Tequila, und die am besten verkaufte Marke von Tequila ist Jose Cuervo (der beliebteste Cocktail in Amerika ist die Margarita).

Hat irgendjemand Zweifel daran, dass Divergenz die Schnapsbranche weiter vorantreiben wird? Und dass es morgen einen neuen Konkurrenten für Tequila und eine neue Gelegenheit geben wird, eine starke Marke wie Jose Cuervo aufzubauen? Wir zweifeln nicht daran.

Wie ein guter Surfer muss ein guter Markenmanager vor der Welle bleiben und dafür sorgen, dass die Gattung die Marke vorantreibt. Wenn Sie zu lange warten, wird die Welle die Marke zertrümmern, statt sie voranzutreiben.

Kein alkoholisches Getränk entwickelte sich in so vielen Arten auseinander wie Wein. Es gibt Hunderte von Gattungen, Tausende von Marken und unterschiedlichen Weinsorten. Einige davon sind Beaujolais, Bordeaux, Burgunder,

Cabernet, Champagner, Chardonnay, Merlot, Pinot, Riesling, Sauvignon Blanc, Shiraz und Zinfandel.

Die führende Weinzeitschrift, der **Wine Spectator**, hat eine Website, die eine Übersicht über mehr als 110.000 einzelne Weine gibt.

Die Mode ist auch eine der treibenden Kräfte hinter dem Weinkonsum. Bordeaux und Shiraz pflegten die spannenden Weine zu sein. Heute sind es Merlot und Shiraz. Gestern war es Frankreich, heute ist es Australien. Beim Wein, beim Schnaps und bei nahezu jedem alkoholischen Getränk gibt es viel Divergenz, aber wenig Konvergenz. Die französische Praxis, Rebsorten miteinander zu vermischen, geht zugunsten von Sortenweinen zurück, die zu 100 Prozent aus Chardonnay, zu 100 Prozent aus Merlot, zu 100 Prozent aus Shiraz etc. bestehen. Es ist eine Frage der Gattung. Die Menschen wollen wissen, welche Gattung sie gerade trinken, nicht einfach nur welche Marke.

Man kann den gleichen Trend bei schottischem Whisky beobachten, von Blends zu Single Malts wie Glenfiddich.

Divergenz bei der Kleidung

Die Mode ist auch die treibende Kraft hinter der Kleidungsbranche. Wie das Alter ist auch die Mode grausam. Vielleicht waren Sie in Ihrer Jugend ein Jetsetter, aber früher oder später werden Sie älter, und der Glanz bröckelt ab. Vielleicht brauchen Sie sogar einen Stock oder ein Hörgerät.

Das Gleiche gilt für Modemarken. Eines Tages muss man vielleicht sogar die Marke einstellen.

Calvin Klein war eine große, starke Modemarke. Aber Calvin Klein verlor sein Renommee an Ralph Lauren. Und Ralph Lauren läuft Gefahr, sein Renommee an Tommy Hilfiger zu verlieren. Und Tommy Hilfiger ist drauf und dran, sein Renommee an die jüngste Trend-Marke zu verlieren, an Sean John.

Kleidung, die nicht modisch ist, ist schwer zu verkaufen. Andererseits lässt sich modische Kleidung nicht nur leicht verkaufen, sondern man kann sie für einen hohen Preis anbieten.

Warum würde jemand 600 Dollar für ein Paar Manolo Blahniks oder Jimmy Choos ausgeben, die unpraktisch und unbequem sind, mit denen man nur mit Mühe gehen kann und die Ihre Füße ernsthaft schädigen könnten?

Weil sie in Mode sind. »Zehenspalter.«

Am anderen Ende des Spektrums befindet sich der superbequeme UGG-Stiefel, der in Australien hergestellt wird. Kate Hudson, Sarah Jessica Parker, Cameron Diaz und Oprah Winfrey haben sie getragen.

Bei der Kleidung besteht der Kern der Markenpositionierung nicht einfach nur darin, eine neue Gattung zu schaffen, sondern eine neue modische Gattung hervorzubringen.

Nike wurde zur Marke der Wahl und ersetzte Keds. Aber es reichte für Nike nicht aus, eine neue Gattung zu schaffen (Sportschuhe anstelle von Turnschuhen). Nike musste auch dafür sorgen, dass die neue Gattung zur Mode wurde.

Wie wird eine Marke zur Mode? Auf einen kurzen Nenner gebracht: durch Promis. Jedes Mal, wenn man sieht, dass Promis eine gewisse Marke tragen, hat sie automatisch gepunktet. Die Marke wird zur Mode.

Welche Farbe tragen die meisten Promis? Schwarz. Was wurde zur Modefarbe? Schwarz. Welche Farbe hat die teuerste Kreditkarte auf der Welt, die American Express Centurion Card, die Karte, die voraussetzt, dass man 150.000 Dollar jährlich mit ihr ausgibt und eine Gebühr von 1000 Dollar zahlt? Schwarz.

Welche Farbe hat der meistverkaufte teure schottische Whisky? Schwarz (Johnny Walker Black Label).

Wird schwarz weiterhin die modischste Farbe sein? Natürlich nicht. Wenn jeder anfängt, schwarz zu tragen, werden die Promis auf den nächsten Zug aufspringen (Pink nimmt langsam an Beliebtheit zu, vor allem bei Frauen).

Man gewinnt dadurch, dass man neue Marken einführt

Die Mode von diesem Jahr ist im nächsten Jahr »schon gelaufen«. Man hat in der Welt der Mode nicht dadurch Erfolg, dass man seine Marke verändert, um sie an die Mode von heute anzupassen, sondern dadurch, dass man neue Marken einführt, die neue Gattungen schaffen.

Statt seine Linie von Marken mit einer Fülle neuer Gattungen auszuweiten, sollte Ralph Lauren darüber nachdenken, eine neue Marke hervorzubringen, mit der sich die Verbraucher von morgen einfangen lassen, die auf der Suche nach der nächsten großen Sache sind.

Das trifft ebenfalls auf Levi Strauss zu. Während der Umsatz dort von 7,1 Milliarden Dollar im Jahre 1996 auf 4,1 Milliarden Dollar im Jahre 2002 gesunken ist, hat sich Levi Strauss emsig darum bemüht, seine Kernmarken jenseits von Levi's 501, 505 und den Silvertabs-Marken auszuweiten.

Jetzt kann man eine Levi's Vintage bei Neiman-Marcus für 200 Dollar pro Paar kaufen, eine Levi's Premium bei Barneys für 110 Dollar, eine Levi's Type 1 bei Kohl's für 85 Dollar, eine Levi's Red Tab bei Macy's für 35 Dollar und die Levi Strauss Signature bei Wal-Mart für 23 Dollar.

In dem Maße, wie die Gattung zerfasert, verliert Levi Kunden an Diesel und Replay auf dem oberen Ende der Skala, an Tommy Hilfiger und Fubu im mittleren Preissegment und an Wrangler und Old Navy auf dem unteren Ende der Skala.

Eine der wichtigsten treibenden Kräfte hinter der Mode ist die Revolte der nächsten Generation. Wenn Kinder sehen, dass ihre Eltern Levi's tragen, dann sehen sie sich umgehend nach anderen Marken um.

Die Schlussfolgerung lautet: Levi Strauss braucht eine neue Marke, um die jüngere Generation zu erreichen.

Neue Marken, neue Firmen

Es ist erstaunlich, wie häufig eine neue Marke, die den Weg für eine neue Gattung bereitet, nicht von einer bestehenden Firma geschaffen wird, sondern von einer neuen Firma. Im Bereich der Kleidung ist das aktuellste Beispiel dafür Under Armour.

Vor einem Jahrzehnt gehörte Kevin Plank zu den großen Läufern der University of Maryland; ihn störte die Geisel des Sportlers, die schweißgetränkte Unterwäsche. Er war auf der Suche nach etwas Leichterem, Kühlerem und Trocknerem und dachte sich eine Unterwäsche für Sportler aus. Heute ist sein Geschäft, Under Armour, mit einem Umsatz von über 120 Millionen Dollar pro Jahr eine der am schnellsten wachsenden Firmen des Landes in privater Hand.

Große Firmen kommen gewöhnlich zu spät, wenn sie bei neuen Produktgattungen wie Unterwäsche für Sportler mitmachen. Nike hat die Produktlinie Pro Compression eingeführt und Reebok das Play Dry. Doch wer wird den Krieg um die Unterwäsche für Sportler gewinnen?

Unser Tipp ist Under Armour, der Pionier für die neue Produktgattung (siehe Kapitel 11, »Das Überleben des Stärksten«).

Divergenz bei Drogerieartikeln

Früher einmal war alles, was man für die Erhaltung der Zahngesundheit brauchte, eine Zahnbürste und etwas Zahnpasta. Jetzt hat man die Mundspülung (Listerine), Mundspülung gegen Zahnbelag (Plax), Zahnseide (Johnson & Johnson), flache Zahnseide (Glide), Zahnfleischstimulatoren (Butler), Zahnfleischbürsten (Sulca), Mundduschen (Water Pik), elektrische Zahnbürsten (Sonicare), batteriebetriebene elektrische Zahnbürsten (SpinBrush). Ja, und sogar Babyzahnbürsten (Soft Grip).

Dann gibt es Produkte, um die Zähne weißer zu machen, wie Chrest Whitestrips, aber auch ein professionelles System zur Aufhellung der Zähne (BriteSmile).

Vielleicht illustriert keine Gattung besser, was Divergenz ist, als das Rasieren. Es gibt den Trockenrasierer (Norelco) und den Nassrasierer (Gillette), aber auch den Einmal-Nassrasierer (Bic). Dann gibt es den Rasierer mit Doppelklinge (Trac II), den Rasierer mit einstellbarer Doppelklinge (Atra), den federnd gelagerten Rasierer mit Doppelklinge (Sensor), das Dreiklingenrasierer-System (Mach 3) und das Vierklingenrasierer-System (Quattro).

Was die Korrektur der Sehkraft angeht, bieten die aufeinander folgenden

Zweige folgende Produkte an: Brillen, Bifokalbrillen, Gleitsichtbrillen (Varilux), Kontaktlinsen (Bausch & Lomb) und Laserchirurgie (Lasik).

Divergenz in der Freizeit

Bei jeder Sportart gibt es Möglichkeiten, Produkte zu verzweigen sowie eine neue Gattung und eine neue Marke hervorzubringen.

Beim Rollschuhlaufen kann man die Rollen so hintereinander anbringen, dass daraus Inlineskates (Rollerblade) werden. Beim Skifahren kann man die Anzahl der Skier halbieren, so dass dabei das Snowboard (Burton) herauskommt.

Beim Tennis kann man den Schläger größer machen (Prince). Beim Golf kann man den Schläger größer machen (Callaway Big Bertha).

Callaway wurde zur führenden Firma für Golfschläger. Prince wurde zur führenden Firma für Tennisschläger. Burton wurde zur führenden Firma für Snowboards. Rollerblade wurde zur führenden Firma für Inlineskates. Und all diese Marken wurden nicht von großen Firmen, sondern von Unternehmern geschaffen.

Immer noch nicht überzeugt? Dann lesen Sie weiter.

Divergenz in der Musik

Vor 60 Jahren hörten alle *Your Hit Parade* mit Frank Sinatra und den zehn Spitzenhits der Woche.

Als Sinatra einmal im Weißen Haus zu Gast war, machte sich Franklin D. Roosevelt an ihn heran und flüsterte: »Wenn ich verspreche, es niemandem weiterzusagen, werden Sie mir dann verraten, welches Lied diese Woche die Nummer 1 in der Hitparade sein wird?«

Wie sich die Zeiten geändert haben. Heute hat *Billboard*, die Bibel des Musikgeschäfts, 18 unterschiedliche Hitlisten: zeitgenössische Musik für Erwachsene, Top 40 für Erwachsene, Bluegrass, Klassik, Klassik-Crossover, zeitgenössischen Jazz, Country, Tanzmusik, elektronische Musik, Hip-Hop, Jazz, Latin Pop,

Mainstream Rock, modernen Rock und Soundtracks von Filmen, New-Age-Musik, regionale mexikanische Musik und tropische Musik/Salsa.

Und jede Einzelne der achtzehn Hitlisten von *Billboard* hat einen anderen Sieger: Santana, Matchbox Twenty, Alison Krauss & Union Station, Andrea Bocelli, Josh Groban, Norah Jones, Toby Keith, Daniel Bedingfield, Louie Devito, 50 Cent, Regina Carter, Marco Antonio Solis, Audioslave, Trapt, The Matrix Reloaded, Yanni, Los Bukis/Los Temerarios und Ibrahim Ferrer (wenn Sie alle 18 Musikstars kennen, sollten Sie entweder bei der Zeitschrift *Billboard* arbeiten, oder Sie sind einer dieser verrückten Wissenschaftler).

Das Radio ist heutzutage stark segmentiert, wobei das häufigste Musikformat (Rap) nur 27 Prozent der Sendezeit ausmacht. Ist es wahrscheinlich, dass George W. Bush 50 Cent ins Weiße Haus einlädt und fragt, welches Lied nächste Woche die Nummer 1 in der Hip-Hop-Liste von *Billboard* sein wird?

Die Märkte gehen den gleichen Weg wie die Musik. Sie sind in Segmente aufgeteilt, und jedes einzelne Segment ist ein separates Gebilde. Jedes Segment hat seine eigene Daseinsberechtigung. Und jedes Segment hat seinen eigenen Sieger, der nur in seltenen Fällen derselbe ist wie der Sieger für die ursprüngliche Gattung.

Die Abspielgeräte für Musik haben sich auch auseinander entwickelt: vom Kassettenrekorder (Walkman) zum CD-Spieler und zum MP3-Player (iPod).

Divergenz bei den Hunden

Bei den Hunden scheint sich die Anzahl der Rassen weiter zu vervielfachen. Experten schätzen, dass es etwa 700 bis 800 unterschiedliche Hunderassen gibt. Die Fédération Cynologique International, die Weltorganisation für Hunde, erkennt 329 Rassen an, die man in zehn verschiedene einteilt.

Der American Kennel Club erkennt momentan 150 Rassen an. Die neuesten fünf Rassen, die alle seit dem Jahr 2000 zur Liste hinzukamen, sind der Nova Scotia Duck Tolling Retriever, der Deutsche Pinscher, der Zwergfoxterrier, der Polnische Flachlandhütehund und der Italienische Vorstehhund.

Sechs weitere Rassen befinden sich den Angaben nach in einem Zwischenstadium und sind in naher Zukunft zur Teilnahme an Hundeausstellungen berechtigt. Besitzer von Plott Hounds und Fans des Glen of Imaal Terriers, euer Tag auf den Hundeschauen ist nicht mehr fern.

Divergenz bei Ländern

Werden die Vereinigten Staaten als Staatsgebilde mit unseren Freunden im Norden konvergieren, um ein »AmeriCan« zu bilden, eine Fusion, die viel sinnvoller wäre als die von Daimler und Chrysler? Halten Sie Ihren Atem nicht an. Das Gegenteil wird eintreten.

Jugoslawien zerbrach unter Konvulsionen in fünf Länder: Kroatien, Slowenien, Bosnien-Herzegowina, Serbien-Montenegro und die frühere jugoslawische Republik Mazedonien (Griechenland beansprucht den Markennamen Mazedonien für sich, so dass nicht sicher ist, welchen Namen die frühere jugoslawische Republik Mazedonien endgültig führen wird).

Potenziell gibt es ein sechstes Land (Kosovo), das ursprünglich Teil des früheren Jugoslawien war; aber der momentan Kosovo genannte Teil wird von den Vereinten Nationen verwaltet und wartet auf eine endgültige Entscheidung über seinen Status.

1776, kurz bevor die britischen, spanischen und französischen Kolonien in Nordamerika zu getrennten Nationen wurden, gab es etwa 35 Kaiserreiche, Königtümer, Länder und Staaten auf der Welt. Zur Zeit des Zweiten Weltkriegs hatte sich die Anzahl verdoppelt. Bis 1970 gab es mehr als 130 Staaten. Heute führt die UNO 191 Staaten als Mitglieder, als letztes ist Timor-Leste, das frühere Ost-Timor, hinzugekommen.

Divergenz bei der Religion

Im Gegensatz zur alten Praxis der Anbetung vieler Götter wird der Monotheismus bezogen auf die Religion als großer Schritt vorwärts angesehen.

Heutzutage könnten wir nicht viele Götter anrufen, aber wir beten in vielen unterschiedlichen Religionen. Historisch gesehen sind drei der größten Glaubensrichtungen der Welt Zweige vom selben Ast: Judaismus, Christentum und Islam. Jeder Einzelne dieser Zweige wiederum hat sich wiederholt auseinander entwickelt. Der Judaismus in konservative Juden, Reformjuden und orthodoxe Juden. Das Christentum in katholische, orthodoxe und protestantische Christen. Der Islam in Sunniten und Schiiten.

Momentan sind die 79 Millionen Mitglieder der anglikanischen Religionsgemeinschaft in Gefahr, sich über der Frage homosexueller Bischöfe zu spalten. Selbst die römisch-katholische Kirche hat eine kleine Splitterbewegung mit der Bezeichnung traditionalistischer Katholizismus, die zum Teil finanziell von Mel Gibson unterstützt wird.

Im Fernen Osten enthält der große Baum der Religion solche Zweige wie den Hinduismus, den Buddhismus, den Jainismus, den Parsismus, den Konfuzianismus, den Taoismus und den Schintoismus.

DIVERGENZ SCHWÄCHT NICHT, SONDERN STÄRKT

Man könnte meinen, dass starke Divergenz einen Baum schwächen würde, aber eigentlich trifft das Gegenteil zu. Immer wenn man viele Zweige (und viele Marken) sieht, die sich aus einer einzigen Gattung auseinander entwickelt haben, kann man sich sicher sein, dass die Gattung stark und dynamisch ist; dann ist es auch wahrscheinlich, dass sie eine Weile existieren wird.

Viele Zweige (und Marken) führen zu nichts und sterben ab, aber der Baum selbst wird außergewöhnlich gesund bleiben. Der Computer-Baum mit seinen vielen Ästen und Zweigen, die alle vom Stamm (Großrechner) ausgegangen sind, ist ein gutes Beispiel für dynamisches Wachstum.

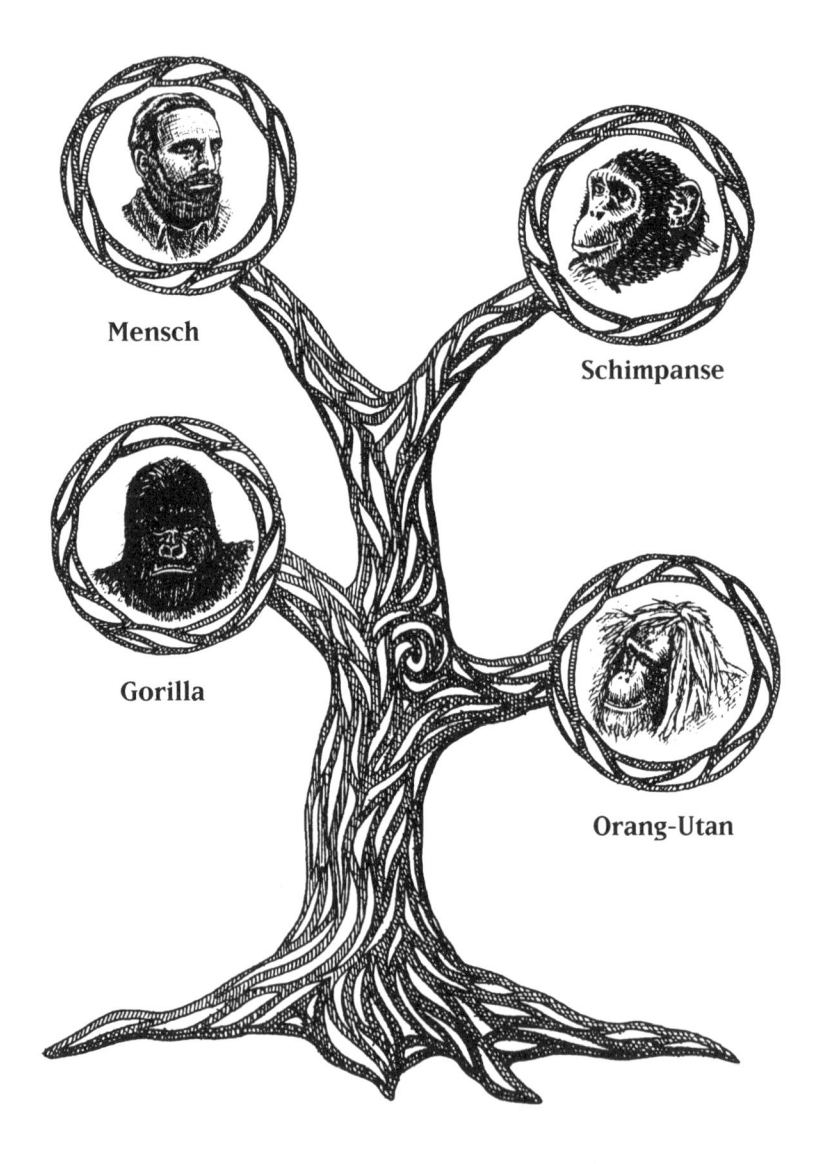

Der Baum der Hominiden umfasst den Orang-Utan, den Gorilla und unseren nächsten Verwandten, den Schimpansen.

Kapitel 10

DAS RÄTSEL DES MISSING LINK

Eines der Totschlagargumente gegen die Evolution ist, dass es keine »fehlenden Glieder« (missing links) in den Fossilienfunden gibt. Wenn der Mensch vom Affen abstammt, wo sind dann die Fossilien, die halb Mensch und halb Affe sind? Die Paläontologen haben jedenfalls keine gefunden.

Es ist auch nicht wahrscheinlich, dass man jemals ein fehlendes Glied finden wird. Es wird immer fehlen.

Die Lösung dieses Rätsel war eine von Charles Darwins brillantesten Schlussfolgerungen. Auf der einzigen Abbildung in *Vom Ursprung der Arten* war die natürliche Tendenz der Arten dargestellt, sich nach vielen Tausenden von Generationen voneinander fortzubewegen, wodurch große Lücken zwischen den einzelnen Arten entstanden.

Und keine fehlenden Glieder.

Die Abstammungslinie reichte nicht vom heutigen Affen zum heutigen Menschen. Vielmehr stammt der Mensch von heute über Tausende von Generationen hinweg, die jeweils durch natürliche Selektion verändert wurden, vom Menschen von gestern ab. Und der Affe von heute stammt über Tausende von Generationen hinweg vom Affen von gestern ab.

Der Computer von heute stammt nicht von der Schreibmaschine ab. Der erste PC hatte keine Tastatur, keinen Drucker, funktionierte nicht wie eine Schreibmaschine und sah auch nicht so aus.

Der Grund für den Misserfolg vieler Firmen und vieler Marken lautet, dass der *Homo sapiens* – zumindest kurzfristig – die Oberhand über die Natur gewinnen kann. Der *Homo sapiens* in der Geschäftswelt kann Dinge machen, die sich in der Natur nicht ereignen würden. Der *Homo sapiens* kann fehlende Glieder liefern.

Und das tun die Firmen. Täglich beschäftigen sie sich in jeder nur möglichen Branche damit, fehlende Glieder vorzuführen. Sie leben möglicherweise noch ein wenig weiter, aber die fehlenden Glieder werden, das ist ziemlich sicher, langfristig aussterben. Sie verletzen ein grundlegendes Naturgesetz.

Der Textverarbeitungsrechner

Der Textverarbeitungsrechner stand, weil er halb Schreibmaschine und halb PC war, im Rampenlicht der Öffentlichkeit. Er machte die Wang Laboratories, die von Au Wang mit einem Kapital von 600 Dollar gegründet worden waren, zur dominierenden Marke in dieser Gattung. Im Jahre 1985 war Wang eine Firma mit einem Umsatz von 2,4 Milliarden Dollar.

Sieben Jahre später ging Wang in Konkurs, ein weiteres Opfer des Mythos vom fehlenden Glied.

Vor ihrem Bankrott versuchte man in den Wang Laboratories die Situation dadurch zu retten, dass man ins PC-Geschäft einstieg. Das war kein Fehler, außer dass man versuchte, ins PC-Geschäft unter dem Namen Wang einzusteigen, der sofort mit Textverarbeitungsrechnern assoziiert wurde.

Ein Name im Kopf ist so etwas wie ein Loch im Boden. Man kann das Loch tiefer graben, man kann es verbreitern, aber eins kann man mit einem Loch nicht machen: es verschieben.

Wird ein Markenname im Kopf erst einmal mit einer Gattung verbunden, kann man die Marke nicht mehr so leicht wegschieben.

Die Dynamik der Divergenz zeigt einen Ausweg aus diesem Dilemma. Da man weiß, dass sich miteinander verwandte Gattungen ständig voneinander wegbewegen, besteht der sicherste Weg zur Vorherrschaft in den beiden unterschiedlichen Zweigen darin, zwei unterschiedliche Namen zu verwenden.

Wang hätte den Namen Wang auf seinem Zweig Textverarbeitungsrechner stehen lassen und sich einen neuen Namen für seinen PC-Zweig ausdenken sollen.

In den frühen Zeiten jeder sich entwickelnden Branche kann man wiederholt Beispiele für die gleiche Torheit beobachten. Viele Firmen springen auf den Zug auf und bieten das fehlende Glied zwischen gestern und heute an. Ihr Motto: weder auf das eine noch auf das andere verzichten.

Die frühen Dampfschiffe, die den Ozean überquerten, hatten auch Segel. Anfangs waren die Mischkombinationen die großen Gewinner. Sie waren schneller als reine Segelschiffe und wirtschaftlicher als reine Dampfschiffe. Im Nachhinein hätte man leicht voraussehen können, was geschah. Die Segelschiffe und die Dampfschiffe entwickelten sich in unterschiedliche Richtungen; das Mischmodell brach auseinander und sank.

Das Segelschiff wurde zu einem Spielzeug für die reichen und berühmten Leute, und das Dampfschiff ließ sich so wirtschaftlich betreiben, dass die Segel nichts anderes mehr waren als ein teurer Anachronismus.

DER PROPJET

Viele frühe Düsenflugzeuge waren Propjets (man nennt sie heute Turboprops). In der Anfangszeit war der Propjet eine attraktive Alternative sowohl zum Propellerflugzeug als auch zum reinen Düsenflugzeug, vor allem bei den kleinen Flugzeugen. Beim Propjet kam zur hohen Fluggeschwindigkeit eines Jets die Stabilität eines Propellerflugzeugs hinzu.

Das war in der Anfangszeit. Die Turbopropmaschinen wurden rasch durch die kleinen Regionaljets mit 30 bis 100 Sitzen ersetzt, weil sie schneller, bequemer und leiser sind.

Zudem können die Jets höher fliegen als die Turbopropmaschinen und umgehen damit die Turbulenzen, auf die man in niedrigeren Flughöhen stößt.

Doch Amerikas große Fluglinien haben immer noch etwa 700 Turbopropmaschinen, von denen man sich heute wahrscheinlich wünscht, man hätte sie nie gekauft.

Das Problem, der schwammigen Mitte zu entgehen, ist schwer. Zu Beginn entwickelt sich eine neue Technologie langsam und hat ihre Kinderkrankheiten. Ein »Weder-Fisch-noch-Fleisch«-Ansatz ist scheinbar der sicherste und produktivste. Und oft trifft dies auch zu, aber langfristig ist die »Weder-Fisch-noch-Fleisch«-Strategie fast immer der Weg zum Abstieg.

Nehmen Sie als Beispiel die Filmindustrie. Heutzutage werden die Filme mit den großen Budgets auf Film aufgenommen und dann in eine große digitale Datei umgewandelt, damit man Farbe und Kontrast optimieren und digitale Effekte hinzufügen kann. Hinterher wird die digitale Datei wieder auf Film aufgezeichnet und der Film dann zur Vorführung in Kinos kopiert.

Sind irgendwelche Zweifel angebracht, dass eines schönen Tages in naher Zukunft alle Filme digital aufgenommen, digital bearbeitet und digital vertrieben werden?

Wir meinen nicht.

Das Faxgerät

Selbstverständlich könnte »langfristig« wirklich langfristig bedeuten. Nehmen Sie zum Beispiel das Faxgerät. Nach Jahrzehnten des Wachstums erkennen wir langsam, dass sich das Fax überlebt hat.

Wo ist das Problem?

Das Faxgerät ist ein Produkt aus der schwammigen Mitte; in ihm sind das äußere Erscheinungsbild eines Briefs mit der Übertragungsgeschwindigkeit einer E-Mail-Nachricht vereint. Der Brief wird uns sicher noch einige Generationen erhalten bleiben; und es gibt keinen Zweifel daran, dass uns die E-Mail erhalten bleibt. Aber das Faxgerät? Seine Tage sind gezählt (die Firma Mailgram von Western Union, eine weitere »Weder-Fisch-noch-Fleisch«-Dienstleistung, hat das gleiche Schicksal ereilt).

In den vier Jahren von 1998 bis 2002 ist die Anzahl der gefaxten Seiten um 50 Prozent zurückgegangen.

Warum geht dem Faxgerät die Puste aus? E-Mail-Evolution. Heutzutage ist eine E-Mail billiger, schneller, von höherer Auflösung und flexibler als ein Fax. Die Tage der Turbopropmaschine gehen zu Ende und auch die des Faxgeräts.

Genigraphics (ursprünglich eine Dienstleistung von General Electric) und eine Reihe anderer Firmen wurden gegründet, um Geschriebenes, das im Computer erzeugt wurde, in Dias umzuwandeln. Eine nette Idee, bis Powerpoint und die preiswerten Videoprojektoren das Diageschäft in den Bankrott trieben.

DVDs per Post

Eine weitere »Weder-Fisch-noch-Fleisch«-Marke ist Netflix. Statt sich eine DVD bei Blockbuster auszuleihen, kann der Verbraucher das Internet dazu nutzen, die silbernen Scheiben direkt bei Netflix zu bestellen, womit man Zeit und Geld spart. Auf der Stufenleiter der Evolution handelt es sich um einen Schritt nach oben.

Netflix wuchs schnell und hat jetzt mehr als eine Million Abonnenten. Im digitalen Zeitalter elektronische Daten (in Form einer DVD) per Post zu verschicken scheint jedoch ein Schritt zurück zu sein. Eines Tages wird Netflix das gleiche Schicksal ereilen wie das Faxgerät.

Den Firmen gefallen die »Weder-Fisch-noch-Fleisch«-Marken, weil sie zur Selbstwahrnehmung des Managements passen. Oder, wie General Electric es auszudrücken pflegte: »Fortschritt ist unser wichtigstes Produkt.« Der Gedanke, dass die Produkte und Dienstleistungen einer Firma ständig besser, schneller und billiger werden, ist ermutigend.

Divergenz gefällt den Firmen nicht, weil sie einen Bruch mit der Vergangenheit darstellt. Statt »besser, schneller, billiger« steht an vielen Gabelungen auf dem Weg der technologischen Entwicklung »anders, langsamer und teurer«.

Man kann leicht vorhersagen, was aus dem Geschäft mit der DVD per Post werden wird. Früher oder später werden wir DVDs per Internet haben, und Netflix bleibt im Regen stehen.

Das Problem bei Kodak

Es ist keine Frage, dass die Digitalfotografie (ein gesonderter Zweig) die analoge oder chemische Fotografie, die Kodaks Hauptgewinnquelle ist, schnell ersetzen wird. Es dauert vielleicht noch Jahre oder Jahrzehnte, aber dass Kodaks Geschäft mit Filmen für Fotos und Fotopapier von der Bildfläche verschwinden wird, steht außer Zweifel.

Kodak versucht, das zu machen, womit Wang keinen Erfolg hatte, nämlich seinen Namen für eine andere Gattung zu verwenden. Es ist schon witzig, aber gerade die Stärke der Marke Kodak (eine der anerkanntesten und renommiertesten Marken der Welt) machte es nicht einfacher, dieses Ziel zu erreichen (je tiefer das Loch ist, desto schwieriger lässt es sich zur Seite verschieben).

Kodak versuchte die Kluft zwischen herkömmlicher und digitaler Fotografie mit seinen »Advantix Advanced Photo System«-Kameras und -Filmen zu überwinden. Die Firma investierte mehr als eine Milliarde Dollar, um Advantix zu entwickeln und 1996 auf den Markt zu bringen.

Das 24 mm Advanced Photo System (APS) war ursprünglich von fünf Firmen entwickelt worden; dazu zählten Kodak, Canon und Fuji. Zu seinen Besonderheiten gehörte die Möglichkeit, normale und Panoramaaufnahmen auf einer Filmrolle zu machen, sowie zusätzlich eine Technologie, die dazu entworfen worden war, die Belichtung zu verbessern. Das System, das 15 Prozent mehr als ein herkömmlicher Film kostet, begeisterte die Verbraucher nicht. Diese blieben entweder bei ihren 35mm-Filmen von höherer Qualität und bei ihren alten Kameras, oder sie machten den großen Sprung und liefen zur Digitaltechnik über. APS steht für die schwammige Mitte, ein Niemandsland, in dem man nur schwer überleben kann.

Sogar noch schlimmer ist Kodaks Versuch, unter der Bezeichnung Infoimaging chemische und digitale Fotografie in einer Gesamtgattung zu verschmelzen.

(Haben Sie schon einmal einen Verbraucher sagen hören »Infoimaging, genau das brauchen wir jetzt hier«?)

»Infoimaging«, hieß es kürzlich in einer Werbeanzeige von Kodak, »ist die vielleicht viel versprechendste Konvergenz von Technologien seit dem Internet, und wir würden uns freuen, wenn auch andere Partner das darin enthaltene Potenzial erkennen.«

Konvergenz von Technologien? Das ist ein sicheres Anzeichen dafür, dass Infoimaging langsam vom Erdboden verschwinden wird.

Das Problem bei Polaroid

Die Marke Polaroid ist eng mit einer Gattung (Sofortbildfotografie) verbunden, die sich wirklich auf dem absteigenden Ast befindet. Angesichts des Erfolgs der Fotoläden, die Bilder innerhalb einer Stunde entwickelten, mussten sich die Kunden nicht mit dem Geschmiere und den Kosten von Polaroid-Fotos herumärgern, wenn sie sich einen ganzen Film innerhalb von 60 Minuten entwickeln und abziehen lassen konnten.

Deshalb versucht Kodak, seinen Markennamen zum herkömmlichen Fotofilm (Kodaks angestammtem Bereich) und zu einer Reihe anderer Gattungen herüberzuretten, einschließlich der Produkte für bildgebende Verfahren in der Medizin, der digitalen Scanner und der digitalen Fotodrucker. Das Ergebnis: Die Polaroid Corporation ging 2001 Bankrott.

Was geschah mit der Marke Polaroid? Es kam zu einer Evolution in Richtung Filmverarbeitung.

Der DVD-Player/Videorekorder

Die Einzelhandelsgeschäfte sind voller »zusätzlicher« Produkte, die kurzfristig sinnvoll sein mögen. Nehmen Sie als Beispiel die Kombination aus DVD-Player und Videorekorder. Es steht außer Frage, dass irgendeine Form der DVD das Format des Videorekorders überflüssig machen wird.

Die Schwierigkeit ist, dass die meisten Leute bereits einen Videorekorder haben. Statt eines Kombinationsgeräts werden sie viel eher dazu neigen, ein Gerät zu kaufen, das nur die Aufgabe hat, DVDs abzuspielen. Wenn dann die DVD den Videorekorder ersetzt, werden sie einfach ihren alten Videorekorder wegwerfen.

Der DVD gehört langfristig die Zukunft, aber kurzfristig brauchen die Verbraucher etwas, um weiter ihre Videokassetten abzuspielen. Deshalb könnte es für ein paar Verbraucher sinnvoll sein, eine Kombination aus DVD-Player und Videorekorder zu kaufen.

Für eine Firma ist es jedoch möglicherweise nicht sinnvoll, von einem kurzfristigen Produkt zum nächsten zu eilen. So kann man keine Marke aufbauen. Man braucht oft Jahrzehnte, damit eine neue Marke mit einer Gattung assoziiert wird. (Die erfolgreichsten Marken der Welt sind jene, die dieselbe Sache mit Hilfe derselben Strategie über eine lange Zeit hinweg verkaufen: Champagner von Dom Pérignon, Autos von Mercedes-Benz und Uhren von Rolex sind drei gute Beispiele dafür.)

Falls heiße Schokolade zum nächsten In-Getränk werden sollte, sollte Starbucks dann von Kaffee zu heißer Schokolade umschwenken? Nur auf eigenes Risiko.

Hinter der letzten Mode herzurennen ist nur einer der vielen Fehler bei der Markenpositionierung, die eine Firma machen kann. Schlimmer noch ist es, statt den Zweig als Marke einzuführen, die Marke sich verzweigen zu lassen.

Das Problem beim Macintosh

Was ist ein Macintosh? Es handelt sich um einen Personal Computer, aber auch um ein Betriebssystem für Personal Computer.

Versucht irgendein anderer PC-Hersteller denselben Markennamen für zwei Geschäftszweige zu verwenden (Rechner und Betriebssysteme)? Dell vermarktet Rechner, aber keine Betriebssysteme. Microsoft vermarktet Betriebssysteme, aber keine Rechner. IBM hat versucht, sowohl sein Betriebssystem OS/2 als auch seine Personal Computer zu vermarkten. Die Firma war in keinem der beiden Bereiche erfolgreich.

Macintosh ist mit dem Versuch, sich an zwei Wirtschaftszweige auf einmal zu klammern, in der schwammigen Mitte stecken geblieben. Kein Personal Computer hat ein positiveres Echo in der Fachpresse bekommen als der Macintosh; doch die Marke hat nur einen Marktanteil von 3 Prozent.

Autos, Wein und Clubs der Grosshandelsfirmen

Und was sollten Autokäufer mit dem Chrysler Crossfire machen, einem Sportwagen für 35.000 Dollar mit einem Motor von Mercedes und einer Karosserie von Chrysler? Welchem Zweig würden Sie diese Schönheit subjektiv zuordnen? Dem mit dem Schildchen »teurer deutscher Wagen« oder dem mit dem Schildchen »teurer amerikanischer Wagen«?

(Kann sich irgendjemand an den Porsche 914 erinnern? Der Sportwagen mit dem Motor von Volkswagen und der Karosserie von Porsche. Die Porsche-Fans mieden ihn, weil es sich um einen billigen Sportwagen handelte, und die Volkswagen-Fans mieden ihn, weil es sich um einen teuren Sportwagen handelte.)

Denken Sie auch einmal an Wein. Es gibt zwei grundlegend unterschiedliche Weinarten: Rotwein und Weißwein. Für Menschen, die auf keine von beiden verzichten wollen, gibt es auch Rosé. Was meinen Sie, wie viel von Rosé, dem Wein in der schwammigen Mitte, verkauft wird. Nicht sehr viel.

Eine lokale Supermarktkette spürt die Konkurrenz vonseiten der Großhandelsfirmen (Costco und Sam's Club). Deshalb hat man eine Werbekampagne gestartet, in der man sie in der Mitte positioniert. Nach dem Motto: »Supermarket nice. Warehouse price« (Supermärkte sind schön, Großhandelsfirmen nur billig).

Logischerweise ergibt die Kampagne einen Sinn, aber welchem Zweig ordnen Sie die Supermarktkette subjektiv zu?

In der Natur gibt es keine Missing Links, und es gibt auch keine wirklich erfolgreichen Marken in der schwammigen Mitte.

In jedem Wachstumsstadium ist der erste Keimling größer und stärker. So ist es auch bei den Marken.

Kapitel 11

Überleben des Allerersten

Zwei Samen fallen auf den Waldboden. Vielleicht war es der Winkel, in dem der eine Same auf den Boden traf, vielleicht war es auch der Boden unter diesem Samen, aber aus irgendeinem Grund keimte der eine Same zuerst und der andere ein oder zwei Tage später.

In jedem Wachstumsstadium ist der erste Keimling größer, stärker und widerstandsfähiger gegenüber Trockenheit. Mit der Zeit wächst der erste Keimling zu einem gigantischen Baum heran und verdeckt das Sonnenlicht so, dass es den zweiten Keimling nicht erreicht. Am Ende verdorrt der zweite potenzielle Baum und stirbt ab.

Überleben des Stärksten? Sicherlich. Aber wodurch wurde der erste Keimling zum stärksten Keimling? Im Wald oder auf dem Markt wird die Schlacht für gewöhnlich vom ersten Wettbewerber gewonnen, der das Feld besetzt.

Keine Freikarte

Der Erste zu sein bedeutet nicht automatisch, dass Sie Marktführer in einer neuen Gattung werden. Sie haben dadurch nur die Chance, es zu werden. Wenn Sie der Erste sind, fängt Ihre Marke als Marktführer an, da es keine anderen Marken gibt, die den gleichen Zweig besetzen.

Das ist der Punkt, an dem die Evolution einsetzt. Ihre Marke muss sich entwickeln, damit Sie Ihre Marktführerschaft behalten. In dieser Hinsicht müssen Sie Ihre Marke beschützen und besonders darauf achten, ob Konkurrenten Ihre Positionen bedrohen.

Der Umsatz ist jedoch bei weitem nicht so wichtig wie die Wahrnehmung. Um erfolgreich zu werden, muss Ihre Marke von den Verbrauchern subjektiv als Marktführer wahrgenommen werden.

WAS IM FILMGESCHÄFT FUNKTIONIERT

Die Filmbranche hat erkannt, wie dieses Spiel funktionieren könnte. Wenn ein Film nicht mit einem großen Wochenende startet, wird er kein Kassenschlager werden. Ein großes Wochenende zu Beginn ist insbesondere, wenn der Film die meisten Kartenvorverkäufe hat, nahezu eine Garantie dafür, dass der Film erfolgreich sein wird.

Überraschende Erfolge, für die per Mundpropaganda geworben wird, wie **My Big Fat Greek Wedding**, sind in Hollywood heutzutage eher selten. Die meisten Filme schaffen es nur wenige Wochen und kommen, wenn sie kein großes erstes Wochenende für sich verbuchen können, direkt auf den Videomarkt.

Die Umsätze sind nicht so wichtig. Erst der Rummel in der Öffentlichkeit, der durch die Umsätze angefacht wird, bringt die Marke zum Glühen bringt. Die Leute möchten das sehen, was die anderen sehen. Ein Film, der gleich zu Anfang Furore macht, löst die Vorstellung aus, dass es sich um einen Film handelt, den man sehen »muss«, vor allem bei jungen Leuten, die für das Filmgeschäft besonders wichtig sind.

Für den Film **The Matrix Reloaded** wurden am Tag der Premiere Karten im Werte von 42,5 Millionen Dollar verkauft. Natürlich führte dieser neue Rekord zu einem großen Wirbel in der Öffentlichkeit.

In jedem Geschäft gibt es ganz eigene Tricks. Einer der Tricks im Filmgeschäft besteht darin, die Verkaufszahlen für Karten am ersten Wochenende dadurch künstlich in die Höhe zu treiben, dass man den Film in so vielen Kinos wie möglich zeigt. Ein normaler Film könnte am ersten Tag auf 1000 oder weniger

Leinwänden gezeigt werden. Bei *Matrix* geschah dies jedoch auf 3603 Leinwänden, das sind mehr als 10 Prozent aller Kinos in den USA.

Selbst wenn man weiß, dass man einen solchen Erfolgsfilm nicht mag, so muss man ihn doch sehen, damit man im Gespräch mit Freunden mithalten kann.

WAS IM MUSIKGESCHÄFT FUNKTIONIERT

»Wenn eine CD nicht in der ersten Woche erfolgreich ist«, sagte Ron Baldwin, ein Musikmanager und -produzent, »sagen die Leute, sie ist tot«. Die großen Musikfirmen drängen an vier Fronten in die Öffentlichkeit: im Radio, im Fernsehen, in den Printmedien und im Einzelhandel.

Um für ihr neues Album *American Life* zu werben, gab Madonna ein Interview bei NBC in *Dateline*, bekam eine Sondersendung bei MTV, trat als Gaststar bei der Sitcom *Will and Grace* auf und erschien in *Live with Regis and Kelly*.

Es funktionierte. In der ersten Woche wurden 241.000 Exemplare verkauft und *American Life* war gleich zu Beginn die Nummer 1 in den Charts. Das war nicht etwa ein glücklicher Zufall. Von den Top Ten im letzten Jahr hatten acht Verkäufe von 220.000 und mehr. Wenn man nicht in der ersten Woche siegt, stehen die Chancen schlecht.

WAS BEI DEN BÜCHERN FUNKTIONIERT

Wenn ein Buch nicht in den ersten paar Wochen auf die Bestsellerliste kommt, dann wird es nie dorthin gelangen. Die Buchhandlungen präsentieren die am besten verkauften Bücher ganz vorne im Laden und geben in den USA auch Rabatte darauf. Die übrigen Bücher werden zum vollen Preis in den Regalen begraben. Besser früh gewonnen als ganz verloren, ist die allgemeine Devise im Verlagswesen.

Der Schlüssel zum Erfolg ist natürlich der vorangehende Öffentlichkeitswirbel. Diesen muss man nutzen, um eine Nachfrage zu erzeugen, bevor das Buch verkauft wird. J. K. Rowlings fünftes Buch, **Harry Potter und der Orden des Phönix**, hatte, bevor es überhaupt auf den Markt kam, eine Welle von Presseberichten zur Folge. Fans, die sich entsprechende Kostüme angezogen hatten, versammelten sich zu Mitternachtspartys im Buchladen.

Kein Buch hat je so viel Wirbel in der Öffentlichkeit ausgelöst wie Hillary Clintons *Living History*. Das Ergebnis war vorhersagbar. Das Buch verkaufte sich im ersten Monat mit mehr als einer Million Exemplaren. Besser früh gewonnen als ganz verloren.

Nachdem ein Buch, eine Musik-CD oder ein Film auf die Bestsellerliste oder an die Spitze der Charts kommt, besteht die Standardstrategie darin, dass man dort zu bleiben versucht, indem man mit dieser Tatsache wirbt. »America's Number 1 Movie« wäre eine typische Schlagzeile.

»Der Erste sein« oder Marktführerschaft trifft beim Verbraucher den emotionalen Nerv. Wenn alle anderen meinen, **Harry Potter und der Orden des Phönix** sei ein großartiges Buch, dann muss es ein großartiges Buch sein, gleichgültig was ich persönlich davon halte.

FORTUNA BEGÜNSTIGT DEN ERSTEN

Die Mehrheit hat das Sagen, vor allem wenn es um Wahrnehmungen geht. Heinz Ketchup, Hellmanns Majonäse, Thomas English Muffins, Philadelphia Frischkäse, Bier von Budweiser und viele andere führende Marken sind schlagkräftige Marken, nicht weil sie besser sind als die Marken der Konkurrenz (obwohl dies der Fall sein mag), sondern weil sie weithin als führende Marken in ihrer Gattung wahrgenommen werden.

Wer der Erste ist, hat die Voraussetzungen zum Marktführer. Wenn Ihre Marke die einzige Marke in der Gattung ist, muss Ihre Marke der Marktführer sein. Wenn es dann zum Wettbewerb kommt, führt Marktführerschaft zur Vorstellung, dass Ihre Marke besser ist.

Die subjektiv erste Marke kann lange Zeit überleben und weiterhin ihre Marktführerschaft beibehalten. Coca-Cola war 118 Jahre lang die Nummer 1 bei der

Marke Cola. General Electric war 102 Jahre lang die Nummer 1 bei der Marke Glühbirnen. Kleenex war 80 Jahre lang die Nummer 1 bei der Marke Kosmetiktücher.

Zwei Dinge schlagen bei der ersten Marke positiv zu Buche. Das Erste ist die Vorstellung, dass die führende Marke besser sein muss. Es ist ein nicht beweispflichtiger Grundsatz, dass das beste Produkt oder die beste Dienstleistung auf dem Markt siegt. Weil die erste Marke in der Wahrnehmung zunächst automatisch Marktführer ist (da es keine anderen Marken gibt), wird sie gewöhnlich ihre Marktführerschaft halten (sie wirft ihren Schatten auf die Marken der Konkurrenz).

Das Zweite ist die Vorstellung, dass die erste Marke die ursprüngliche ist. Jede weitere Marke ist eine Imitation der ursprünglichen. »Die Sache selbst« (The real thing) ließ sich nur auf Coca-Cola anwenden, nicht auf die Ich-auch-Marken wie Pepsi-Cola oder Royal Crown Cola.

Selbst wenn Pepsi eines Tages höhere Verkaufszahlen hätte als Coca-Cola (das ist unwahrscheinlich), würde Pepsi-Cola nie als die Sache selbst wahrgenommen.

Die treibende Kraft im Bewusstsein

Wirtschaftsbücher äußern sich oft geringschätzig über das, was sie als den »Vorsprung der treibenden Kraft« bezeichnen, und sie haben Recht damit. Es ist nicht von Vorteil, die treibende Kraft auf dem Markt zu sein, wenn man diese Möglichkeit nicht auch dazu nutzen kann, »zur treibende Kraft im Bewusstsein« zu werden.

Der große Baum des Lebens ist eine in der Natur existierende Analogie. Der große Baum der Marken ist eine gedachte Analogie. Die Markenpositionierung ereignet sich nur im Bewusstsein der Menschen, ihr entspricht keine physische Realität. Wenn man der Erste auf dem Markt ist, ist man physisch als Erster da, aber das bedeutet nicht notgedrungen, im Bewusstsein der Menschen der Erste zu sein.

■ Duryea baute das erste Auto in Amerika, aber die Marke schaffte es nicht, sich im Bewusstsein der Menschen zu verankern.

- Du Mont baute das erste Fernsehgerät in Amerika, aber die Marke schaffte es nicht, sich im Bewusstsein der Menschen zu verankern.
- Hurley baute die erste Waschmaschine in Amerika, aber die Marke schaffte es nicht, sich im Bewusstsein der Menschen zu verankern.

Edmund Hillary war (zusammen mit seinem Sherpa Tenzing Norgay) der erste Mensch, der den Mount Everest bestieg. 50 Jahre nach seiner berühmten Leistung ist Sir Edmund überall auf der Welt bekannt, während die mehr als 1650 Menschen, die diese Tour nach ihm gemacht haben, praktisch unbekannt sind, wie auch die meisten der 175 Personen, die auf diesem Berg gestorben sind.

War irgendeiner dieser Menschen ein besserer Kletterer als Hillary? Sicherlich. Kletterte irgendeiner dieser Menschen schneller als Hillary? Zweifellos. Aber das ist nicht von Belang. Besser zu sein ist nur in seltenen Fällen besser als Erster zu sein.

Am 23. Mai 2001 erreichte Erik Weihenmayer den Gipfel des Mount Everest; er war der erste Blinde, der das schaffte. Wird er so berühmt werden wie Sir Edmund? Keinesfalls.

Am 16. Mai 2002 erreichten 54 Menschen an einem Tag den Gipfel des Mount Everest. Wird irgendeiner dieser Menschen so berühmt werden wie Sir Edmund? Keinesfalls.

Wenn Sie der Erste im Bewusstsein der Menschen sind, dann entsteht ein wirkungsvolles emotionales Band zwischen Ihrer Marke und den Verbrauchern. Wenn Ihre Marke dagegen nur die Erste auf dem Markt ist, handelt es sich lediglich um eine von vielen Marken.

DER VERLUST DER MARKTFÜHRERSCHAFT RUINIERT EINE MARKE NICHT

Selbst *wenn* die erste Marke im Bewusstsein der Menschen ihre Marktführerschaft verliert, bleibt die emotionale Bindung zu den Verbrauchern bestehen.

Mikimoto ist nicht die führende Marke für künstliche Perlen, aber die Firma ist weithin bekannt (und wird bewundert), weil sie die »Schöpferin der künstlichen Perlen« ist. Apple (und seine Macintosh-Abkömmlinge) ist mit den Benutzern von Personal Computern in einer Weise emotional verbunden, wie dies bei Dell, Compaq, Hewlett-Packard und anderen Marken nicht der Fall ist. Warum? Apple war in den Köpfen die erste Marke für Personal Computer.

Hertz ist nicht mehr die führende Marke für Mietwagen (es ist Enterprise), aber im Bewusstsein der Kunden von Mietwagenfirmen schwingt etwas mit, wie dies bei Avis, National und anderen Marken nicht der Fall ist.

Harvard, das erste College, das in Amerika gegründet wurde, ist immer noch in den Augen der meisten Menschen das beste College in den USA, obwohl es nicht das größte ist; und es ist auch nicht der Sieger im Wettkampf um die beliebteste Hochschule, der von den Medien, allen voran *U.S. News & World Report*, veranstaltet wird.

Die Fortune-500-Liste wird immer noch als der Standard schlechthin beim Unternehmens-Ranking angesehen, obwohl größere, erfolgreichere Publikationen ihre eigenen Rankings veröffentlichen (Business Week 1000 oder Forbes 500). Alle Unternehmen prahlen mit ihrer Position unter den Fortune 500, aber nur wenige Unternehmen erwähnen jemals *Business Week* oder *Forbes*. Woher kommt das?

1955 veröffentlichte *Fortune* seine erste Liste, auf der die 500 größten Industrieunternehmen in Amerika nach ihren Umsätzen in eine Rangordnung gebracht wurden. *Fortune* war die Erste.

Fortuna begünstigt den Ersten.

WIE MAN EINE MARKE PRÄGT

Branding, die Einführung einer Marke, ist mit der Prägung vergleichbar: Das ist der Vorgang, bei dem ein kleines Tier lernt, die Bindung zu seiner Mutter aufzubauen. Eine junge Gans beispielsweise wird, wenn aus dem Ei geschlüpft, dem ersten sich bewegenden Objekt folgen, das es sieht. Infolgedessen kann es leicht auf eine andere Art oder sogar auf ein nicht lebendes Objekt geprägt werden, wenn dieses sich zufällig bewegt.

In ähnlicher Weise prägen sich Marken im Bewusstsein des Verbrauchers ein. Die erste Marke in einer neuen Produktgattung hinterlässt gewöhnlich einen starken Eindruck: Kleenex bei den Kosmetiktüchern, Scotch Tape bei den Zellophanklebebändern, Kodak bei den Filmen, Red Bull bei den Energy Drinks. Das Überleben des Allerersten.

Eine neue Gattung zu schaffen und dann dieser Gattung einen Markenstempel aufzuprägen, das ist der Kern des Erfolgs. Die erste Gans, die vor den gerade geschlüpften jungen Gänschen mit dem Schwanz wackelt, gewinnt deren Herz. Die erste Marke, die bildlich gesprochen vor einer neuen Gattung mit dem Schwanz wackelt, gewinnt das Herz der potenziellen Verbraucher.

Obwohl das Konzept, eine führende Marke zu etablieren, einfach ist, ist es in der Praxis schwer zu realisieren. Zu viele Firmen verfangen sich in der Konvergenzfalle. »Wir können die Ersten sein, die das Handy und den Handheld Computer miteinander kombinieren.«

Bei den Tausenden von Gattungen auf dem Markt gibt es buchstäblich Millionen möglicher Kombinationen, die ihrerseits zur gleichen Anzahl ungenutzter Möglichkeiten führen könnten.

In der Theorie ist das richtig, aber nicht in der Praxis. Durch den »Katzenhund«-Ansatz wurden Milliarden von Dollars im Bereich von Forschung und Entwicklung verschwendet.

BAHNBRECHENDE PRODUKTE SIND SELTEN

Der zweite Ansatz ist der Ansatz des revolutionären Produkts. Das Flugzeug, der Hubschrauber, die Mikrowelle, der Computer, der Mikroprozessor, das Handy und andere revolutionäre Produkte waren offensichtlich ein Erfolg. Aber die Chancen, das große Geld zu machen, indem man ein revolutionäres Produkt erfindet, stehen außerordentlich schlecht.

Denken Sie an IBM, eine Firma, die 5 Milliarden Dollar pro Jahr für Forschung und Entwicklung ausgibt. Welches revolutionäre Produkt hat IBM im letzten Jahrzehnt auf den Markt gebracht? Verbesserungen bestehender Produkte, das ganz gewiss. Aber revolutionäre Produkte? Uns fällt keines ein.

In vielerlei Hinsicht ist ein bahnbrechendes Produkt ein historischer Zufall. Es war der richtige Zeitpunkt dafür, mit der Entwicklung zu beginnen. Zu dem Zeitpunkt, als sich die Gebrüder Wright in Kitty Hawk in die Lüfte schwangen, experimentierten in Europa Ferdinand Ferber, Ernest Archdeacon, Gabriel Voisin, Robert Esnault-Pelterie, Leon Levavasseur und Alberto Santos-Dumont mit einem Flugzeug, das schwerer war als Luft.

Weniger als drei Jahre, nachdem Orville und Wilbur Wright anfängliche Erfolge erzielten, unternahm Santos-Dumont den ersten anerkannten Flug mit einem Flugzeug in Europa.

Für das Flugzeug war die Zeit einfach reif. Wenn die Gebrüder Wright ihre Erfindung nicht vom Boden wegbekommen hätten, hätte es gewiss einen anderen gegeben, dem dies gelungen wäre.

Revolutionäre Produkte regen die Vorstellungskraft der Öffentlichkeit an, aber sie spielen nur eine geringe Rolle bei der Einführung von Marken. Mehr Geld lässt sich leichter und schneller mit prosaischeren Produkten verdienen, die wirkungsvoll vermarktet werden.

Essen, Kleidung, Wohnen, Transport und Unterhaltung – das sind die Bereiche, in denen der Verbraucher einen Großteil seines Geldes ausgibt. Revolutionäre Produkte wie Handys, Laptops, Handhelds, Digitalkameras und die Human Transporter von Segway machen nur einen kleinen Teil der monatlichen Ausgaben einer typischen Familie aus.

Schaffen Sie eine neue Gattung, in der Sie der Erste sein können

Seit Jahrzehnten war dies unser Marketing-Mantra, das wir rituell wiederholen. Die Supermärkte, die Drogerien, die Kaufhäuser, die Discount-Läden sind voller Marken, die mit Hilfe dieser schlagkräftigen Strategie aufgebaut wurden.

Dasselbe trifft auf das Internet zu. Hier einige Beispiele:

- Amazon, der erste Online-Buchladen
- Band-Aid, das erste Heftpflaster
- California Closets, das erste Hilfsmittel, um Ordnung im Kleiderschrank zu schaffen
- Callaway Golf Driver, der erste übergroße Golfschläger
- Carrier, die erste Klimaanlage
- Charles Schwab, der erste Discount-Aktienmakler
- CNN, der erste Kabelnachrichtensender
- Dell, der erste Direktverkäufer für Personal Computer
- Domino's, die erste Pizzakette für die Auslieferung nach Hause
- Dr. Scholl's, das erste Fußpflegeprodukt
- Duracell, die erste Nickeleisenbatterie
- ESPN, der erste Kabelsportsender
- Evian, das erste teure Wasser in Flaschen
- Footjoy, der erste Golfschuh
- Goretex, der erste atmungsaktive wasserdichte Stoff
- Heineken, das erste importierte Bier
- Hoover, der erste Handstaubsauger
- Jell-O, der erste Wackelpudding
- Kentucky Fried Chicken, die erste Fastfood-Kette mit Hähnchen
- Kleenex, das erste Kosmetiktuch
- *National Enquirer*, die erste Boulevardzeitung, die in Supermärkten verkauft wurde
- Nike, der erste Sportschuh
- Oracle, die erste Firma für Datenbanken
- Pampers, die erste wegwerfbare Babywindel
- *Playboy*, die erste Männerzeitschrift

- Polaroid, die erste Sofortbildkamera
- PowerBar, der erste Energieriegel
- Q-Tips, das erste Wattestäbchen
- Reynolds Wrap, die erste Aluminiumfolie
- Samuel Adams, das erste mikrogebraute Bier
- Saran Wrap, die erste Plastikfolie für Nahrungsmittel
- Swatch, die erste modische Uhr
- Sun Microsystems, die erste Unix-Workstation
- Tide, das erste Waschmittel
- *Time*, das erste wöchentlich erscheinende Nachrichtenmagazin
- Vise-Grip, die erste verschließbare Zange
- WD-40, das erste Superschmiermittel
- Xerox, der erste Kopierer für Normalpapier

Diese Marken (und viele, viele andere) wurden aufgebaut, indem man die Vorstellung hervorrief, dass es sich um die Ersten in einer neuen Gattung handelte. Es ist nicht unbedingt notwendig, der Erste zu sein; es ist nur erforderlich, die Vorstellung zu erzeugen, dass Ihre Marke die Erste war.

(Es zu sagen und die Vorstellung zu erzeugen, dass man der Erste ist, sind natürlich zwei verschiedene Dinge. Dies ist ein Thema, das wir in allen Einzelheiten in Kapitel 14 erörtern werden.)

Erster sein oder stark sein

Das spannendste Thema beim Marketing ist heute der Unterschied dazwischen, ob man der Erste oder der Stärkste sein sollte. Das Darwin'sche Konzept vom Überleben des Stärksten wird von den meisten Firmen als Kern des Marketings akzeptiert. »Wir müssen potenzielle Käufer davon überzeugen, dass unsere Marke die beste ist.« Das heißt die stärkste.

Das »Überleben des Ersten« stößt jedoch im Spitzenmanagement nicht annähernd auf so viel Zustimmung. »Wen kümmert es, wer der Erste ist? Für den Verbraucher ist wichtig, wer besser ist.«

Und sie haben Recht. Den Verbraucher kümmert es wenig, wer der Erste ist. Ihm ist nur wichtig, wer besser ist. Genau darum kauft er Kosmetiktücher von Kleenex, Ketchup von Heinz, Band-Aids und Q-tips. »Weil sie besser sind.«

Aber ist es die Produktqualität oder die Wahrnehmung der Produktqualität, von der sich der Verbraucher in seiner Entscheidung leiten lässt? Die vorliegenden Befunde sprechen stark dafür, dass die Wahrnehmung die größere Rolle spielt.

»Warum kaufen Sie Ketchup von Heinz?«
»Weil es das beste ist.«
»Haben Sie jemals Ketchup von Hunt's probiert?«
»Nein, das habe ich nicht. Ich würde nie Ketchup von Hunt's kaufen, weil jeder weiß, dass Heinz das beste Ketchup macht.«

Die Wahrnehmung der Marktführerschaft

Wenn Ihre Marke die erste Marke in einer neuen Gattung ist, dann wird sie weitgehend als das Original und als Pionierprodukt wahrgenommen. Wenn andere Marken in Ihr Territorium eindringen, dann werden Sie weithin als »Metoo«-Nachahmer wahrgenommen.

Die Wahrnehmung der Marktführerschaft (in beiden Wortbedeutungen, als Pionierprodukt und als am besten verkauftes Produkt) löst ein starkes Gefühl aus, dass Ihr Produkt das beste sein muss.

Für die Konkurrenz wird es sogar noch schlimmer. Bei dem Versuch, die Verkaufszahlen emporschnellen zu lassen, senkt man die Preise für die Marken aus der zweiten Reihe. Doch was sagt ein niedrigerer Preis dem Verbraucher? Das Ketchup von Hunt kann nicht so gut sein wie das von Heinz.

In gut etablierten Gattungen ist es bei einer zweiten oder dritten Marke nahezu unmöglich, einen eindeutigen physischen Unterschied zwischen der eigenen Marke und dem Marktführer herauszufinden. Und selbst wenn eine Nachzüglermarke einen solchen Unterschied aufweist, was hält die führende Marke davon ab, die Idee einfach zu kopieren?

Wir nennen dies taktische »Blockade« und empfehlen es jeder führenden Marke. Im Kern ist die Blockade nichts anderes als Evolution oder allmähliche Veränderung in Aktion.

In der Konsequenz bestehen die meisten Gattungen aus sehr ähnlichen Produkten mit einer führenden Marke, die den größten Marktanteil hat. Überleben des Allerersten.

Die eigentliche Frage beim Marketing ist nicht, wie ich eine Marke schaffe, die Kernfrage beim Marketing lautet, wie ich eine neue Gattung schaffe und dann den neuen Markennamen dazu einsetze, mir eine vorherrschende Position in dieser Gattung zu verschaffen.

Es ist sinnlos, über verschüttete Milch zu jammern

Haben Sie die Gelegenheit, eine Gattung zu schaffen, erst einmal verpasst, können Sie die Sache genauso gut vergessen und nach anderen Gelegenheiten suchen. Doch einige Firmen lernen es nie:

- Coca-Cola verpasste die Gattung der koffeinhaltigen, mit Kohlensäure versetzten Zitronengetränke (erfunden von Montain Dew); deshalb versuchte man mit Mello Yello auf den fahrenden Zug aufzuspringen. Das funktionierte nicht; deshalb probierte man es mit Surge, was auch nicht funktionierte.
- Coca-Cola verpasste die Gattung würzige Cola (erfunden von Dr Pepper); deshalb versuchte man mit Mr. Pibb auf den fahrenden Zug aufzuspringen. Das funktionierte auch nicht.
- Coca-Cola verpasste die Gattung der naturbelassenen Getränke (erfunden von Snapple); deshalb versuchte man mit Fruitopia auf den fahrenden Zug aufzuspringen, womit man nicht zum Ziel kam.

- Coca-Cola verpasste die Gattung der Energy Drinks (erfunden von Red Bull); deshalb versuchte man mit KMX auf den fahrenden Zug aufzuspringen. Nicht nur, dass KMX 14 Jahre zu spät kam, sondern es wurde auch mit einem schwachen Namen versehen. (*Red Bull* kann man mit Energie gleichsetzen; im Kopf kommt ein Bild auf, bei dem ein rotes Tuch vor den Augen eines wutschnaubenden Stiers hin und her geschwenkt wird. *KMX* klingt wie ein Motorenölzusatz.)
- Coca-Cola verpasste die Gattung der Sportgetränke (die von Gatorade erfunden wurde); deshalb versuchte man auf den fahrenden Zug mit Power-Ade aufzuspringen, das weit abgeschlagen die Nummer 2 in diesem Bereich ist.

Pepsi-Cola andererseits gab seine »Me-too«-Sportgetränkemarke (All Sport) auf und verwendete 13 Milliarden Dollar darauf, die Sache selbst zu kaufen (Gatorade zusammen mit seinem Mutterkonzern Quaker Oats).

PowerAde, KMX, Fruitopia, Mr. Pibb, Surge und Mello Yello sind sechs fehlgeschlagene Versuche aufseiten der Coca-Cola Company, neue Marken zu schaffen, wo man sich doch darauf hätte konzentrieren sollen, neue Gattungen zu schaffen.

Wenn der führende Softdrinkkonzern der Welt und Eigentümer der wertvollsten einzelnen Marke auf der Erde (Coca-Cola) ständig Misserfolge beim Aufbau neuer Marken einstecken musste, warum sollten Sie dann der Meinung sein, dass Ihre Firma mit ähnlichen Strategien Erfolg haben könnte?

Man baut keine Marken auf, man schafft Gattungen

In Wahrheit baut man überhaupt keine Marken auf. Man nutzt Divergenz aus, um eine neue Gattung zu schaffen, und die Erweiterung dieser neuen Gattung ermöglicht es Ihrer Marke zu florieren.

Worauf beruhte der Erfolg der Marke IBM? War es ein massives Marketingprogramm, durch das alle von den Vorzügen überzeugt wurden, Geschäfte mit Big Blue zu treiben? Oder war es die Tatsache, dass International Business Machines in der Gattung Großrechner eine dominierende Position hatte? Würden die Firmen auf der Liste der Fortune 500 weiterhin Addiermaschinen benutzen, wenn IBM nicht ein massives Marketingprogramm für Großrechner in Gang gesetzt hätte? Nein. Der Computer war eine Idee, die in der Luft lag. (Irgendjemand sagte einmal, als Marktführer etabliert man sich, indem man eine marschfertige Gruppe ausmacht und sich mit einer Flagge in der Hand an deren Spitze begibt.)

Worauf beruhte der Erfolg der Marke Dell? War es ein massives Marketingprogramm, durch das alle von den Vorzügen überzeugt wurden, Geschäfte mit Dell zu treiben? Oder lag es daran, dass Dell der Pionier für eine neue Methode war, Personal Computer zu kaufen (per Telefon)?

Oder worauf basierte schließlich der Erfolg der Marke Coca-Cola? War es ein massives Marketingprogramm, durch das alle von den Vorzügen überzeugt wurden, Coca-Cola zu trinken? Oder lag es daran, dass Coca-Cola Pionier in der Gattung Cola war?

Wenn der Kern der Markeneinführung darin besteht, eine neue Gattung zu schaffen, dann zahlt es sich aus, darüber nachzudenken, woher neue Gattungen kommen.

Woher kommen neue Gattungen?

Ausnahmslos kommen sie durch Divergenz bestehender Gattungen zustande. Mit der Zeit entwickelte sich die Gattung Computer auseinander, und heute haben wir unterschiedliche Arten von Computern und viele unterschiedliche Marken. Hat irgendjemand einen Zweifel daran, dass es in Zukunft weitere Gattungen geben wird?

»Aber woher kam der Großrechner?«, könnten Sie denken. Nun, es gab eine Gattung mit der Bezeichnung Rechner. Dann entwickelte sich die Gattung auseinander, und wir hatten mechanische Rechner und Elektronenrechner.

In Wirklichkeit ist der Großrechner ein Elektronenrechner mit einem Namen, der nach Geld riecht. Strategisch ist es oft klug, den logischen Namen für eine neue Gattung zu vermeiden und stattdessen der neuen Gattung einen ansprechenden neuen Namen zu geben. Das Problem mit dem Namen Elektronenrechner besteht darin, dass er die Wahrnehmung der neuen Gattung auf die physikalischen Beschränkungen eines mechanischen Rechners eingrenzt.

Vor vielen Jahren arbeiteten wir mit Hewlett Packard an einer Marketingstrategie für einen persönlichen Taschenrechner (Codename: Qwert). »Was soll er kosten?«, fragten wir. 13.000 Dollar war die Antwort. »Alles, was 13.000 Dollar kostet, ist ein Computer«, erwiderten wir, »kein Taschenrechner.«

Und woher kam die Gattung Rechner? Nun, zunächst einmal hatten wir Finger, die zu Entstehung des Dezimalsystems beitrugen.

Konvergenz würde den Aufbau einer Marke zunichte machen

Konvergenz würde (sollte sie jemals eintreten) den Aufbau einer Marke zunichte machen. Wie kann man eine neue Gattung schaffen, indem man zwei bestehende Gattungen zusammenführt? Wie würden Sie eine Kombination aus Handy (amerikanisch: cellular phone) und Handheld Computer nennen? Cellhand? Das ergibt keinen Sinn.

Wenn sich die Gattungen zudem miteinander kombinieren lassen (und wir sind fest davon überzeugt, dass dies nicht geht), dann werden die überlebenden Markennamen wahrscheinlich vom einen oder vom anderen abstammen. Neue Marken hätten keine Chance.

Wenn die Konvergenz die treibende Kraft im Geschäftsleben wäre, dann würden wir erwarten, dass mit der Zeit weniger Gattungen zu sehen sind, weniger Marken, weniger Wettbewerb. Ist dies eine realistische Sicht der Dinge für die Zukunft? Wir glauben nicht.

Es ist gewiss keine realistische Sicht der Dinge für die Vergangenheit. Über Hunderte von Jahren hinweg brachte die Zukunft mehr Gattungen, mehr Marken, mehr Wettbewerb. Welchen Grund könnte es geben, zu glauben, dass die Zukunft in irgendeiner Weise anders ist als die Vergangenheit?

Marketing ist eine Schlacht zwischen Gattungen

Marketing ist keine Schlacht zwischen Marken; es ist eine Schlacht zwischen Gattungen. Sieger sind jene Firmen, die neue Gattungen erfinden und sie dominieren können (denken Sie an Dell, Intel, Microsoft). Verlierer sind jene Firmen, die angesichts der neuen Gattungen, die von ihren Konkurrenten geschaffen wurden, blind geworden sind (denken Sie an Western Union, Polaroid, Wang).

Jedes Jahr werden Milliarden von Dollars für Innovation im Allgemeinen ausgegeben. Es werden viel mehr Dollars für Innovation aufgewandt als für Marketing. Ein Großteil dieses Geldes wird für Konvergenzkonzepte verschwendet.

Wenn Divergenz die Welle der Vergangenheit war (und das stimmt), dann schließen wir daraus, dass Divergenz auch die Welle der Zukunft ist. Es ist eine eskalierende Situation.

Je mehr Gattungen es gibt, desto mehr Gelegenheiten gibt es, dass sich die Gattungen auseinander entwickeln können, und desto mehr Gelegenheiten gibt es daher, dass neue Gattungen und neue Marken geschaffen werden.

Am schwierigsten zu erkennen ist ein Trend

Haben Sie jemals am Strand gestanden und beobachtet, wie die Wellen hereinkommen? Haben Sie versucht herauszufinden, ob jetzt gerade Ebbe oder Flut ist? Das ist nicht einfach.

Im täglichen Leben sieht man sowohl Anzeichen für Konvergenz als auch Anzeichen für Divergenz. Manche Konzepte verschmelzen miteinander, und einige zerbröseln. Wo ist da der Trend?

In der frühen Evolution eines Industriezwigs begünstigt das Wirtschaftsleben die Konvergenz, aber das ändert sich gewöhnlich, wenn die Industrie heranreift.

Konvergenz in der Flugbranche

In den dreißiger Jahren des letzten Jahrhunderts kamen die Passagierfluglinien zu dem Schluss, dass sie zusätzliches Geld verdienen könnten, wenn sie auch

Fracht beförderten. Die Flugzeuge flogen die Routen sowieso, deswegen waren die Nebenkosten niedrig, und man konnte hohe Preise für die schnelle Beförderung verlangen. Daher baute jede große Fluglinie eine Abteilung für Luftfracht auf. Es war so, als läge das Geld auf der Straße.

Die Seifenblase Luftfracht hielt gerade so lange an, dass sich Unternehmer eine Methode ausdenken konnten, wie man eine Fluglinie gründet, die nur Fracht befördert.

Die erste Firma, die Luftfracht beförderte, war die 1946 gegründete Emery Air Freight. Dadurch, dass die Firma zusätzlichen Lagerraum für die planmäßigen Flüge anmietete, wurde Emery zum Marktführer für Luftfracht. Später verlor Emery natürlich seine Marktführerschaft an die spezialisierte Federal Express, die erste Firma, die über Nacht Pakete auslieferte.

Heutzutage befördern die drei großen Fluglinien (American, United und Delta) relativ wenig Fracht. Im letzten Jahr betrugen die Gewinne aus dem Frachtaufkommen für die drei großen Linien 1,7 Milliarden Dollar oder gerade einmal 3,6 Prozent ihres Gesamtumsatzes von 46,7 Milliarden Dollar (FedEx allein transportierte im letzten Jahr Luftfracht im Wert von 15,3 Milliarden Dollar).

Über die Firmenkultur und die Kostensenkung bei Southwest wurde viel geschrieben, als ob das allein den Unterschied bezogen auf die Gewinnträchtigkeit einer Fluglinie ausmachte. Wie würden Sie beispielsweise die Firmenkultur von Southwest mit den drei Serviceklassen bei einer großen Fluglinie verbinden?

Stellen Sie sich eine Trainingssitzung für Flugbegleiter bei United Airlines vor. »Okay, Leute. Hier kommt die formale Ausbildung: Sie sagen zu den normalen Passagieren Hallo, Sie schütteln den Passagieren in der Businessclass die Hand, und Sie umarmen die Passagiere der ersten Klasse inbrünstig.« Die Firmenkultur von Southwest und das undemokratische Ambiente eines United-Flugs schließen einander einfach aus.

Im Laufe der Zeit entwickeln sich die Gattungen auseinander. Zu wissen, dass es immer zu Divergenz kommt, kann dazu beitragen, dass man zur rechten Zeit die richtige Entscheidung fällt. Wenn man annimmt, dass das Gegenteil zutrifft, kann dies langfristig zu großen Problemen führen.

Zu Beginn war der Service in einer Fluglinie teuer. Die Flugzeuge waren klein, die Wartungskosten hoch und die Anzahl der Flugbegleiter pro Passagier extrem groß. Weil es sich nur Leute mit einem hohen Einkommen leisten konnten zu fliegen, schufen die Fluglinien einen Luxusservice mit Gourmet-Essen, edlen Weinen und aufmerksamen Stewardessen.

Größere Flugzeuge, die im Unterhalt weniger Geld kosteten (vor allem die Düsenflugzeuge), schufen eine Möglichkeit, in einem breiteren Markt an Attraktivität zu gewinnen. Geben wir unsere Kunden mit den hohen Tarifen auf, damit wir für den Massenmarkt attraktiv werden?

Natürlich nicht. Immer wenn eine Fluglinie auf eine Weggabelung im Flugmarkt kam, beschritt man beide Wege.

- Orientieren wir uns an den normalen Passagieren oder an den Passagieren aus der ersten Klasse? Wir machen beides.
- Befördern wir Passagiere oder Fracht? Wir machen beides.
- Fliegen wir zu Flugzielen für Geschäftsleute oder für Touristen? Wir machen beides.
- Fliegen wir auf Inlands- oder auf internationalen Routen? Wir machen beides.

Umsetzung ist keine Strategie

Southwest Airlines und seine Nachahmer Air Tran und JetBlue haben gute Umsetzungsfähigkeiten, weil sie einen neuen Zweig mit der Bezeichnung »Billigflieger« aufbauen.

Eine gute Strategie gestattet es einer Firma, Pläne gut in die Realität umzusetzen. Einer Firma mit einer schlechten Strategie ist es umgekehrt nicht möglich, Pläne hervorragend auszuführen. Es handelt sich um eine Ursache-Wirkung-Beziehung. Die gute Strategie ist die Ursache. Die hervorragende Umsetzung ist die Wirkung.

Southwest wurde zur ersten Billigfluglinie, die einen Pendelverkehr von Punkt zu Punkt anbot. Als die Strategie feststand, legte der Vorstandsvorsitzende Herb Kelleher die Details offen: kein Essen, keine reservierten Plätze, kein Gepäcktransfer zu und von einer anderen Fluglinie, keine Tiere. Um die Trainings- und Wartungskosten möglichst gering zu halten, fliegt Southwest nur mit einem Flugzeugtyp, der Boeing 737.

Während Southwest an Fahrt gewann und ganze Geschäftszweige übernahm, würde man meinen, dass die anderen großen Firmen aufgepasst und ihre Strategie geändert hätten. Aber das machten sie nicht.

UAL, der Holding für United Airlines, kaufte eine Autovermietungsfirma (Hertz) und zwei Hotelunternehmen (Hilton und Westin) hinzu und benannte sich 1987 in Allegis Corporation um. Von jetzt an konnte der Konzern ein Reiseunternehmen werden, nicht ein Fluglinienunternehmen. Innerhalb von Monaten nach dem Namenswechsel verlor der Aufsichtsratsvorsitzende die Loyalität der anderen Aufsichtsratsmitglieder und trat zurück (American Airlines versuchte, mit seiner Americana-Hotelkette das Gleiche zu machen).

Was ist überhaupt ein Reiseunternehmen? Welcher Zweig des Transportbaums wird als »Reise« bezeichnet?

Die Antwort auf Southwest kam 23 Jahre später

Es dauerte bis zum Jahre 1994, also 23 Jahre nach dem ersten Flug von Southwest, dass eine der wirklich Großen in der Flugbranche am Ende auf die Bedrohung reagierte, die der Mitbewerber ohne besondere Ausstattung darstellte. Dies war das Jahr, in dem United Airlines die Shuttle by United gründete.

Was heißt hier United? Denselben Markennamen in zwei unterschiedlichen Geschäftszweigen hinten anzuhängen, ist nicht die richtige Methode, um eine Marke aufzubauen, vor allem wenn man in Konkurrenz mit einer so schlagkräftigen Marke wie Southwest steht. Shuttle by United konnte nicht verhindern, dass die Mutterfirma Bankrott ging.

Wäre es möglich, den vorderen Teil des Flugzeugs abzumontieren und eine Fluglinie nur mit der ersten Klasse zu gründen? Wir glauben ja, aber bisher hat noch niemand die richtige Kombination zusammengestellt.

Midwest Express hat die richtigen Flugzeuge, die richtigen Sitze, das richtige Essen und den richtigen Service, ging aber dennoch nach dem 11. September Bankrott. Midwest hat zwei Probleme: den Namen und die Routenstruktur.

Der Name *Midwest Express* hört sich ein bisschen nach überregionaler Lastwagenfirma an. Warum würde zudem jemand auf die Idee kommen wollen, eine Fluglinie nur mit erster Klasse ausgerechnet im Mittleren Westen zu gründen? Diese Art von Fluglinie müsste man an einem Ort mit einem hohen Prozentsatz von Egomanen gründen. Wir hätten uns für New York oder Los Angeles entschieden.

Aber das ist nur ein Name. Richtig. Es ist nur ein Name, wie Starbucks, Red Bull und Rolex nur Namen sind. Was wäre, wenn diese drei Firmen andere Markennamen verwendet hätten. Wären Coffee Connection, EnerGee oder Ultra-Swiss zu großen, mächtigen, weltweiten Marken geworden?

Gehen Sie keine Wette darauf ein. Die Erfahrung der Markenpositionierung ist eng mit dem Namen der Marke selbst verbunden. Ein unangemessener, prosaischer Name wird nur in einer Gattung mit wenig oder gar keiner Konkurrenz funktionieren (Wal-Mart beispielsweise ist der Marktführer in einer Gattung, in der die großen Konkurrenten Kmart und Target ähnlich prosaische Namen führen).

Es dauerte bis zum Jahre 2003 – das waren 32 Jahre nach dem ersten Flug von Southwest –, dass eine der großen Luftverkehrsgesellschaften ein Tochterunternehmen mit niedrigen Kosten und niedrigen Tarifen gründete, das einen einzigartigen Namen hatte. Song, das waren die Leute von Delta Airlines.

Wird Song zum Hit werden? Vielleicht, aber es wird schwer sein, mit Southwest Airlines zu konkurrieren, einem Wettbewerber, der fast ein Drittel Jahrhundert Vorsprung hat.

Wird Ted, Uniteds neue Billigfluglinie, zum großen Erfolg werden?

Zu wenig, zu spät. Das ist die Geschichte vieler Firmen, die mit der Einführung neuer Marken abwarten, bis sich ein neuer Markt etabliert hat.

2001 beispielsweise bildete United Airlines eine Tochterfirma, um die Anteilseignerschaft für Firmenjets anzubieten. Zum Nachteil für United war NetJets, eine Firma von Berkshire Hathaway, der Pionier in der Gattung und dominierte den Markt in der Folgezeit.

Zwei psychologische Barrieren

Warum gründete United nicht zwei Jahrzehnte vorher eine Tochterfirma für die Anteilseignerschaft und hätte damit einen großen Vorsprung vor der Konkurrenz gehabt? Zwei psychologische Barrieren halten Firmen davon ab, einen solchen Schritt zu machen.

Die Erste besteht in der Abwesenheit eines Markts. »Was! Sie wollen, dass wir eine Marke in einer Gattung einführen, in der es keinen Umsatz gibt? Selbst wenn wir einen hundertprozentigen Marktanteil bekämen, gäbe es immer noch keinen Markt.«

Genau das muss man machen, wenn man der Erste sein will. Eine Marke gründen in einem Markt mit null Umsatz. Psychologisch ist das schwierig.

Die zweite Barriere besteht darin, sich ein Segment von einer bestehenden Gattung (das Divergenzkonzept) als Ziel zu nehmen, die selbst vielleicht nicht sehr gewinnträchtig ist. »Was! Sie wollen, dass wir eine Kaffeehausmarke einführen, die nur Kaffee verkauft, obwohl die herkömmlichen Cafés, die alles verkaufen, bestenfalls marginale Gewinne haben?«

Selbst Starbucks geriet ins Straucheln, als es sein Konzept des Coffee Shops nach Übersee brachte. Bis heute erwirtschaften die 1532 Cafés von Starbucks in Übersee, das sind 23 Prozent seiner Standorte, nur 9 Prozent des Umsatzes. Schlimmer noch, unter dem Strich schreiben sie rote Zahlen.

In Amerika war Starbucks das erste Café europäischen Stils.

In Europa ist Starbucks einfach nur eine andere Marke Café.

Der Kaffee ist der gleiche bei einer Filiale von Starbucks in New York oder in Mailand; was jedoch in Mailand fehlt, ist der Glanz, das Mystische, die Romantik, die damit einhergeht, der Erste in einer spannenden neuen Gattung zu sein.

Starbucks in Mailand ist einfach eines von vielen Cafés.

McDonald's allerdings verfolgte genau die gleiche Strategie wie Starbucks und war in Europa sogar noch erfolgreicher; dort waren die Umsätze pro Geschäftseinheit um 12 Prozent höher als in den USA.

Der Unterschied besteht darin, dass McDonald's der Erste war. Es handelte sich um die erste Hamburgerkette in Amerika und auch um die erste Hamburgerkette in Europa sowie in den meisten Ländern der Welt.

DER TEIL IST GRÖSSER ALS DAS GANZE

Wir leben mit Weisheiten wie »Das Ganze ist mehr als die Summe seiner Teile«. Es ist schwer, den Gedanken zu akzeptieren, dass der Teil größer als das Ganze sein kann.

Wären Sie lieber Besitzer von United States Postal Service, der ständig rote Zahlen schreibt, oder von United Parcel Service, der sich nur auf das Segment der Paketbeförderung innerhalb des Postdienstes konzentriert? Der Teil ist viel gewinnträchtiger als das Ganze.

Wären Sie lieber Besitzer der Zeitschrift *People,* die einmal Teil der Zeitschrift *Time* war und seitdem eine der profitabelsten Publikationen weltweit geworden ist, oder wären Sie lieber Besitzer von *Time*, deren Gewinne sich in Grenzen halten?

Microsoft, dessen Hauptprodukte Software-Bestandteile für Personal Computer sind, verdient jedes Jahr ein Vielfaches verglichen mit allen Herstellern von PCs zusammen. »Verrückte«, schrieb Hesiod etwa um 800 vor Christus, »sie wissen noch nicht einmal, wie viel mehr die Hälfte ist als das Ganze.«

Beim Aufbau einer Marke ist in jeder nur möglichen Gattung die Hälfte langfristig viel mehr als das Ganze. Eine Marke, die versucht, für jedes wichtige Marktsegment attraktiv zu sein, ist – auf lange Sicht – dazu verdammt, zu einer kleinen Marke zu werden.

Kurzfristig verhält es sich anders. Bis ein Konkurrent die Gelegenheit beim Schopfe ergreift, einen Divergenzangriff zu starten, wird eine Marke, die »alles für jeden« bietet, einigermaßen erfolgreich sein.

Der zweite Keimling hat eine viel größere Erfolgschance, wenn er in einiger Entfernung vom ersten auf den Boden fällt.

KAPITEL 12

ÜBERLEBEN DES ALLERZWEITEN

Es landen drei Samen auf dem Waldboden. Zwei bleiben nahe beieinander liegen, der andere in einiger Entfernung von ihnen.

Im Kampf ums Dasein werden die beiden Samen, die eng beieinander liegen, einen langen Kampf miteinander führen, bis einer den anderen beherrscht. Von da an geht es ums Überleben des Stärksten.

Aber nehmen wir einmal an, dass Ihre Marke nicht die Erste war, dass Ihre Marke keine Chance hat, die Erste zu sein und dass Ihre Marke diejenige ist, die etwas entfernt vom Marktführer herunterfiel.

Dann sind Sie genau in der richtigen Position, um zu überleben. Ihre Marke wird einen Nutzen aus einem anderen Prinzip ziehen, das von Darwin abgeleitet wurde: Überleben des Allerzweiten.

EINE EICHEL FÄLLT NICHT WEIT VOM STAMM DER EICHE

Wie wahr, das ist genau der Grund, warum Eicheln im Wald nicht überleben. Eine Eichel braucht zum Keimen und zum Wachsen genügend Sonnenlicht. Jede Marke, die zu nah am Marktführer zu wachsen versucht, wird ersticken und sterben.

Einige wenige Eicheln werden in einiger Entfernung herunterfallen. Das sind jene, die eine Chance haben, zu wachsen und zu Eichen zu werden.

In der Natur ist dies die Kraft, die am Ende zum Entstehen einer neuen Art führt. Im Wirtschaftsleben ist dies die Kraft, die trotz des Vorhandenseins schlagkräftiger Marken des Marktführers zum Erfolg vieler Marken auf Platz 2 führt. Target in Konkurrenz zu Wal-Mart. Scope in Konkurrenz zu Listerine. Lowe's in Konkurrenz zu Home Depot.

In der Natur kann man leicht beobachten, warum das Überleben eine gewisse Trennung der Arten erfordert. Warum ein Affe Zuflucht in den Bäumen sucht, um den größeren Primaten am Boden zu entfliehen. Warum eine Giraffe ihren langen Hals dazu nutzt, um Nahrung zu finden, an die die kleineren Konkurrenten nicht herankommen. Auf lange Sicht besetzt jede Art eine andere Nische im großen Baum des Lebens.

Die zweitgrößte Stadt in den USA ist nicht Boston, Philadelphia, Baltimore oder irgendeine andere Stadt in der Nähe von New York, der Nummer 1. Die zweitgrößte Stadt in den USA ist Los Angeles, eine Stadt, die ungefähr so weit weg von New York ist, wie man innerhalb der Grenzen des Landes nur kommen kann.

Denken Sie auch an die missliche Lage von Städten, die im Schatten einer größeren, dynamischeren Metropole liegen. Newark ist ein typisches Beispiel, aber auch Fort Worth im Schatten von Dallas, St. Paul im Schatten von Minneapolis, Oakland im Schatten von San Francisco, Trenton im Schatten von Philadelphia.

Seien Sie der Gegensatz zum Marktführer

Im Wirtschaftsleben kann man das Konzept vom Überleben des Allerzweiten zum Grundsatz »Seien Sie das Gegenteil vom Marktführer« verallgemeinern.

Es ist gleichgültig, worin die Strategie des Marktführers besteht und ob sie einen Sinn ergibt oder nicht. Es ist immer besser, grundsätzlich das Gegenteil vom Marktführer zu sein, als den Marktführer nachzuahmen.

Vielleicht liegt es ja an den Genen, vielleicht ist es aber auch eine gewisse Perversität des menschlichen Geistes; was auch der Grund sein mag, es gibt immer eine Gelegenheit, sich in den Köpfen der Menschen als eine starke zweite Marke zu verankern.

Woran liegt es, dass die jüngere Generation gegen die ältere rebelliert? In Bezug auf Musik, auf Kleidung, auf Essen, auf Autos.

Die treibende Kraft hinter der menschlichen Natur geht scheinbar in zwei unterschiedliche Richtungen: zur Konformität oder zum Anderssein. Die meisten Menschen bringen diese beiden widerstrebenden Kräfte dadurch in ein Gleichgewicht, dass sie in bestimmten Bereichen konform gehen und in den anderen anders sind.

Es ist das Zusammenspiel dieser beiden Kräfte, das die beiden Möglichkeiten in sich birgt, dass eine führende Marke ihre Marktführerschaft behält (Überleben des Allerersten) und dass sich eine starke zweite Marke entwickelt (Überleben des Allerzweiten).

Glücklicherweise ist der Konformismus eine stärkere Kraft als der Nonkonformismus, aber beide sind für eine dynamische Gesellschaft absolut notwendig. Konformismus schafft Stabilität in einer Gesellschaft, und Nonkonformismus schafft immer wieder einen Aufruhr, der neue Ideen und Konzepte in die Kultur einbringt.

Es gibt keinen Königsweg zum Aufbau einer Marke. Es gibt immer zwei Wege. Entweder ist man der Erste und etabliert seine Marke als Marktführer. Oder man ist der Zweite und etabliert seine Marke als Gegenpol zum Marktführer.

Es gibt kein Richtig oder Falsch

Zu viele Menschen im Geschäftsleben lassen ihre Urteilskraft durch Emotionen vernebeln. Es gibt kein Richtig oder Falsch beim Aufbau einer Marke. Es gibt Vanilleeis, und es gibt Schokoladeneis. Manche Leute mögen Vanille. Manche Leute mögen Schokolade.

In der Politik kann man sehen, wie ebendiese beiden Kräfte in Aktion treten. Jede politische Partei ist fast ein Spiegelbild der anderen. Die Demokratische Partei wird weithin als eine Partei angesehen, die positiv gegenüber Verbrauchern, gegenüber Menschen mit einem niedrigen Einkommen, gegenüber Abtreibung und einer allmächtigen Regierung eingestellt ist. Die Republikanische Partei wird im Allgemeinen als Partei betrachtet, die positiv zur Wirtschaft, zu Menschen mit einem hohen Einkommen, zu einem Verbot der Abtreibung und zur Deregulierung steht.

Wenn man diese Dynamik als gegeben annimmt, wo bleibt dann noch Platz für eine dritte politische Partei? Wenn sich die beiden führenden Marken in einer beliebigen Gattung (in der Politik oder in der Wirtschaft) angemessen positioniert haben, bleibt wenig Raum für eine starke dritte Marke (wir bezeichnen dies häufig als das Royal-Crown-Problem).

In der Wirtschaft schafft das Zusammenspiel zwischen Konformismus (die führende Marke) und Nonkonformismus (die zweite Marke) ernsthafte Probleme für Marken, die in der Mitte zwischen beiden gefangen sind (Kmart zum Beispiel). Diese Dichotomie wird oft missverstanden als das Problem zwischen einer führenden Marke und ihrem Hauptkonkurrenten.

Angesichts des Wunsches, ihren Marktanteil zu vergrößern, setzen führende Marken oft Strategien ein, die für die zweite Marke angemessener wären: »Was mir gehört, gehört mir, und was dir gehört, gehört mir auch.« Wenn diese Strategie bis ins Extrem weitergeführt wird, kann sie eine Marke zerstören. Sie wird oft als die Alles-für-alle-Falle bezeichnet; und das beste Beispiel dafür ist Chevrolet.

Was ist ein Chevrolet? Es ist ein großer, kleiner, preiswerter, teurer Wagen oder Lastwagen. Wundert sich da noch irgendjemand, dass Chevrolet seine Marktführerschaft im Automobilbereich an Ford verloren hat (auch Ford tappt in die gleiche Falle, aber das ist eine andere Geschichte).

DIE GEFAHR, WENN MAN VERSUCHT, DEN MARKTFÜHRER NACHZUAHMEN

Die zweite Marke tappt häufig in die umgekehrte Falle, wenn sie versucht, den Marktführer nachzuahmen. Das beste Beispiel dafür ist Burger King.

- McDonald's erweiterte sein Angebot um ein Frühstück; Burger King erweiterte seine Angebot um ein Frühstück.
- McDonald's brachte zusätzlich Chicken Nuggets auf seine Speisekarte; Burger King brachte zusätzlich Chicken Tenders auf seine Speisekarte.
- McDonald's schuf Ronald McDonald; Burger King schuf den Magical Burger King.
- McDonald's bot zusätzlich ein Kinder-Menü und einen Spielplatz an; Burger King bot zusätzlich ein Kinder-Menü und einen Spielplatz an.

Das einzige, was Burger King nicht nachahmen konnte, waren die Gewinne von McDonald's. Ein durchschnittliches Restaurant von Burger King in den Vereinigten Staaten hat 33 % weniger Umsatz als das durchschnittliche McDonald's-Restaurant.

Man kann nicht richtig Geld verdienen, wenn man alles, was der Hauptkonkurrent macht, kopiert; und am Ende verkauft man ein Drittel weniger Essen.

Aber Burger King probiert es immer noch. Die Firma tauscht die Generäle schneller aus als die deutsche Wehrmacht an der Ostfront. Burger King hat in den letzten 13 Jahren neun Vorstandsvorsitzende gehabt. Acht Vertriebsleiter in den vergangenen acht Jahren. Und fünf Werbeagenturen in den letzten vier Jahren.

Es erfordert Mut, der Gegenpol zum Marktführer zu sein. Der Marktführer ist erfolgreich; dort muss man wissen, was man tut. Gewiss, das ist richtig, aber in einer unvollkommenen Welt funktioniert das, was beim Marktführer funktioniert, nicht unbedingt bei der zweiten Marke.

Die Welt ist nicht vollkommen. Würde Burger King eine kleine Gemeinde ohne ein Restaurant von McDonald's finden, würde eine Nachahmerstrategie gut funktionieren. Dummerweise hat McDonald's Niederlassungen an 31.108 Orten in 120 Ländern; da bleibt für Burger King wenig Platz, um Lücken zu füllen.

In der Stärke liegt auch Schwäche

McDonald's wird weithin als ein Paradies für Kinder angesehen. Jedes Kind zwischen zwei und sechs Jahren würde McDonald's als das Restaurant seiner Wahl angeben (wir haben den Verdacht, dass die Popularität des Kinderlieds »Old McDonald had a farm, ee i ee i oh« etwas mit der Anerkennung der Marke durch Kinder zu tun hat).

Wo liegt die Schwäche der starken Anziehungskraft von McDonald's auf die Kleinen? Möglicherweise könnte diese Stärke die Älteren abhalten. Vor allem bei Kindern um die 10 Jahre und Jugendlichen, die vielleicht ihre Hamburger nicht mit den Kiddys auf dem Spielplatz zusammen essen wollen.

»Werde erwachsen. Werde erwachsen mit dem Geschmack eines im Feuer gerösteten Burger King« – das ist die Strategie, die wir einmal dem Management vom Burger King (vor neun oder zehn Aufsichtsratvorsitzenden) empfohlen haben.

Möglicherweise ist es für Burger King zu spät, eine Strategie gegen Kids und gegen McDonald's zu verfolgen. Nur die Spielplätze loszuwerden, könnte angesichts der Kontrolle, die die Franchiseunternehmer über die Geschäftstätigkeit ausüben, eine nicht realisierbare Aufgabe sein. In einem gewissen Sinne ist Burger King in der schwammigen Mitte zwischen der Anziehungskraft von McDonald's für Kinder und der Anziehungskraft von Wendy's für Erwachsene gefangen. Burger King hat nicht viel Bewegungsspielraum.

Damit soll nicht gesagt werden, dass die zweiten Marken wie Burger King keine Strategie haben. Die haben sie: (1) den Marktführer nachahmen und (2) es besser machen. Das Problem besteht darin, dass man sich mit einer solchen Strategie selbst zu Fall bringt.

Die Mach-es-besser-Falle

Viele Firmen (und Marken) fanden eine Methode, es besser zu machen. Was sie aber nicht gelöst haben, ist das mentale Problem. Wie überzeugt man Verbraucher, dass die eigene Marke besser ist als die Marke des Marktführers?

- Wenn man eine bessere Uhr herstellt, wie kann man dann die Verbraucher davon überzeugen, dass die eigene Marke besser ist als die von Rolex?
- Wenn man eine bessere Batterie herstellt, wie kann man dann die Verbraucher davon überzeugen, dass die eigene Marke besser ist als die von Duracell?
- Wenn man eine bessere Cola herstellt, wie kann man dann die Verbraucher davon überzeugen, dass die eigene Marke besser ist als die von Coke? Blindversuche mit Geschmackstests haben übrigens gezeigt, dass sowohl Pepsi-Cola als auch Royal Crown Cola besser schmecken als Coca-Cola; und dennoch bevorzugen die meisten Menschen Coke.

Hat Fuji bei den Fotofilmen Kodak überrundet? Hat Goodrich bei den Autoreifen Goodyear überrundet? Hat Avis bei den Mietwagen Hertz überrundet? Hat Reebok bei den Sportschuhen Nike überrundet? Hat Wisk bei den Waschmitteln Tide überrundet?

Uns fallen Beispiele dafür ein, dass die Nummer 2 den Marktführer überrundet hat, aber darunter ist keins, bei dem die folgenden beiden Bedingungen gegeben waren: (1) Der Marktführer ist tief verwurzelt im Bewusstsein der Menschen, und (2) die zweite Marke verfolgte eine Strategie des »Wir machen es besser«.

Es anders machen

Immer wenn ein Marktführer seine Position verliert, dann liegt es daran, dass die zweite Marke die Strategie des »Es-anders-Machens« verfolgte.

Enterprise wurde nicht dadurch zur führenden Marke bei den Mietwagen, dass es Hertz an den Flughafen-Terminals überrundete, sondern dadurch, dass die Firma in den Vororten der Städte Mietwagenstationen einrichtete und sich auf den Markt des »Versicherungsersatzes« konzentrierte. Mit anderen Worten: Enterprise machte genau das, was an seiner Stelle eine Nummer 2 hätte tun sollen: eine mentale Distanz zwischen sich selbst und dem Marktführer aufzubauen (im Fall von Enterprise war es auch eine physische Distanz).

Heute hat Enterprise einen Umsatz von 6,9 Milliarden Dollar verglichen mit 5 Milliarden Dollar bei Hertz. Aber raten Sie einmal, was die Leute meinen? Hertz wird immer noch weithin als Marktführer im Mietwagenbereich angesehen.

Wahrnehmung ist ein lang anhaltendes Phänomen. Man kann seine führende Position bei den Umsätzen verlieren und dennoch seine Markenführerschaft im Bewusstsein der Menschen beibehalten, wie das Beispiel Herz anschaulich demonstriert. Wie man wahrgenommen wird, ist eine ungeheuer wertvolle Angelegenheit. Wir sind fest davon überzeugt, dass Hertz seine führende Position bei den Umsätzen zu irgendeinem Zeitpunkt in der Zukunft zurückgewinnen wird. Diese Aufgabe wird dadurch leichter, dass die Firma nicht auch noch ihre führende Position in der Wahrnehmung zurückgewinnen muss.

Wahrnehmung ist etwas Klebriges. Für eine kurze Zeit 1997 und 1998 verkaufte Colgate mehr Zahnpasta als Chrest. Aber verlor Chrest seine führende Position im Bewusstsein der Menschen? Nein, das war nicht der Fall. Es wird immer noch weithin als die führende Zahnpastamarke in Amerika wahrgenommen.

Lowe's macht es anders

In der Gattung Baumärkte demonstriert Lowe's ebendieses Prinzip. Home Depot ist der große Gorilla in dieser Gattung. Home Depot wurde zuerst gegründet, war der Pionier der Gattung und hat jetzt 1650 Filialen in Vergleich zu 930 Filialen von Lowe's.

Mit seinen riesigen, höhlenartigen Großhandelsläden, die bis zu den Dachbalken mit Waren voll gestopft sind, ist Home Depot der Wal-Mart der Gattung Baumärkte. Und Lowe's ist das Target.

Home Depot ist attraktiv für Männer; Lowe's ist attraktiv für Frauen. Home Depot ist riesig, voll gepackt, dunkel und schmuddelig; Lowe's ist groß, mit breiten Gängen, hübschen Regalen und hellem Licht. Lowe's ist ein gutes Beispiel für die brillante Strategie einer zweiten Marke. Man muss zum Gegensatz werden.

BMW MACHT ES ANDERS

Das vielleicht beste Beispiel dafür, was eine zweite Marke tun sollte, ist BMW. Die Firma ist in der unglücklichen Position, mit Mercedes-Benz konkurrieren zu müssen, der wahrscheinlich prestigeträchtigsten Automarke der Welt.

Wie konkurriert man mit einer Marke wie Mercedes-Benz? Das ist nicht einfach, aber das Prinzip ist ziemlich einleuchtend. Man wird zum Gegensatz. Mercedes ist bekannt für seine großen, mächtigen Luxusautos mit einer Betonung der ruhigen Fahreigenschaften und des bequemen Sitzens. Sogar Sportwagen von Mercedes wie der SL500 sind nicht so richtig schnelle Autos.

Deshalb positionierte sich BMW gegen Mercedes. »The ultimate driving machine« war lange Zeit in den USA der Werbeslogan für die Marke (in Deutschland »Freude am Fahren«). Aber es handelt sich um mehr als nur einen Slogan. BMW entwirft Autos, die kleiner und leichter sind und sportlicher als die großen Karossen von Mercedes.

Infolgedessen verkaufen sich BMWs in den Vereinigten Staaten und in vielen anderen Ländern der Welt besser als die Autos von Mercedes.

BMW ist wahrscheinlich das beste Beispiel dafür, eine Position zu markieren, die das Gegenteil der Position des Marktführers ist, und über längere Zeit in dieser Position zu bleiben. Im Fall von BMW ist die Firma in den USA mehr als 30 Jahre lang bei ihrer Strategie mit der »driving machine« geblieben. Wenn etwas nicht kaputt ist, sollte man es nicht reparieren.

REEBOK MACHT ES ANDERS

Man sollte es auch nicht verändern. Reebok stieg im Bereich der Sportschuhe dadurch zur zweiten Marke auf, dass die Produkte einen Gegensatz zu den Produkten von Nike bildeten. Während es sich bei Nike in den achtziger Jahren um eine Marke handelte, die sich auf Männer konzentrierte und mit einem Superstar wie Michael Jordan als Galionsfigur sportlich ausgerichtet war, war der Reebok-Schuh mit seinem Oberleder der gestylte, bequeme Aerobics-Schuh, der für Frauen attraktiv war.

Das blieb nicht lange so. Reebok hat seit dieser Zeit Nikes Strategie kopiert und sich Verstärkung bei Sportlern wie Allen Iverson und Kenyon Martin geholt. Heute ist Reebok nicht mehr die zweite Marke im Bereich der Sportschuhe.

1991 verkaufte Reebok Schuhe im Werte von 2,2 Milliarden Dollar und nahm damit einen respektablen zweiten Platz hinter Nike mit 2,7 Milliarden Dollar ein. Im letzten Jahr jedoch verkaufte Reebok nur Schuhe im Werte von 1,6 Milliarden Dollar hinter Nike mit 5,8 Milliarden Dollar und Adidas mit 2,8 Milliarden Dollar.

Kürzlich änderte Reebok seine Strategie. Die einstige Nummer 1 im Bereich der Aerobics-Schuhe erschloss sich den lukrativen Hip-Hop-Markt, um ihr Comeback zu ermöglichen. In gerade einmal einem Jahr hat der Schuhhersteller Verträge mit den Hip-Hop-Stars 50 Cent, Shakira, Fabolous, Eve und Jay-Z unterschrieben.

Wird das funktionieren? Es ist zu früh, um etwas darüber zu sagen, aber eine Hip-Hop-Strategie hat den Vorteil, dass man es anders macht als Nike.

PHOENIX MACHT ES ANDERS

Welches ist die größte Privatuniversität in Amerika? Viele Menschen wissen wahrscheinlich gar nicht, dass die Universität von Phoenix mit 157.800 Studenten die größte Privatuniversität Amerikas ist.

Die Universität von Phoenix ist nicht in derselben Kategorie wie Harvard, Princeton, Yale oder Stanford angesiedelt. Sie hat keinen Campus, keine Sportmannschaft und auch keine Stiftung. Doch in einer Zeit, in der die meisten Privatuniversitäten mit weniger Geld auskommen müssen, erwirtschaftet die Universität von Phoenix pro Jahr Gewinne von 200 Millionen Dollar bei Umsätzen von 1,2 Milliarden Dollar.

Von allen Möglichkeiten zum Marketing, die es auf der Welt heute gibt, liegt im Bereich der Bildung das größte Potenzial. Abgesehen von einer Hand voll Universitäten und Graduiertenkollegs (Wharton, Kellog, MIT, Thunderbird und Babson, um nur einige zu nennen) fallen die meisten Bildungsinstitutionen im Grundkurs Marketing durch.

Viele Colleges, Universitäten und Graduiertenkollegs machen es nicht anders. Deshalb stehen sie auch nicht für etwas. Konsequenterweise stellen sie keine starke Marken dar.

Stein, Schere, Papier

Erinnern Sie sich an das bei Kindern beliebte Spiel »Stein, Schere, Papier«? (Stein schleift Schere, Schere schneidet Papier, Papier umhüllt Stein.)

Worin besteht die beste Strategie beim Spiel »Stein, Schere, Papier«? Alles hängt davon ab, welche Strategie Ihr Gegner wählt. Ihre beste Strategie besteht darin, das Gegenteil zu sein. Die Universität von Phoenix ging fast in allem, was sie machte, nach diesem Ansatz vor.

- Statt wie herkömmlich für einen Markt von 18 bis 22 Jahre alten Personen attraktiv zu sein, zog die Universität von Phoenix berufstätige Erwachsene an. Durchschnittsalter: 35 Jahre.

- Statt Vollzeitdozenten und beamtete Professoren einzusetzen, stellte die Universität von Phoenix im Berufsleben stehende Akademiker ein, die auf Teilzeitstellen arbeiteten. Bei einem wissenschaftlichen Personal von mehr als 9000 Personen arbeiteten nur 250 auf Vollzeitstellen.

- Statt einen teuren Campus aufzubauen, mietet die Universität von Phoenix relativ preiswerte Büroräume als Räume für Lehrveranstaltungen an.

Oft ist ein Manager das Opfer seines eigenen Expertenwissens. Eine häufige Reaktion auf einen Gedanken wie den, der in der Universität von Phoenix realisiert wurde, ist: »So geht man in unserer Branche gewöhnlich nicht vor.«

»So geht man in unserer Branche gewöhnlich nicht vor« ist ein guter Indikator dafür, dass ein Gedanke lohnenswert ist. Fragen Sie nicht, ob der Gedanke einen Sinn ergibt. Fragen Sie, ob der Gedanke im Gegensatz zur Strategie des Marktführers steht.

Scope macht es anders

Alle Marken für Mundspülung schmeckten schlecht – einschließlich Listerine, der ersten Mundspülung und führenden Marke. »Der Geschmack, den sie hassen, zweimal am Tag« hieß es in Werbeanzeigen von Listerine.

Viele konkurrierende Marken versuchten, Listerine die Marktführerschaft zu entreißen, einschließlich Micrin von der Firma Johnson & Johnson, die 1962 15 Millionen Dollar für Werbung ausgab; und das war in diesen Tagen eine ungeheuer große Summe.

Man hatte kein Glück damit. Die einzige Marke, die gewisse Fortschritte gegen Listerine zu verzeichnen hatte, war Scope, die wohlschmeckende Mundspülung. Heute ist Scope eine starke zweite Marke in dieser Gattung.

Ist guter Geschmack etwas Sinnvolles bei einem Produkt, das dazu erfunden wurde, Keime abzutöten, die zu schlechtem Atem führen? Vielleicht nicht, aber das Konzept ist das Gegenteil von dem des Marktführers. Und deswegen muss man ernsthaft darüber nachdenken (als man die Listerine-Käufer neu positionierte als Menschen, die einen »medizinischen Atem« haben, trug dies mit dazu bei, die Marke Scope aufzubauen).

Die dritte Marke Mundspülung (Plax) entging der Royal-Crown-Falle dadurch, dass man mit ihr eine neue Gattung begründete. Plax ist die erste Mundspülung, die Zahnbelag bekämpft (Plax – ein einfacher, einprägsamer und wirkungsvoller Markenname, denn Plaque ist das englische Wort für Zahnbelag).

Es anders machen beim Bier

In einigen Gattungen ist es schwer, den Wald vor lauter Bäumen zu sehen. Nehmen Sie als Beispiel das Bier. Die Ausweitung der Produkte in der Bierbranche macht es schwer, den Kampf zwischen den Positionen von Nr. 1 und Nr. 2 zu beobachten. Einige Supermärkte führen zwischen 50 und 100 unterschiedliche Biersorten.

Beim Kampf um die günstigste Position in der Bierbranche sind zwei Trends erkennbar. Der eine ist der Trend zum Leichtbier.

Das am besten verkaufte Bier in Amerika ist nicht Budweiser, sondern Bud Light, das kürzlich an dem Bier mit der vollen Kalorienzahl aus derselben Brauerei vorbeigezogen ist. Soweit es um die Marktführerschaft in der Bierbranche geht, ist das Spiel vorbei, und Bud Light hat gewonnen. Bud Light verkauft sich besser als die nächstfolgenden beiden Leichtbiere zusammengenommen, Coors Light und Miller Lite.

Der zweite Trend ist der allmähliche Abstieg der für lange Zeit zweiten Marke, Miller Lite.

Die erste Marke für Leichtbier, Miller Lite, verlor ihre Marktführerschaft an Bud Light und ist seitdem noch hinter Coors Light zurückgefallen. Der Gesamtumsatz aller Marken von Coors wird irgendwann in der Zukunft wahrscheinlich sogar noch an der Menagerie von Miller vorbeiziehen.

Tödlich für Miller war die große Anzahl der Produkterweiterungen. Zusätzlich zu Miller Lite verkauft die Brauerei auch Miller High Life, Miller High Life Light, Miller Genuine Draft und Miller Genuine Draft Light.

Und wir sollten nicht die vielen anderen Marken vergessen, die über die Jahre hinweg in Kombination mit den Namen Miller eingeführt wurden; und dazu gehören solche eindeutigen Verlierer wie Miller Clear, Miller Ultra Lite, Miller Regular, Miller Reserve, Miller Reserve Light und Miller Reserve Amber Ale.

Es ist schon schwierig, als Alternative zum Marktführer zu bestehen. Aber es ist fast unmöglich, eine Familie von Alternativen zum Marktführer zu sein. Miller muss also seine ganze Kraft auf eine Marke setzen ... und diese eine Marke ist offensichtlich Miller Lite.

Aber wie wird Miller Lite zum Gegensatz von Bud Light? Abgesehen davon, dass Bud Light die spannende Marke ist, handelt es sich um ein anonymes Produkt mit wenig eigenem Charakter, wenn man einmal davon absieht, dass sie aus dem Mittleren Westen kommt.

In Wirklichkeit ist Coors Light eine natürliche »Umkehridee«, die nicht mehr recht fassbar ist. Statt ein Bier aus dem Mittleren Westen zu sein, wurde Coors in Golden (Colorado) mit »Quellwasser aus den Rocky Mountains« gebraut. Heutzutage wird diese Marke nicht mehr ausschließlich in Golden gebraut; damit ist es vorbei, obwohl es bei den Verbrauchern subjektiv noch nachklingt.

Was sollte Miller machen?

Vorstellungen haben Nachwirkungen. Zwei der Vorstellungen, die man mit der Marke Miller assoziiert, sind »Tastes great, less filling« (Schmeckt großartig, ist nicht so mächtig) und »Miller Time« (Miller-Zeit). Miller sollte sich für eine dieser beiden Ideen entscheiden, um damit für die Marke Miller Lite zu werben.

Aber für welche?

»Schmeckt großartig, ist nicht so mächtig« ist ein recht allgemeiner Gedanke, der auf jedes Leichtbier zutrifft. Wenn man Bier mag, dann schmeckt jedes Leichtbier großartig, und es ist nicht so mächtig. Außerdem wurde mit dem Slogan nicht die Marke aufgebaut, sondern mit der Marke wurde der Slogan entwickelt. Es war ein rauschender Erfolg für Lite-Bier, das erste Leichtbier im Bewusstsein der Menschen, das sie dazu veranlasste, sich an den Slogan zu erinnern.

Das Gegenteil trifft auf den Gedanken der Miller-Zeit zu. In einer Epoche, in der die traditionelle zweite Marke (Schlitz) auf dem Abstieg war, führte die Firma Miller Brewing mit dem Motto »Reward for hard day's work« (Belohnung nach einem harten Arbeitstag) Miller High Life ein. In der Fernsehwerbung wurden Bauern, Fabrikarbeiter und Bauarbeiter gezeigt, die nach einem harten Arbeitstag in die Kneipe gingen. Um 5 Uhr war Miller-Zeit.

Die Verkäufe von Miller schossen in die Höhe. 1979 lag der Marktanteil nur 21 Prozent hinter Budweiser. Miller war die starke zweite Biersorte.

Tatsächlich wurden die beiden Biersorten von Miller, wenn man einmal Miller High Life und Miller Lite zusammenrechnet, in den Jahren 1978–80 besser verkauft. Miller war in Aufbruchstimmung.

Dann wirkte sich die Erweiterung der Produktlinie aus. Die Zahlen für Miller Lite gingen in die Höhe und die für Miller High Life nach unten; das waren die klassischen Symptome der Produktlinienerweiterungskrankheit. Von einem Hoch von 28,3 Millionen Hektolitern im Jahre 1979 fiel Miller High Life auf 6,4 Millionen Hektoliter im letzten Jahr ab.

Von Zeit zu Zeit versuchte Miller Brewing, jetzt SABMiller, seinen Slogan »Miller Time« neu zu beleben, aber das war einfach zu pathetisch gemacht.

Es gibt verbale Slogans, und es gibt Handlungsslogans. »The real thing« (Die Sache selbst) ist ein verbaler Slogan. Dem Verbraucher drängt sich sofort die Vorstellung auf, dass Coca-Cola das Original ist und die anderen Marken Imitationen sind.

»Miller Time« ist ein Handlungsslogan. Ohne die Handlungen, die sich ereignen, bevor der Slogan gesagt wird, hat das alles keine richtige Bedeutung. Ein Werbespot im Fernsehen braucht die Dynamik eines harten Arbeitstages, damit die emotionale Verbindung mit der Belohnung, um 5 Uhr ein Bier zu trinken, hergestellt wird.

Ist es schon zu spät, das Durcheinander bei Miller wieder in Ordnung zu bringen? Wird Miller den gleichen Weg gehen wie Schlitz? Zufällig war Schlitz Light das zweite Leichtbier auf dem Markt – ein Schritt zur Erweiterung der Produktlinie, durch den der Abstieg der Marke Schlitz nicht aufgehalten werden konnte.

Aber das werden wir erst wissen, wenn eine gewisse Zeit vergangen ist.

Auf der Suche nach der grossen neuen Idee

Situationen wie die bei Miller werfen oft die Frage auf, warum wir uns auf das beschränken sollten, was bereits in den Köpfen der Menschen vorhanden ist. Gewiss muss es irgendwo eine neue Idee geben, die die Marke durcheinander wirbelt.

Wunschdenken. Wenn eine Marke so lange auf dem Markt ist wie Miller (148 Jahre), wenn für eine Marke so viel Werbung gemacht worden ist wie für Miller (mit einem Werbebudget von gegenwärtig 499 Millionen Dollar pro Jahr), ist es Wunschdenken, zu glauben, dass man eine neue Idee finden kann, die in eine völlig neue Richtung weist. Eine alte Idee mit einem neuen Knalleffekt? Vielleicht. Aber eine völlig neue Idee? Nein.

»Miller, das elegante Bier.«

Was? Miller braut seit 150 Jahren Bier und jetzt erst hat jemand bemerkt, dass es sich um ein elegantes Bier handelt? Der Slogan hört sich verlogen an.

G.I. Joe kontra Barbie

Nehmen Sie einmal an, Sie wollten eine Puppe entwickeln, die mit Barbie von der Firma Mattel konkurriert. Das ist eine harte Sache, denn bei Kinderspielzeug werden oft Schlachten um Standards geschlagen. Es gab Barbie, aber keine zweite Marke. Deshalb machte die Spielzeugfirma Hasbro mit ihrem Konzept genau das Gegenteil. Statt einer besseren Barbie für Mädchen entwickelte die Firma unter der Bezeichnung G. I. Joe eine Puppe für Jungen.

Würden Jungen mit Puppen spielen? Kein Problem. Hasbro nannte sein neues Produkt eine »action figure«.

G. I. Joe erstürmte 1964 den Spielzeugmarkt so wie sein Namensvetter die Strände der Normandie 20 Jahre vorher. Bis heute wurden etwa 375 Millionen Exemplare verkauft.

Bratz kontra Barbie

Auf dem Höhepunkt des Erfolgs 1997 wurden Barbies im Wert von 1,9 Milliarden Dollar verkauft; das sind mehr als 90 Prozent des Markts für Modepuppen. Kürzlich jedoch ist ihr Marktanteil auf 70 Prozent gefallen.

Der Grund dafür ist Bratz. Während Barbie für Mädchen im Alter zwischen drei und sieben Jahren attraktiv ist, richtet sich Bratz an acht bis zwölf Jahre alte Mädchen. Die Bratz-Puppen wurden im Jahre 2001 von MGA Entertainment vorgestellt, und sie sind bemerkenswert anders. Mit ihren übergroßen Köpfen, vorgestülpten Lippen und karikaturhaften Augen strahlen die Bratz-Puppen ein Image aus, bei dem es um Spaß geht; dagegen sind die Barbie-Puppen einfach nur süß und ernsthaft. Es wird erwartet, dass der Umsatz von Bratz dieses Jahr auf mehr als eine halbe Milliarde Dollar steigt.

Eine verbreitete Wehklage unter Firmen und Einzelpersonen besteht darin, dass wir zu spät kommen. Wir haben die große Gelegenheit beim Fernsehen, bei den Computern, beim Internet verpasst. Doch jede Entwicklung bietet zahllose Möglichkeiten für eine zweite Marke und für neue Zweige. Und es überrascht, wie die Möglichkeiten erhalten bleiben und nur darauf warten, dass ein Unternehmer zuschlägt.

43 Jahre vergingen zwischen der Vorstellung von Barbie und der Einführung von Bratz, der überlebensfähigsten Alternative zum Monopol von Mattel. Es sollte 43 Jahre dauern, bis man mit einer effektiven Nummer-2-Strategie auf den Markt kam.

Beklagen Sie sich nicht über den Mangel an Möglichkeiten. Sehen Sie sich nur um, und Sie werden überall Möglichkeiten sehen.

Macho-Manager, passt auf

»Es ist kein Raum für einen zweiten Platz«, sagte Vince Lombardi. »In dem Spiel, das ich spiele, gibt es nur einen Platz, und das ist der erste Platz.«

Das gilt vielleicht in der Welt des Fußballs, doch in der Welt der Wirtschaft ist viel Raum für einen zweiten Platz. Einer der größten Fehler, den eine Firma begehen kann, besteht in dem Versuch, den Marktführer zu überholen, wenn sie doch hätte versuchen sollen, sich auf dem sicheren zweiten Platz einzuigeln.

Passen Sie auf. Die Kultur der Konzerne geht nicht freundlich mit Managern um, die bereit sind, sich mit dem zweiten Platz zufrieden zu geben. Das ist nicht macho. Um es in den Worten eines Werbespots von Nike Olympics zu formulieren: »Man gewinnt keine Silbermedaille; man verliert Gold.«

Der Kern einer guten Marketingstrategie besteht darin, zu wissen, wann man gewinnen kann und wann nicht. Wenn man es nicht kann, sollte man sich mit der Silbermedaille zufrieden geben und sich nicht selbst ein Bein stellen, indem man nach Gold strebt.

Die Probleme mit Hightech

Beim Bier und bei anderen Verbraucherprodukten ist das Problem, sich auf Position 2 zu etablieren, relativ leicht lösbar. Manchmal reicht sogar ein trivialer Unterschied aus, um sich bei einer Marke auf der zweiten Position einzuzementieren. Bei Hightech jedoch ist das Problem, sich als zweite Marke zu etablieren, schwieriger zu lösen.

Bei den Hochtechnologie-Produkten gibt es immer die Frage der De-facto-Standards. Das Macintosh-Betriebssystem ist vielleicht das bessere Betriebssystem für Personal Computer als Windows, aber niemand wird zu dem Produkt von Apple überwechseln, wenn alle anderen in der eigenen Firma das Produkt von Microsoft benutzen. Mit einem Marktanteil von 95 Prozent ist Windows der De-facto-Standard für PC-Betriebssysteme. Einen zweiten Platz gibt es nicht.

Man könnte argumentieren, alles, was man wolle, seien Apples hervorragende technische Leistungsfähigkeit, Apples zukunftsweisendes Design, Apples eindrucksvolle Farben und Steve Jobs gelungene Werbegags; doch Fakten sind Fakten. Irgendetwas an Apples Strategie stimmt nicht.

Der iPod mag ein brillantes Produkt mit einer brillanten PR sein, aber er trägt nichts dazu bei, Apples größtes Problem zu lösen; und das ist Microsoft. Gegenwärtig hat Apple weltweit nur einen Marktanteil von 2,6 Prozent an den Betriebssystemen für Personal Computer, etwas vor Linux mit 2,3 Prozent.

Ein Krieg um Standards ist etwas anderes

Bei einem Krieg um Standards geht es um alles oder nichts. Wenn es in jeder amerikanischen Bar und in jedem amerikanischen Restaurant nur eine Biersorte gäbe, dann würde sich der Marktanteil von Budweiser über Nacht verdoppeln. In einem Krieg um Standards ist der zweite Platz kein Platz.

Das ist keine hypothetische Situation. In der Gattung Cola beispielsweise gibt es eindeutig einen Standard nach dem Motto »Eine Colamarke pro Restaurant«. Wie Sie vielleicht bereits erwartet haben, hat die führende Marke (Coca-Cola) einen viel größeren Anteil am Restaurantmarkt (der Sieger nimmt alles) als in den Supermärkten und in den 24-Stunden-Läden, wo die Marke mit der Konkurrenz von Pepsi-Cola konfrontiert ist (Coca-Cola hat einen Anteil von 68 Prozent am inländischen Ausschankgeschäft gegenüber Pepsi mit nur 22 Prozent).

Wenn man ein Betriebssystem für Personal Computer verkauft (und im Falle von Apple den Computer, auf dem es läuft), dann ist das so, als verkaufe man eine Colamarke in einem Markt, der nach dem Motto »Eine Colamarke pro Restaurant« funktioniert. Es reicht nicht aus, auf dem zweiten Platz zu sein; denn einen zweiten Platz gibt es nicht.

Microsoft hat den Löwenanteil am weltweiten Markt für PC-Betriebssysteme und nimmt dadurch eine unglaublich starke Position ein. Ein alter Witz veranschaulicht die Macht der Firma.

»Wie viele Microsoftprogrammierer braucht man, um eine Glühbirne einzuschrauben?«

»Keinen, Microsoft erklärt einfach die Dunkelheit zum Standard.«

Was kann man machen, wenn man mit einer Firma wie Microsoft konfrontiert ist? Man muss den Markt in Segmente aufteilen. Man muss den halben Markt oder mehr abschreiben und seine Anstrengungen auf das verbleibende Segment konzentrieren. In Konkurrenz zu Budweiser würde man ganz offensichtlich die Bars und Restaurants der unteren Kategorie abschreiben und sich auf das obere Segment konzentrieren.

Was hätte Apple tun sollen?

Wir hätten den allgemeinen Geschäftsmarkt aufgegeben – das ist eine Schlacht, die Apple sowieso verloren hat – und uns auf den Grafikmarkt konzentriert –

eine Schlacht, die Apple bereits gewonnen hat. Art-Direktoren von Agenturen, Designer, Architekten und andere Profis aus dem Grafikbereich verwenden zum großen Teil keinen anderen Computer als die Macintosh-Rechner.

Aber ich verrate Ihnen den Trick. Wir hätten diese Macintosh-Rechner genommen und für sie auch in einem Segment des Geschäftslebens geworben, in dem viel mit Grafiken gearbeitet wird. Millionen von Managern im ganzen Land zeigen jede Woche PowerPoint-Präsentationen (Microsoft schätzt, dass täglich 30 Millionen PowerPoint-Folien gezeigt werden).

Aber das wäre mit der momentan vorliegenden Masse der Macintosh-Rechner nicht gegangen, die enge Verwandte der Wintel-Geräte sind. Stattdessen hätten die Macintosh-Rechner des Jahres 2004 das Endergebnis von zwei Jahrzehnten der Konzentration auf den Grafikbereich sein müssen. Mit anderen Worten: eine Evolution entlang eines Zweiges mit der Bezeichnung »Grafik«-Computer anstelle einer Evolution entlang eines Zweiges mit der Bezeichnung »Allzweck-Computer für das Geschäftsleben«.

Man kann einen Krieg um Standards nicht mit einem besseren Produkt gewinnen; man braucht eine bessere Strategie (denken Sie an Betamax von Sony).

Als Apple 1984 den Macintosh-Rechner einführte (erinnern Sie sich an den Werbespot mit dem Titel »1984« während des Baseball-Endspiels?), wurde er weithin als eine wichtige Verbesserung gegenüber dem IBM PC gepriesen. Dies betraf insbesondere die grafische Benutzeroberfläche.

Keine Frage. Aber im Jahr 1984 war es bereits zu spät für ein besseres Produkt.

Doch es ist nie zu spät für eine bessere Strategie.

Kapitel 13

Die Wirkung des Zurückstutzens

Wie jeder Gärtner weiß, kann man eine Pflanze stärken, indem man sie zurückstutzt.

Woran liegt es, dass die Gärtner in den Konzernen Schwierigkeiten damit haben, dieses Prinzip zu akzeptieren? Wachstum in alle Richtungen schwächt eine Pflanze, und es schwächt auch einen Konzern.

Stündlich, täglich, wöchentlich und monatlich erweitert die typische Firma ihre Palette in Richtung auf weitere Produkte, weitere Wirtschaftszweige, weitere Vertriebskanäle und weitere Preiskategorien. Wie bei einem Wachstum von Organismen ist das Wachstum bei Konzernen meist unsichtbar. Man kann das Gras nicht wachsen sehen. Man kann eine Firma nicht wachsen sehen.

Unbeschränktes Wachstum bei Sears

Nehmen Sie beispielsweise Sears Roebuck. Die meisten Menschen glauben, dass man bei Sears Roebuck gute Haushaltsgeräte und vielleicht auch Kleidung einkaufen kann. Sehen Sie einmal in den Gelben Seiten nach und Sie werden

Vor dem Zurückstutzen

Nach dem Zurückstutzen

Um eine Pflanze gesund zu erhalten, sollte man sie zurückstutzen. Um eine Firma und eine Marke gesund zu erhalten, sollten die Gärtner der Konzerne dasselbe machen.

herausfinden, dass Sears auch in einer Reihe anderer Branchen tätig ist. Hier einige Beispiele:

- Sears Automobilzentren
- Sears Beratung bei der Wartung von Swimmingpools
- Sears Fahrschule
- Sears Klempnerei, Abfluss- und Abwasserreinigung
- Sears Malerbedarf
- Sears Mietwagen
- Sears Porträtfotografie
- Sears Reinigung für Teppiche und Polstermöbel
- Sears Reparaturen von Elektrogeräten
- Sears Termiten- und Schädlingsbekämpfung
- Sears Textilreinigung und Schuhreparaturen
- Sears Zäune
- Sears Zentrum für Brillen und Kontaktlinsen
- Sears Zentrum für Hörgeräte

Gewiss, viele dieser Nebengeschäftszweige sind Aktivitäten mit einem Franchise-Unternehmer, aber sie erfordern dennoch die Zeit und die Aufmerksamkeit des Managements. Zudem ziehen sie Kraft von der Marke Sears ab. Wenn der eigene Name für alles steht, dann steht er für nichts.

Vor Jahren prahlte Sears damit, »der preiswerteste Lieferant der Welt« zu sein. Offensichtlich stimmt das nicht mehr.

Preiswert zu sein ist eine von vielen Methoden, um eine Einzelhandelsmarke aufzubauen. Leider verlor Sears das Preiswert-Konzept an Wal-Mart, und es gelang der Firma nicht, das Kernkonzept durch ein anderes zu ersetzen.

Was ist ein Sears? Wir wissen es nicht. Wissen Sie es?

Was könnte ein Sears sein? Wir würden alles zurückstutzen und uns beim

Einzelhandelsgeschäft auf die Haushaltswaren konzentrieren, vor allem auf die Haushaltsgeräte, bei denen Sears mit einem Marktanteil von 39 Prozent die Nummer 1 ist.

Betrachten Sie Haushaltsgeräte einmal unter dem Aspekt der Konkurrenz. Lowe's ist die Nummer 2, Home Depot die Nummer 3, und beide Einzelhandelsmarken sind Sears auf den Fersen. Verkauft Lowe's oder Home Depot Kleidung oder Schmuck?

Die Grenzen des Wachstums

Es ist das Management, das am Ende die optimale Größe eines Konzerns eingrenzt. Wie kann man ein Geschäft leiten, das man nicht versteht?

Das kann man nicht. Wegen der Evolution und der Divergenz ist es zudem unwahrscheinlich, dass Sie, wenn Sie Ihr Geschäft heute verstehen, es auch morgen noch verstehen werden.

Wenn Alfred P. Sloan aus seinem Grab stiege, um heute wieder die Leitung von General Motors zu übernehmen, dann würde es ihm an Verständnis für die Vielfalt der Fahrzeuge und Marktsegmente mangeln, die die Firma momentan vertreibt.

- Nehmen Sie die Branche der Sehhilfen. Früher einmal gingen Sie in den USA zum Optometristen, der Ihre Augen überprüfte und Ihnen eine Brille verschrieb. Heutzutage haben wir viele unterschiedliche Typen von Brillengläsern, einschließlich der Gleitsichtgläser. Es gibt auch Kontaktlinsen (normale und Wegwerf-Linsen), aber auch die Laserchirurgie. Wenn sich eine Gattung entwickelt und auseinander entwickelt, dann muss eine Firma entscheiden, welchen Weg sie gehen und welchen sie ignorieren will.

- Nehmen Sie die Videorekorderbranche. Zunächst hatten wir die Videokassette, dann die Laser Disc. Heute haben wir die Digitale Video Disc oder DVD, aber auch die DVD+RW, die DVD-RW und die DVD-ROM.

- Nehmen wir die Baby-Sitze für das Auto. Es gibt sie jetzt in vier Sorten: Sitze für Säuglinge, umgekehrt aufgestellte Sitze für Säuglinge, normal aufgestellte Sitze für Kleinkinder und Sitzerhöhungen für das Auto. Ein Kind zu haben heißt, dass man nacheinander mindestens drei unterschiedliche Arten von Sitzen für das Auto hat. Früher einmal saß das Kind einfach auf Ihrem Schoß.

  Und der einfache Buggy hat sich weiterentwickelt in Gattungen wie Fahrradanhänger, große Buggys, mittelgroße Buggys, geländegängige Buggys, leichte Buggys, Buggys mit Schirm, Doppel- und Dreifachbuggys und Rahmen (an denen man Sitze für Kleinkinder befestigen kann).

Langfristig werden alle Sachen immer komplizierter und sind immer schwieriger zu handhaben. Langfristig besteht die einzige Lösung darin, sie zurückzustutzen.

Das Schrankgesetz

Jeden Tag wird jeder Schrank in Amerika immer unordentlicher. Die einzige Lösung für das Schrankproblem besteht darin, regelmäßig neu zu strukturieren und zurückzustutzen.

Unter Physikern ist das Schrankgesetz als das zweite Gesetz der Thermodynamik bekannt. In geschlossenen Systemen nimmt die Entropie (oder das Ausmaß an Unordnung) ständig zu. Mit anderen Worten: Die Dinge geraten immer mehr in Unordnung.

Es ist die langsame, schleichende Eigenart des Vorgangs, die die Manager der Konzerne in die Irre führt. Wenn man sie von einem Tag auf den nächsten beobachtet, ist es schwer, Divergenz in Aktion zu sehen (auch in der Natur hat bisher niemand gesehen, wie die Divergenz wirkt). Man kann die Auswirkungen von Divergenz nur sehen, wenn man auf der Zeitachse nach hinten schaut. Leider ist es dann gewöhnlich schon zu spät.

Bezogen auf den Garten hört man das Wort »zurückstutzen« häufig, im Konferenzraum des Aufsichtsrats fast nie. Hier lautet das Modewort *Erweiterung*. Wie erweitern wir unser Geschäft, um die Umsätze und Profite zu steigern?

Eine Methode ist die Fusion oder der Aufkauf. Eine große Welle von Fusionen und Aufkäufen erfasste die amerikanischen Konzerne in der letzten Hälfte der neunziger Jahre. Abgesehen von der Branche des Investment Banking konnte man bei Fusionen und Aufkäufen nur verlieren. Man schätzt die Verluste, die auf Fusionen in den Jahren 1992 bis 2000 zurückgehen, auf eine Billion Dollar des Werts von Firmen für die Aktionäre.

Gute Fusionen und schlechte Fusionen

Unter strategischen Aspekten sind Fusionen nicht notwendigerweise schlecht. Wenn eine Firma einen unmittelbaren Konkurrenten aufkauft, gehen zwei Dinge vor sich, die beide von Vorteil sind. Die Firma erhöht ihren Marktanteil und verringert ihre Konkurrenz.

Wenn eine Firma eine weitere Firma in einer anderen Branche aufkauft, gehen zwei Dinge vor sich, die beide von Nachteil sind. Die Marke wird geschwächt, weil sie nun für eine größere Bandbreite von Produkten oder Dienstleistungen steht, und das Management wird geschwächt, weil es nicht mehr so viel Kontrolle über die Geschäftsaktivitäten hat.

Dummerweise sind es die zuletzt genannten Fusionen, die viele der Experten für Fusionen und Aufkäufe empfehlen. Fusionen, die die Produktlinie einer Firma erweitern, werden im Allgemeinen als »gute Ergänzung« angesehen (denken Sie an AOL Time Warner).

Da Erweiterung gegenwärtig das Modewort ist, passt angeblich eine Autofirma, die teure Wagen herstellt, zu einer Autofirma, die preiswerte Wagen herstellt. Auf diese Weise können beide Firmen ihren Markt erweitern. Deshalb fusionierte die Daimler-Benz Aktiengesellschaft mit der Chrysler Corporation, um den neuen Konzern DaimlerChrysler zu bilden.

Was für eine Katastrophe!

Seit der Fusion im November 1998 sind die Aktienkurse von DaimlerChrysler um etwa die Hälfte gefallen.

Eine weitere Fusion, die positiv in der Presse bewertet wurde, die jedoch erst noch Resultate hervorbringen muss, ist die Kombination von Hewlett-Packard und Compaq. Am 4. September 2001, dem Tag, an dem die Transaktion verkündet wurde, hatten die beiden Firmen zusammen eine Marktkapitalisierung von 66 Milliarden Dollar.

Heute ist Hewlett-Packard dank eines boomenden Aktienmarkts 76 Milliarden wert. Aber es bleibt noch abzuwarten, ob sich die Fusion für die Aktienbesitzer als positiv oder als negativ herausstellen wird.

Und sehen Sie sich die Seelenqualen bei AT&T an. Computer sollten mit der Kommunikation konvergieren; deshalb kaufte AT&T eine Computerfirma (NCR), die die Firma fünf Jahre später mit einem Verlust von 6 Milliarden wieder verkaufte. Um zu einem Telekommunikationsanbieter aus einem Guss zu werden, kaufte AT&T McCaw Cellular, in den USA damals die Nummer 1 unter den Handy-Betreibern.

Die Aufkäufe gingen weiter. Das Kabel sollte mit der Telekommunikation konvergieren; deshalb kaufte AT&T Tele-Communication Inc und eine Reihe anderer Kabelfirmen, die AT&T kurzzeitig zum größten Anbieter von Kabelsystemen im Land machten.

Alles umsonst. Wegen eines zunehmenden Drucks vonseiten der Wall Street warf AT&T seine Handysparte ab und verkaufte seine Kabelsparte an Comcast.

In dem Maße, in dem sich Gattungen auseinander entwickeln, sollten Firmen normalerweise Abteilungen nach außen verlagern. Dies ist gut für die Abteilung und gut für die Firma. Dies stimmt auch mit den Naturgesetzen überein. Die Summe der Teile ist größer als das Ganze.

Der Mythos von der Aufwertung

Ein weiterer Mythos, der bei den amerikanischen Konzernen viel Schaden angerichtet hat, ist der Mythos von der »Aufwertung« (Upgrading). Hier geht es um das Bedürfnis, das Geschäft einer Firma so großartig wie möglich darzustellen. Warum hat AT&T all diese Kabelfirmen gekauft? Weil AT&T nicht im »Telefongeschäft« tätig war, sondern im »Kommunikationsgeschäft«.

Was ist ein Kommunikationsgeschäft? Telefon, Fernsehen, Kabelfernsehen, Satellitenfernsehen, Internet, Zeitungen, Zeitschriften, Radio, Werbung und Public Relations – dies alles sind Fassetten des Kommunikationsgeschäfts.

Sollte eine Firma in all diesen Branchen vertreten sein? Wenn man die Definition dessen, was das eigene Geschäft ist, erweitert, schwimmt man gegen die Divergenzflut an. Mit der Zeit sollte man darüber nachdenken, die Definition dessen, was das eigene Geschäft ist, wieder enger zu fassen.

Die Definition des eigenen Geschäfts enger zu fassen (und die eigene Firma zurückzustutzen) ist etwas, was der allgemeinen Meinung widerspricht. Es ist auch das Gegenteil dessen, was im vielleicht berühmtesten Artikel empfohlen wurde, der je auf der Welt in irgendeiner Publikation über Management erschien.

Erblindet durch »Marketing-Kurzsichtigkeit«

In der Juli-August-Ausgabe der *Harvard Business Review* von 1960 schrieb Theodore Levitt einen Artikel, der in den folgenden Jahrzehnten Tausende von Managern in Konzernen beeinflussen sollte.

Unter der Überschrift »Marketing Myopia« (Marketing-Kurzsichtigkeit) klagte der Artikel das »kurzsichtige Management« an, seine Branche zu eng zu definieren. Sein klassisches Beispiel war die Eisenbahnbranche:

»Die Eisenbahnen hörten nicht deshalb auf zu wachsen, weil weniger Passagiere und weniger Fracht transportiert werden mussten. Der Transportbedarf war sogar größer geworden. Die Eisenbahn geriet nicht in Probleme, weil das Bedürfnis danach durch andere befriedigt wurde (Autos, Lastwagen, Flugzeuge, selbst Telefone), sondern weil es *nicht* durch die Eisenbahn selbst befriedigt wurde. Man gestattete den anderen, Kunden abzuziehen, weil man annahm, im Eisenbahngeschäft tätig zu sein und nicht im Transportgeschäft.«

Es sei zugestanden, dass das Geschäft mit der Eisenbahn nicht gerade gut lief. Aber kennen Sie irgendeine Firma, die im »Transportgeschäft« erfolgreich war?

Es gibt erfolgreiche Fluglinien, Firmen für Luftfracht, Reedereien, Lastwagenfirmen, Taxifirmen, Containerfirmen, Busfirmen, Kreuzfahrtreedereien und sogar einige erfolgreiche Eisenbahnen. Aber wir kennen keine erfolgreiche »Transportfirma«. Transport ist ein Konvergenzkonzept in einer Zeit, in der die Naturgesetze die Divergenz begünstigen.

Und die Eisenbahnfirmen, die weiterhin erfolgreich waren, gingen in die entgegengesetzte Richtung dessen, was Thed Levitt vorgeschlagen hatte. Sie verließen das Passagiergeschäft und konzentrierten sich auf Fracht.

Eigentlich war überhaupt nicht die Eisenbahn das große Thema im Artikel von Levitt, sondern die Ölindustrie. Levitt klagte diese Branche an, dass sie selbst meine, nicht im Energiegeschäft, sondern im Ölgeschäft zu sein. »Ich glaube, dass sich die Ölindustrie innerhalb von 25 Jahren«, sagte Mr. Levitt voraus, »rückblickend in fast derselben glorreichen Position befinden wird wie die Eisenbahn jetzt.«

Das Ölgeschäft kontra das Energiegeschäft

Haben Sie bemerkt, dass es der Ölindustrie wirklich gut geht?

Kennen Sie 44 Jahre nach der Veröffentlichung von »Marketing Myopia« irgendeine Firma, die von sich selber legitimerweise sagen könnte, dass sie im Energiegeschäft tätig ist?

Es gibt Ölfirmen, Pipelinefirmen, Elektrizitätswerke, Kohlefirmen und viele andere Arten von Firmen, die unter dem einen oder anderen Aspekt im Energiegeschäft tätig sind. Doch keine Firma könnte sich selbst im Ernst als globalen Energiekonzern bezeichnen.

Nun ja, vielleicht gibt es eine derartige Firma. Im Jahr 1985 kaufte InterNorth Houston Natural Gas und baute das größte natürliche Gaspipelinesystem des Landes auf. Mit Kenneth Lay als Vorstandsvorsitzendem und unter einem neuen Namen (Enron) verwandelte sich die Firma von einem Anbieter für Gaspipelines in den größten Energiehändler der Welt.

Und wir alle wissen, wie die Strategie funktionierte.

Es ist traurig, dass man es sagen muss: Die gesuchtesten Manager in amerikanischen Konzernen sind nicht jene, die sich für Divergenz, für die Verkleinerung von Firmen und für Konzentration einsetzen. Die gesuchtesten Manager sind die Ken Lays dieser Welt, die visionären großen Denker, die immer auf der Jagd nach der nächsten Akquisition sind.

Möchten Sie in die Höhen fliegen, in die sich die Egos erheben, oder in die Tiefen tauchen, in denen das Geld verborgen ist?

Aufwertung beim United Parcel Service

Die Eigenschaft der Wichtigtuerei ist fest in der Psyche der Konzerne verankert. Ein führender Manager aus dem Marketing des United Parcel Service fragte Al Ries einmal, was er vom neuen Warenzeichen der Firma halte.

»Ich finde es gut«, sagte Al Ries, »aber was UPS wirklich braucht, ist eine motivierende Idee oder ein aufrüttelnder Schrei. So etwas wie ›UPS liefert mehr Pakete an mehr Leute an mehr Orten aus als irgendein anderer Paketauslieferungsdienst‹.«

»UPS«, sagte der führende Manager aus dem Vertrieb, »ist nicht im Geschäft der Paketauslieferung tätig.«

»Hmm, das überrascht mich doch sehr. Wir sind Kunden, und ich dachte immer, dass UPS im Geschäft der Paketauslieferung tätig sei.«

»Nein, UPS ist im Logistikgeschäft tätig.«

Er machte keinen Witz. UPS malte seine etwa 88.000 Fahrzeuge neu an und schrieb darauf das Motto: »Wir synchronisieren die Welt des Handels« (das hört sich an, als wäre UPS der Meinung, die Firma sei auf dem Weg in Richtung Uhrenbranche).

Das Gleiche geschah bei FedEx. Als der Pressesprecher der Firma gebeten wurde, den Geschäftsbereich zu beschreiben, erwiderte er: »Wir sind im Bereich der Zeittechnik tätig.«

In der Zwischenzeit macht Ryder, einer der kleineren Konkurrenten von UPS, genau das Gleiche. Ryders Motto: »Logistik und Transportlösungen weltweit.«

Aufwertung der Sprache und Abwertung des Inhalts

»Wir sind nicht im Biergeschäft tätig«, sagte der stellvertretende Vertriebsleiter von Coors. »Wir sind im Bereich der Verbesserung der sozialen Stimmung tätig.« Diese aufgeblasene Sprache behindert das klare Denken. Kein Aspekt des Lebens ist vom Aufwertungsordnungsdienst unberührt geblieben.

- Doktoren sind jetzt Ärzte.
- Advokaten sind jetzt Rechtsanwälte.
- Polizisten sind jetzt Ordnungshüter.
- Die Wartungsleute sind jetzt technische Betriebsleiter.
- Hausmeister sind jetzt Objekttechniker.
- Die Leute von der Müllabfuhr sind jetzt Hygienetechniker.
- Wirtschaftsstrategen sind jetzt Wirtschaftsmodellierer.
- Zahlen sind jetzt Metriken.
- Buchhaltungsfirmen sind jetzt professionelle Dienstleistungsfirmen.
- Einkaufsabteilungen sind jetzt Beschaffungsabteilungen.
- Personalabteilungen sind jetzt Abteilungen für innerbetriebliche Kontaktpflege (Human Relations).
- Feuerwerker sind jetzt Pyrotechniker.
- Gefängnisse sind Besserungsanstalten.

»Jeder, der die Pyrotechnik in Gang setzt, wird von einem Ordnungshüter in Gewahrsam genommen und an eine Besserungsanstalt übergeben.«

Was ist eine Firma für Finanzdienstleistungen?

Eines der bleibenden Modewörter ist *Finanzdienstleistungen*. Viele Firmen wollen Marktführer in einer Gattung sein, die sie als Finanzdienstleistungen definieren. Aber stimmt das mit der Art und Weise überein, wie die Menschen denken?

- Wenn man eine Bankdienstleistung haben möchte, dann geht man zu einer Bank wie der Citibank.
- Wenn man eine Versicherung haben möchte, geht man zu einer Versicherungsfirma wie Prudential.
- Wenn man Aktien, Pfandbriefe oder Fonds kaufen möchte, geht man zu einem Aktienmakler wie Merrill Lynch.

»Lass uns zu einer Firma für Finanzdienstleistungen gehen, damit wir eine Dienstleistung für unsere Finanzen bekommen – so reden die Menschen nicht. Die Menschen reden konkreter, nicht in Form von Allgemeinheiten.

(Nach einer Umfrage der TowerGroup gibt es in einem typischen amerikanischen Haushalt 12 bis 15 Finanzprodukte: Kreditkarten, Girokonten, Sparkonten, Bausparverträge, Lebensversicherungen, Kfz-Versicherungen, Hausversicherungen etc. Und diese Finanzprodukte stammen von *fünf* unterschiedlichen Einrichtungen.)

Tatsächlich ist es leichter, vom Einzelnen zum Allgemeinen zu gehen als umgekehrt. Die Menschen wissen, dass in einem amerikanischen Drugstore viel mehr Dinge verkauft werden als nur Medikamente (Drugs): Es sind Toilettenartikel, Süßigkeiten, Softdrinks, Briefpapier, Fotoartikel, etc.

Sollte ein Drugstore (Entschuldigung, eine Apotheke) sich als ein Laden für »persönliche Dienstleistungen« bezeichnen? Wir glauben nicht.

Markt und Vermarktungskommunikationen

Boston Chicken war eine ganz große Sache, als die Firma zum ersten Mal ihre Tore öffnete. Es handelte sich um die erste Fastfood-Restaurantkette, die sich auf den Markt für grillte Hähnchen konzentrierte, die man nach Hause mitnehmen konnte. Doch dann kamen zusätzlich Truthahn, Hackbraten, Schinken und andere Artikel auf die Speisekarte und die Firma änderte ihren Namen in Boston Market.

Jeder weiß, was ein Hähnchenessen ist, aber was ist ein »Markt«-Essen? Kein Wunder, dass die Firma Bankrott gegangen ist.

Sie kennen wahrscheinlich viele berühmte Werbeagenturen und PR-Agenturen, aber wie viele berühmte Agenturen für Vermarktungskommunikationen kennen Sie? Nennen Sie doch eine.

Klienten dieser aufgeblasenen Agenturen sehen diese großartigen Namen gewöhnlich als harmlose Marktschreierei an. Wenn Ihre Werbeagentur sich selbst als Agentur für integrierte Vermarktungskommunikationen bezeichnet, wen stört das denn eigentlich? In Ihrer Vorstellung handelt es sich noch immer um eine »Werbeagentur«, Sie nennen sie Ihre »Werbeagentur« und sprechen auch gegenüber anderen von Ihrer »Werbeagentur«.

Vermarktungskommunikationen haben keine Zukunft als Bezeichnung für eine Gattung.

Eine Medienmarke für mehrere Plattformen

Sie werden vielleicht überrascht sein zu erfahren, dass die Zeitung, die in den USA die größte Verbreitung hat, nach Angaben des Herausgebers Tom Curley »keine Zeitung mehr« ist. Es handelt sich um eine Medienmarke für mehrere Plattformen. Das klingt wirklich harmlos, solange sich die Leser und Werbefachleute unter *USA Today* noch eine überregionale Zeitung vorstellen.

Für gewöhnlich schadet es nicht, wenn eine alte, etablierte Marke wie *USA Today* als Marke überhöht wird, aber es schadet einer neuen Marke, die versucht, in eine mythische Gattung namens Medienmarke für mehrere Plattformen einzudringen.

Nehmen Sie beispielsweise Talk Media, eine Abteilung von Miramax, die ihrerseits wieder Teil der Walt Disney Company ist. Die treibende Kraft hinter dem neuen Unternehmen war Tina Brown, frühere Herausgeberin von *Vanity Fair* und *The New Yorker*, aber auch der britischen Zeitschrift *Tatler*.

Tina Browns Ziel war weit gesteckt. Sie wollte die Welt der Zeitschriften und Bücher mit der Film- und Fernsehbranche verknüpfen. Die erste Verknüpfung in der Medienverkettung für mehrere Plattformen war die Zeitschrift *Talk*.

Trotz eines ausgesprochen positiven Echos in der Öffentlichkeit schaffte es die Zeitschrift *Talk*, in den ersten beiden Jahren 4 Millionen Dollar Verluste zu machen, so dass Miramax die Publikation aufgab und Tina Brown ihre Talente an anderer Stelle ausprobieren konnte.

Eine weitere Enttäuschung ist DreamWorks SKG. Die Firma wurde vor nahezu einem Jahrzehnt von dem Regisseur Steven Spielberg, dem Trickfilmmanager Jeffrey Katzenberg und dem Musikgroßmogul David Geffen gegründet; man hoffte zu einem dynamischen Zentrum für Musik, Fernsehen und Film zu werden.

Der Traum ist vorbei. Der Film- und Fernsehbranche geht es nicht besonders gut. Mit Ausnahme von *Spin City* waren die Fernsehshows der Firma nicht richtig erfolgreich. Und vor kurzem verkaufte DreamWorks seine Musikabteilung für etwa 100 Millionen Dollar.

Trotz des ganzen Rummels um »Multimedia« kann man sich nur schwer eine neue Marke vorstellen, die sich selbst als Multimedia-Marke etabliert hat.

Es ist das alte Rätsel, bei dem es um Realität oder Wahrnehmung geht. Das Leben ist real, aber was in der Wirtschaft und im Leben zählt, ist nicht die Realität, sondern die Wahrnehmung der Realität. Nur weil General Motors Kantinen für einige seiner Angestellten hat, wird aus General Motors noch keine Transport- und Restaurantfirma. Nur weil *USA Today* eine Verlust bringende Website hat, wird daraus noch keine Medienmarke für mehrere Plattformen.

Eine Medienfirma mit vollständigem Service

Ein gutes Beispiel dafür, welche Gefahren drohen, wenn man die eigene Gattung aufbläht, ist Primedia. 1999 wurde Tom Rogers von NBC abgeworben und von der Buyout-Firma Kohlberg Kravis Roberts eingestellt, um Primedia aus einem Mischmasch von Zeitschriften und Nachschlagewerken zu einer Medienfirma mit vollständigem Service zu machen, der auch das Internet umfasste.

Damals sagte Henry Kravis von Kohlberg Kravis: »Was wir heutzutage eigentlich brauchen, ist, dass wir zu einer Medienfirma mit vollständigem Service werden; und das heißt nicht nur Printmedien, sondern auch Fernsehen, nicht nur das Internet, sondern wir müssen die Aktivposten, über die wir verfügen, nutzen und wirklich in die neuen Technologien hineingehen.«

Einige Monate, nachdem Mr. Rogers eingestellt worden war, erreichte die Aktie von Primedia ein Hoch von 34 Dollar pro Aktie. Momentaner Preis: 2,60 Dollar.

»Ein Grund, warum sich der Aktienpreis von Primedia nie erholte, bestand darin«, so die *New York Times*, »dass Mr. Rogers nie von seiner Strategie abrückte, Eigenschaften von digitalen und Printmedien konvergieren zu lassen, sagten Analysten.«

Heute ist Tom Rogers zurückgetreten und hat Primedia zu einer profitablen Gruppe mit Hobbyzeitschriften wie *Guns & Ammo*, *National Hog Farmer* und *Truckin'* zurückgestutzt.

Man ist wieder auf dem Boden der Realität angekommen. Und gerade beim Marketing funktioniert das am besten.

Alles Multimedia

Ein lebendiges Beispiel dafür, dass Multimedia es nicht schafft, es auch nur zu irgendetwas zu bringen, ist Vivendi Universal und dessen früherer Chef Jean-Marie Messier. In der *New York Times* hieß es: »Er lebte in einer Wohnung an der Park Avenue für 17,5 Millionen Dollar, flog in einer Flotte von Privatjets rund um die Welt und redete leidenschaftlich von ›Synergien‹ und von ›Konvergenz‹.«

In nur sechs Jahren schaffte es Messier, Vivendi (ursprünglich eine französische Mineralwasser-Firma) durch den Aufkauf von MCA Records, Universal Studios, USA Networks sowie zusätzlich mehrerer Verlage, Themenparks, Videospielproduktionsfirmen und Internetfirmen auf beiden Seiten des Atlantiks in einen weltweiten Medien-Mischkonzern zu verwandeln.

Laut *Business Week* ging er nach folgendem Plan vor: »Schon eine Weile hatten viele Manager aus der Medienbranche davon geträumt, dass sie eine neue Welt schaffen könnten, indem sie bei Internet-Startup-Firmen, bei Internet- und drahtlosen Vertriebssystemen sowie bei Kabelfernsehfirmen zugriffen. Es sollte eine Utopie sein, in der jede Art von Medien – von Filmen über Spiele bis zur Musik – überall und jederzeit über jedes nur vorstellbare technische Spielzeug für jeden angeboten werden könnte.«

Heute ist Messier von der Bildfläche verschwunden, und Vivendi wird, nachdem die Firma etwa 70 Milliarden Dollar an Marktwert verloren hat, in mundgerechte Häppchen aufgeteilt und verkauft. Finanziell erzwungenes Zurückstutzen.

Wir haben die Erfahrung gemacht, dass nahezu jede Firma in jeder Branche stärker und finanziell gesünder sein könnte, wenn sie einen Teil ihrer Geschäftsaktivitäten verkaufen, ausgliedern oder einstellen würde.

Weniger ist mehr, aber »weniger« ist in der Vorstandsetage, in der man sich in der Regel auf »mehr« konzentriert, extrem schwer zu verkaufen. Mehr Fusionen, mehr Akquisitionen, mehr Vertriebskanäle, mehr Produktlinienerweiterungen, mehr Aktivitäten, die einen Vorteil aus dem Wert der Marke ziehen.

Die zerstörerischen Auswirkungen unkontrollierten Wachstums sind nur schwer zu erkennen, vor allem wenn sie über Jahrzehnte hinweg vor sich gehen.

Die traurige Situation bei Sony

Nehmen Sie beispielsweise den Sony-Konzern. Wenn Sie eine Umfrage machten, fänden Sie wahrscheinlich heraus, dass Sony die Elektronikmarke auf der Welt ist, die am meisten bewundert wird – um Längen führend vor jeder beliebigen anderen Marke, die den zweiten Platz einnimmt.

Fantastisch für die Besitzer von Sony-Produkten. Doch was ist mit den Besitzern von Sony-Aktien? Erwirtschaftete die Firma denn Geld? Die traurige Tatsache lautet: nein. Beim Sony-Konzern sind die Nettogewinne nach Steuern gering. Außerordentlich gering.

In den letzten zehn Jahren hatte der Sony-Konzern einen Umsatz von 519,2 in Milliarden Dollar. Doch die Nettogewinne nach Steuern betrugen nur 4 Milliarden Dollar. Das sind 0,8 Prozent des Umsatzes. Bei derartig niedrigen Überschüssen ist es schwierig, die Bankkredite abzubezahlen; dabei wollen wir gar nicht von der Dividendenzahlung an die Investoren reden.

Natürlich, wir sind in Japan. Wer zahlt also überhaupt seine Bankkredite ab? Nicht, wenn die Bank von Japan ihre Zinsen für Kredite mit kurzen Laufzeiten praktisch auf null gesenkt hat.

Wie die meisten japanischen Firmen setzt Sony sehr stark auf die Erweiterung von Produktlinien. Sony klebt sein Logo auf Fernsehgeräte, Videorekorder, digitale Kameras, PCs, Handys, Halbleiter, Camcorder, DVD-Player, MP3-Spieler, Stereoanlagen, Fernsehsendeausrüstungen, Batterien und auf eine Reihe anderer Produkte.

Dennoch ist Sonys gewinnträchtigstes Produkt die PlayStation für Videospiele, eine Marke, bei der der Name Sony am wenigsten in Erscheinung tritt (so wirkungsvoll die Marke Sony auch sein mag, PlayStation ist ein sogar noch besserer Markenname für ein Videospielgerät; denn er steht für etwas, was der potenzielle Kunden bereits im Kopf hat).

Vergleichen Sie einmal Sony mit Dell

Sony stellt PCs und eine Reihe anderer Produkte her. Dell stellt nur PCs her (bis vor kurzem Drucker hinzukamen). In den letzten zehn Jahren hatte Dell einen Umsatz von 140,3 Milliarden Dollar und Nettoeinkünfte nach Steuern von 8,5 Milliarden Dollar oder einen Nettogewinnüberschuss nach Steuern von 6,1 Prozent gegenüber 0,8 Prozent bei Sony.

Es ist nicht fair, könnten Sie meinen, Dell mit Sony zu vergleichen. Da hat man eine Firma (Dell) ausgewählt, die außergewöhnlich profitabel ist.

Tatsächlich stimmt das nicht. Dell ist in einem Wirtschaftszweig mit viel Wettbewerb tätig, in dem die Gewinnmargen gering sind. Deshalb sind Dells Gewinnmargen von 6,1 Prozent nicht besonders spektakulär; doch sie sind überdurchschnittlich.

In den letzten zehn Jahren betrugen die durchschnittlichen Gewinnmargen bei einer durchschnittlichen Fortune-500-Firma 4,7 Prozent des Umsatzes (wenn Sie die letzten beiden Jahre weglassen, geht der Prozentsatz mit 5,7 Prozent in die Höhe).

Vielen amerikanischen Firmen geht es entschieden besser. Microsoft: 31,7 Prozent. Intel: 21,6 Prozent. Coca-Cola: 16,5 Prozent. Sony mit seinen Nettoeinkünften nach Steuern von 0,8 Prozent spielt nicht gerade in der Oberliga mit.

Seit der Veröffentlichung des Buchs *Positioning* vor etwa zwei Jahrzehnten haben wir immer wieder die Risiken der Erweiterung einer Produktlinie als Gefahr benannt. Und immer wenn wir das machen, steht irgendjemand auf und sagt: »Was ist mit den Japanern? Sie machen genau das Gegenteil von dem, was Sie empfehlen, und sie haben sehr viel Erfolg damit.«

Haben sie wirklich viel Erfolg?

Die finanziellen Verhältnisse in Japan

In den letzten zehn Jahren hatte Hitachi einen Umsatz von 708 Milliarden Dollar und schaffte es, 722 Millionen Dollar Verluste zu machen. NEC hatte Erträge von 397 Milliarden Dollar und Verluste von 1,3 Milliarden Dollar. Fujitsu hatte einen Umsatz von 382 Milliarden Dollar und Verluste von 1,6 Milliarden Dollar. Toshiba hatte einen Umsatz von 463 Milliarden Dollar und eine Nettogewinnmarge von gerade einmal 0,15 Prozent.

Große Firmen, die sich nicht richtig auf einen Bereich konzentrieren, erzielen nur geringe Gewinne nach Steuern. Und wenn man kein Geld verdient, kann man die Bankkredite nicht abbezahlen. Und wenn man seine Bankkredite nicht abbezahlen kann, geraten die Banken in Schwierigkeiten.

Und wenn die Banken in Schwierigkeiten geraten, gerät die Wirtschaft eines Landes in Schwierigkeiten. Und wenn die Wirtschaft eines Landes in Schwierigkeiten gerät, gerät das politische System eines Landes in Schwierigkeiten.

Die Spitze des japanischen Wirtschaftssystems ist schwach, weil die Basis schwach ist. Die meisten japanischen Firmen machen alles, nur kein Geld.

Warum haben japanische Firmen ohne Konzentration auf einen Bereich solche Schwierigkeiten dabei, Geld zu verdienen? Es kann nicht an der Qualität der Produkte liegen. Die meisten japanischen Firmen haben weltweit aufgrund ihrer hohen Qualität ein hohes Ansehen, ein Ansehen, das zum großen Teil berechtigt ist.

Unsere Schlussfolgerung lautet, dass die Ausweitung der Produktlinie ein Hemmschuh für die Einführung von Marken ist. Wenn eine Firma eine breite Vielfalt von Produkten unter einem Namen herstellt und vermarktet, ist es extrem schwierig, diesen Namen zu einer schlagkräftigen Marke aufzubauen.

Verdient denn überhaupt keine japanische Firma Geld? Den Firmen, deren Marken sich stark auf einen Bereich konzentrieren, geht es viel besser: Sharp (1,8 Prozent), Toyota (3,1 Prozent), Honda (3,3 Prozent) und Canon (3,8 Prozent).

Wir haben die finanziellen Verhältnisse bei japanischen Firmen über die Jahre hinweg verfolgt. Wir fanden heraus, dass eine japanische Firma von durchschnittlicher Größe eine Nettogewinnmarge nach Steuern von etwa 1 Prozent hat, verglichen mit dem Durchschnitt bei einer großen amerikanischen Firma von 5 Prozent.

Die finanziellen Verhältnisse bei IBM

Ein früher Erfolg führt zu Selbstvertrauen, aber auch zu Gewinnen. Keine Firma hatte in der Computerbranche schon früh einen so großen Erfolg wie IBM. Zu einem bestimmten Zeitpunkt gingen 80 Prozent des Umsatzes in der Computerbranche an IBM. Bei solchen finanziellen Verhältnissen war es eine verzichtbare Schlussfolgerung, dass IBM versuchen würde, jegliche Hardware und Software im Computerbereich zu dominieren.

Im Laufe der Zeit flossen von allen Seiten Geld, Ressourcen und Begabungen in die Computerbranche; dadurch entstand eine große Zahl von Konkurrenten. Statt jedes einzelne Segment abzudecken, wäre IBM gut beraten gewesen, seine Geschäftsaktivitäten eher zurückzustutzen, als sie zu erweitern.

IBM wurde immer wieder dafür kritisiert, eine »Großrechnermentalität« zu haben. Das heißt, nicht schnell genug in den Bereich der Personal Computer gegangen zu sein. Aber vielleicht hätte IBM überhaupt nicht in den Bereich der Personal Computer gehen sollen, weil dies eine Gattung von Produkten ist, mit denen die Firma kein Geld verdient hat.

Der Höhepunkt von IBMs Plan, die Computerbranche zu dominieren und zu kontrollieren, war am 17. März 1987 erreicht. Man kündigte die Systems Application Architecture (SAA) an, eine Sammlung von Software-Schnittstellen, Konventionen und Protokollen, die es einer Software, entwickelt für eine von IBMs drei Gruppen von Computern (Großrechner, Rechner mittlerer Größe und Personal Computer), ermöglichen sollte, nicht nur auf dieser einen Gruppe von Rechnern zu laufen, sondern auch auf den anderen beiden Gruppen von Rechnern.

Hier handelte es sich um den großartigen Plan, eine Schicht Software-Zuckerguss auf einen großen integrierten Computer-Kuchen aufzubringen. SAA, dessen Kosten von einem Beobachter auf 10 Milliarden Dollar geschätzt wurden, war ein Plan, den nur eine gigantische Firma wie IBM angehen konnte.

Eine der Schlüsselkomponenten von SAA war das Konzept eines »gemeinsamen Blickwinkels«. Alle drei Produktlinien (mit ihren vielen Variationen) würden eine gemeinsame Benutzerschnittstelle haben. Das entspräche einer gemeinsamen Benutzerschnittstelle (dem Armaturenbrett) für Flugzeuge, Autos und Boote auf der Grundlage, dass es sich hier nur um »unterschiedliche Formen des Transports« handelt.

In den frühen neunziger Jahren steckte IBM tief in den roten Zahlen, und mit SAA ging es eindeutig nicht voran (großartige Pläne sterben nie, sie dämmern einfach nur dahin). Der Vorstandsvorsitzende John Akers wurde entlassen, und Lou Gerstner von RJR Nabisco wurde eingestellt.

»Worin besteht Ihre Vision für IBM?«, wurde Lou Gerstner gefragt. Seine berühmte Antwort lautete: »Das Allerletzte, was IBM jetzt braucht, ist eine Vision.« Wir glauben, dass er Recht hatte. Das, womit IBM in Schwierigkeiten geriet, war eine überbordende Vision namens SAA.

Die Geschichte wiederholt sich. Was IBM in den achtziger und neunziger Jahren mit der SAA probierte, ist genau die gleiche Strategie, die Microsoft heute versucht. Man werfe sich mit ganzer Kraft auf ein großes Software-Konglomerat.

Das Ableben des Generalisten

In einer sich rasch erweiternden Branche (man denke an Divergenz) stellt man sich selbst ein Bein, wenn man sich eine Vision schafft, die alle Aspekte des Markts abdeckt. Es ist besser, wählerisch zu sein und sich Segmente des Marktes vorzunehmen, die man dominieren kann.

Heute lassen sich etwa 11 Prozent der wirtschaftlichen Aktivität in der Computerbranche und ihren damit verbundenen Zweigen IBM zuordnen; aber es handelt sich jetzt um eine viel gesündere Firma, als sie es in den Tagen des raschen Wachstums war.

Wenn man auf die Geschichte zurückblickt, wird man herausfinden, dass die ersten Einzelhandelsläden in Amerika »Gemischtwaren«-Läden waren, die alles verkauften, von Lebensmitteln über Kleidung zu Haushaltsartikeln und Möbeln.

Lebensmittel und Kleidung waren die ersten Gattungen, die einen neuen Zweig bildeten und die viele Gemischtwarenhandlungen dazu veranlassten, zu Läden für »Trockenwaren« zu werden (die »dry goods« haben im Englischen inzwischen die Bedeutung »Textilien« angenommen). Außer in isoliert gelegenen Gemeinden sind die Gemischtwarenhandlungen und die Geschäfte für Trockenwaren eine Sache der Vergangenheit; sie wurden durch spezialisiertere Läden ersetzt.

Es sind auch keine Gemischtwarenfirmen für Computer übrig geblieben. Selbst IBM verwandelt sich in eine globale Informationstechnologie-Outsourcing- und Consultingfirma (heutzutage machen Service und Software 61 Prozent der Erträge von IBM aus).

Lou Gerstner schrieb in seinem Buch *Who Says Elephants Can't Dance?*: »Wenn ich auf mein Leben bei IBM zurückblicke, ist es keine Frage, dass ein Gutteil unseres Erfolgs auf all die Geschäftsaktivitäten zurückging, die wir *nicht* gemacht haben.«

Abspalten und Zurückstutzen

Statt Compaq Computer aufzukaufen (ein Geschäft, das Gerstner ablehnte), hätte Hewlett-Packard vielleicht nach Methoden suchen sollen, um seine Geschäftstätigkeit (möglicherweise durch Abspaltung des Druckergeschäfts) stromlinienförmiger und nicht komplizierter zu machen.

Ausgliederungen sind so etwas wie das Zurückstutzen bei einer Pflanze. Wie stellt man sicher, dass eine Pflanze gesund bleibt? Man stutzt sie häufig zurück.

Das Problem der Markennamen lässt Ausgliederungen oft schwierig werden. Als Andersen Consulting versuchte, einen Teil der Geschäftsaktivitäten im Bereich Steuern und Rechnungsprüfung von Arthur Andersen auszugliedern, bestand die Schwierigkeit darin, welchen Namen das neue Gebilde führen sollte. Es lag auf der Hand, dass nicht beide Firmen weiterhin denselben Namen verwenden konnten (heute wäre es unwahrscheinlich, dass irgendjemand den beschädigten Namen Andersen führen wollte).

Ein Schlichter entschied, dass Andersen Consulting von Arthur Andersen abgespalten werden könnte, dass die Firma jedoch einen anderen Namen verwenden müsste. Das neue Gebilde wurde Accenture genannt, und man gab umgehend 150 Millionen Dollar für den Versuch aus, den Markennamen der Firma ins Bewusstsein der Öffentlichkeit zu bringen.

Ein Großteil dieser Geldausgaben und viel Groll, den die Ausgliederung hervorrief, hätte vermieden werden können, wenn Andersen Consulting von Anfang an einen anderen Namen verwendet hätte.

Das Problem des Namens

Was geschieht, wenn ein Baum neue Zweige bildet? Jedes Jahr wachsen die unterschiedlichen Äste immer weiter auseinander.

Was geschieht also, wenn sich eine Gattung auseinander entwickelt? Das Gleiche. Die Gattungen wachsen immer weiter auseinander. Und was geschieht, wenn man versucht, alle Gattungen mit einem einzigen Markennamen abzudecken?

Ihre Marke wird so weit auseinander gezogen, bis sie den Punkt erreicht, an dem sie auseinander bricht. Das ist nicht gut für die Marke und nicht gut für die Firma.

Sie sollten mit einiger Sicherheit zum Erfolg kommen. Wenn man einen zweiten Markennamen hat, so gestaltet sich die Ausgliederung einer Abteilung viel leichter. Könnte sich Lexus von Toyota abspalten? Gewiss, kein Problem. Könnte sich Dockers von Levi Strauss abspalten? Gewiss, kein Problem. Könnte sich DeWalt von Black & Decker abspalten? Gewiss, kein Problem.

Könnte Levis Silvertab von der Kernmarke Levi Strauss abgespalten werden? Nur unter großen Schwierigkeiten und nur mit einer Namensänderung.

Kürzlich kündigte die Firma Palm Inc. an, dass sie ihre Betriebssystem-Software in eine getrennte Firma, PalmSource, ausgründen würde. Die neue Firma würde die Rechte für die Software an Palm und seine Konkurrenten verkaufen.

Ein guter Schachzug, wenn er nicht zu spät kommt. Palms Software, die einmal für zwei Drittel aller Handheld-Computer verwendet wurde, hat jetzt eine Verbreitung von gerade einmal 57 Prozent. In der Zwischenzeit stieg Microsofts Anteil am Markt der Betriebssysteme für Handheld-Computer auf 30 Prozent.

Wenn man sowohl die Hardware als auch die Software vermarktet, begeht man den klassischen Fehler, mit den eigenen Kunden zu konkurrieren.

Die Abspaltung wird dazu beitragen, potenzielle Kunden wie etwa Dell zu beruhigen, die momentan ausschließlich die Rechte für Microsofts Pocket-PC-Betriebssystem hat. »Palm brauchte so eine Art Brandmauer zwischen Betriebssystem und Hardware«, sagt Tony Brunner Delors, Direktor der Abteilung für Handhelds bei Dell. »Heute würden wir nicht zögern, das Palm OS zu verwenden.«

What iz it?

Zima˚ ClearMalt˚ is, let's see... it's lightly carbonated but not filling like beer... (even though it is brewed) and it's um, zophisticated tasting but lighter than a mixed drink, and um, eazy drinking but not so zweet (gaaaaack!) like a wine cooler; and it's clear, so you can zee through it and check out what's going on in the rest of the room even while you're drinking it (very important) and... what else? You can drink it straight or on the rockz.

So it's sort of like different from ahh... anything... ever.

Was is'n das? Zima™ Clear Malt™ ist ... mal sehen ... ein leicht mit Kohlensäure versetztes, nicht zu schwer im Magen liegendes Bier ... (obwohl es etwas Gebrautes ist), und es schmeckt raffiniert, aber leichter als ein Mixgetränk ... und es ist locker zu trinken, aber nicht so süß (uah!) wie eine Bowle; und es ist durchsichtig, so dass man hindurchsehen und auch beim Trinken mitbekommen kann, was sonst so im Raum passiert (sehr wichtig) und ... was sonst noch? Man kann es pur trinken oder mit Eiswürfeln.
Es ist also auf seine Art anders als ... äh ... alles ... sonst.

KAPITEL 14

DIE ERSCHAFFUNG EINER GATTUNG

Die schwierigste Aufgabe beim Marketing – aber auch die, für die man am meisten belohnt wird – ist die Schaffung einer neuen Gattung.

Denken Sie einmal an folgende Situation: Eine Firma steht kurz davor, eine neue Marke in einer neuen Gattung einzuführen. Es ist unbestimmt, worum es in der Gattung geht, es gibt keinen Markt, es gibt keine Vertriebskanäle und keine Konkurrenten, an denen man sich messen kann. Die erste Marke in einer neuen Kategorie macht die Firma zum Wegbereiter (mit all den Problemen, die ein Wegbereiter bewältigen muss).

Die erste und wichtigste Frage von allen lautet: Wie heißt die neue Gattung? Wenn sich die neue Gattung nicht in einfachen, leicht verständlichen Begriffen definieren lässt, ist es unwahrscheinlich, dass die neue Gattung Erfolg haben wird.

Denken Sie an Zima, ein neues Getränk, das 1992 von der Adolph Coors Company eingeführt wurde. Coors hat uns nie gesagt, was ein Zima ist. Tatsächlich schaltete Coors Anzeigen, in denen man sich rühmte, dass sich die neue Gattung nicht definieren lässt. Im Folgenden finden Sie die ganze Anzeige aus einer der ersten Werbeannoncen für Zima:

»Zima ClearMalt ist ... mal sehen ... ein leicht mit Kohlensäure versetztes, nicht zu schwer im Magen liegendes Bier ... (obwohl es etwas Gebrautes ist), und es schmeckt raffiniert, aber leichter als ein Mixgetränk ... und es ist locker zu trinken, aber nicht so süß (uah!) wie eine Bowle; und es ist durchsichtig, so dass man hindurchsehen und auch beim Trinken mitbekommen kann, was sonst so im Raum passiert (sehr wichtig) und ... was sonst noch? Man kann es pur trinken oder mit Eiswürfeln.

Es ist also auf seine Art anders als ... äh ... alles ... sonst.«

Was ist ein Zima? Weiß wirklich jemand etwas darüber?

Der erste Energy-Drink

Denken Sie im Gegensatz dazu an Red Bull. Das Produkt ist ein leicht mit Kohlensäure versetztes, stark koffeinhaltiges Gebräu, das reichlich Kräuter, Vitamine aus dem Vitamin-B-Komplex und Aminosäuren enthält. Der Gründer der Firma, Dietrich Mateschitz, entwickelte sein Getränk auf der Basis von Krating Daeng, einem beliebten Gesundheits- und Erfrischungsgetränk, auf das er in Thailand gestoßen war.

Eine Versuchung, der man nur schwer widerstehen kann, besteht darin, der Gattung einen »exotischen« Namen zu geben. Mateschitz hätte beispielsweise die Rechte für den Namen Krating Daeng erwerben können. Oder er hätte vielleicht das neue Getränk als Thailand-Tee bezeichnen können.

Mateschitz bezeichnete seine asiatische Mischung aber tatsächlich als »einen Energy Drink«. Wie es der Zufall so wollte, handelte es sich um den ersten Energy Drink.

Einfache Namen funktionieren am besten, wenn durch sie eine neue Branche definiert wird. »Energy Drink« ist nicht nur ein einfacher Name, er nutzt auch die Assoziation mit PowerBar, dem ersten »Energieriegel«.

Marketing lässt sich bildlich so darstellen, als fülle man ein Loch im Bewusstsein. Wenn es eine Gattung namens Energieriegel gibt, glaubt der Kunde, dass es eine Gattung namens Energy Drink geben muss. Natürlich war Red Bull die erste Marke, die die hohle Stelle im Bewusstsein mit der Bezeichnung Energy Drink füllte.

Energy Drink funktioniert als Gattungsbezeichnung, obwohl es nur einen geringen Zusammenhang zwischen den Bestandteilen in einer Dose mit Red Bull und den Bestandteilen in Energieriegeln wie PowerBar, Balance Bar und Atkins Advantage gibt.

Die Marketingfachleute klammern sich manchmal etwas zu wörtlich an etwas, wenn sie versuchen, sich einen Namen für eine neue Gattung auszudenken. Am wichtigsten ist nicht, genau zu beschreiben, welche Vorzüge die neue Gattung hat, sondern so einfach wie möglich den Kern der neuen Gattung zum Ausdruck zu bringen.

Schließlich wurde Red Bull zu einer schlagkräftigen Marke, weil es als ein Getränk wahrgenommen wurde, das die Leistungsfähigkeit vor allem in Zeiten von erhöhtem Stress oder größerer Belastung verbessert; manche Menschen interpretieren das auch als sexuelle Leistungsfähigkeit (*Energie* ist nur eine gesellschaftlich akzeptable Ausdrucksweise für diesen Gedanken).

Red Bull ist ein Selbstläufer. Weltweit liegen die Umsätze für Red Bull momentan bei 1,5 Milliarden Dollar pro Jahr. Und Dietrich Mateschitz ist der reichste Mensch Österreichs.

DER MARKENNAME FOLGT DEM BRANCHENNAMEN

Wie die Form der Funktion folgt, folgt der Markenname dem Branchennamen. Hat man die Gattung erst einmal mit einem einfachen Namen versehen, so besteht der nächste Schritt darin, einen einzigartigen, unverwechselbaren Markennamen auszuwählen, in dem das Charakteristische der Gattung mitschwingt.

Beachten Sie, dass es überflüssig ist, wenn man versucht, den Gattungsnamen zum Bestandteil des Markennamens zu machen. Jeder Name sollte für sich stehen und nur durch eine Konzeptidee mit dem anderen verbunden sein, nicht durch eine Wiederholung der Wörter.

Red Energy wäre ein überflüssiger Name für die Marke eines Energy Drinks.

Zudem verschwendet man den halben Namen, der viel besser durch das Wort *Bull* besetzt wird.

Wenn es um Markennamen geht, sind Wörter, Silben und Buchstaben kostbar. Man sollte nichts davon auf überflüssige Gattungsnamen verschwenden. Auch sollte man kein langes Wort benutzen, wenn man ein kürzeres dafür finden kann.

Die besten Markennamen sind kurz, einzigartig und unverwechselbar. Rolex, Kodak, Tide, Crest, Nike, Sony, Aleve, Coors, Dell, Google, Ford, Lexus, Hertz, Intel, Linux, Palm, Visa, Xerox, Yahoo!, Zara – um nur einige zu nennen.

Wann man anders sein muss, und wann man sich nicht von anderen unterscheiden darf

Ein Aspekt der Markeneinführung, der oft übersehen wird, ist die Verpackung. Es gibt einen Zeitpunkt, zu dem man sich nicht von all den anderen unterscheiden darf, und es gibt einen Zeitpunkt, zu dem man anders sein muss.

Wenn man versucht, in einer etablierten Gattung eine starke zweite Marke zu sein, sollte die Verpackung (aber nicht die Farbgebung) ein Spiegelbild des Marktführers sein. Pepsi-Cola wird in Verpackungen mit sechs und zwölf Dosen verkauft, die jeweils 0,354 Liter enthalten; dies sagt dem Verbraucher, dass Pepsi zur gleichen Gattung gehört wie Coca-Cola.

Wenn man versucht, eine neue Gattung zu etablieren, dann ist es an der Zeit, anders zu sein. Nahezu jedes Getränk in einer Kneipe oder in einem Restaurant wird in Dosen oder Flaschen mit 0,354 Liter verkauft. Als neue Gattung muss sich ein Energy Drink von den anderen unterscheiden. Deshalb wird Red Bull in 0,245-Liter-Dosen verkauft.

Die kleinere Größe trägt dazu bei, dass Red Bull als Marke in einer anderen Gattung als Coca-Cola, Budweiser oder Sprite wahrgenommen wird. Zudem schwingt bei der kleinen Größe die Vorstellung von Potenz und Energie stärker mit, als dies bei einem größeren Behältnis der Fall wäre.

Als Red Bull an Zugkraft gewann, sprangen die Konkurrenten auf den fahrenden Zug auf und machten bei der Gattung Energy Drink mit. Viele dieser »Metoo«-Marken versuchten, mit Gewalt das Wort Energie in ihren Markennamen zu integrieren. Hier einige Beispiele: Arizona Extreme Energy, Bomba Energy, Energade, Energy Fuel, Go-Go Energy, Hansen's Energy und Jones Energy.

Bisher hat noch keiner Erfolg damit gehabt, eine starke zweite Marke in der Gattung Energy Drink zu etablieren. Eine potenzielle zweite Marke müsste einen Trick finden, mit dessen Hilfe sie zum Gegenteil von Red Bull wird und dabei gleichzeitig in der Gattung Energy Drink bleibt. Das ist gar nicht so leicht.

Wählen Sie das Einfache aus, nicht das Komplizierte

Oft mögen die Menschen lange, komplizierte Gattungsbezeichnungen. Denn sie schließen daraus, dass die Gattung selbst wichtig und kompliziert ist. Der erste Computer wurde ENIAC genannt, ein Akronym für »electronic numerical integrator and computer«.

Warum bezeichnete man das neue Gerät nicht einfach als Computer? Alles mit Kilometer langen Drähten, 18.000 Vakuumröhren sowie Tausenden von Widerständen und Schaltungen war zu kompliziert, um als Computer bezeichnet zu werden. Zudem wog der ENIAC 30 Tonnen. Für eine derartig große Maschine brauchte man einen großen Namen.

IRIS Technologies erfand ein Produkt, das ursprünglich als VideoTizer bezeichnet wurde. Es handelte sich im Wesentlichen um einen Videorekorder »ohne Band«, und er gestattete es dem Benutzer, den Inhalt eines Videobandes in normale MPEG-2-Video-Dateien zu digitalisieren.

Ist das Videoband erst einmal digitalisiert, kann der Benutzer die digitalen Dateien »katalogisieren«. Dies ermöglicht »sofortige« Sprünge auf den Dateien zu irgendeiner Stelle im Material. Diese Eigenschaft (und viele andere) machen den VideoTizer zum idealen Präsentationsgerät beim Training, in Bildungseinrichtungen und bei vielen anderen Anwendungen.

Im Wesentlichen kann man mit dem VideoTizer für 5000 Dollar viel von dem machen, was ein Video-Playback-Gerät für 150.000 Dollar leistet, wie es sich die Football-Mannschaften der National Football League anschaffen.

Doch der Name VideoTizer hätte der Marke ernsthaft geschadet. VideoTizer ist nicht nur ein komplizierter Name, sondern es wird auch zu stark betont, wie das Produkt funktioniert (die Eigenschaften), und weniger, was das Produkt leistet (die Vorzüge).

Deshalb entschied sich IRIS dafür, die neue Gattung als »play analyzer« zu bezeichnen und das Gerät unter Footballtrainern an High Schools zu vermarkten. Als Markennamen wählte die Firma Landro aus; dies ist die abgekürzte Form für den Namen des Chefs von IRIS Technologies, Jerry Salandro.

Der Landro Play Analyzer war ein rauschender Erfolg. Viele Footballtrainer an High Schools führten ihre verbesserten Ergebnisse auf den Einsatz dieses hervorragenden Trainingsgerätes zurück.

Man braucht zwei Namen, nicht nur einen

Der Landro Play Analyzer veranschaulicht noch etwas anderes. Jedes Produkt braucht zwei Namen, nicht nur einen: einen Markennamen und einen Gattungsnamen.

Wenn man es unterlässt, klar über die relativen Funktionen des Markennamens und des damit verbundenen Gattungsnamens nachzudenken, so führt dies häufig zu unnötiger Verwirrung. Nehmen Sie den PalmPilot, den ersten, hmm ..., wie hieß doch gleich der Gattungsname dafür?

Manche Leute nennen den Palm einen elektronischen Organizer. Andere bezeichnen ihn als einen Handheld Computer. Und wieder andere als einen PDA (Personal Digital Assistant).

All diese Gattungsbezeichnungen sind zu lang und zu kompliziert. Ihnen fehlt es an der Klarheit und Einfachheit, die eine gute Gattungsbezeichnung haben sollte.

Wenn ein Personal Computer, der auf Ihren Schreibtisch (desk) passt, als Desktop Computer bezeichnet wird und ein Personal Computer, der auf Ihren

Schoß (Lap) passt, als Laptop Computer, dann ist logischerweise der Name für einen Computer, der auf Ihre Handfläche (Palm) passt, ein Palm Computer.

Und es stimmt, dass viele Menschen den Ausdruck *Palm Computer* als Gattungsnamen benutzen. Wie etwa in:»Welche Marke von Palm Computer würdest du mir empfehlen?«

Selbstverständlich erwarb Palm Computer *Palm* als Markennamen und überließ einer gerade entstehenden Branche den Kampf darum, einen angemessenen Gattungsnamen zu finden. Als führende Marke in einer sich allmählich entwickelnden Branche hätte Palm Computer genauso darüber nachdenken müssen, einen angemessenen Gattungsnamen auszuwählen, wie sich die Firma damit beschäftigt hat, einen angemessenen Markennamen zu finden.

Die Menschen denken zunächst an die Gattung und dann an die Marke. (1) »Ich bin durstig, ich möchte ein Bier.« (2) »Was für eine Biermarke soll ich bestellen? Geben Sie mir ein Bud Light.« Gewiss, möglicherweise nimmt der Denkprozess nur den Bruchteil einer Sekunde in Anspruch, aber es deutet viel darauf hin, dass einem Menschen der Markenname immer als Letztes durch den Kopf geht.

Wenn Sie für eine Marke namens Zima werben, könnte der Denkprozess folgender sein: (1)»Ich bin durstig, ich möchte ein ... .« (2) »Was für eine ...marke soll ich bestellen? Geben Sie mir ein ... .« Kein Wunder, dass die Umsätze von Zima derartig in den Keller gegangen sind.

Coors hätte sich viel mehr Gedanken über den Gattungsnamen machen müssen.

Man kann den Prozess nicht kurzschliessen

Um eine spannende Marke zu schaffen, muss man zunächst eine spannende Gattung schaffen. Statt seine neue Marke PalmPilot zu nennen, wäre Palm Computer besser beraten gewesen, wenn die Firma ihre neue Marke als Pilot Palm Computer bezeichnet hätte (bei dieser Lösung wird allerdings geflissentlich darüber hinweggesehen, dass Palm den Namen Pilot in einer juristischen Auseinandersetzung um einen Handelsnamen mit der Pilot Pen Company verlor).

Es gibt noch eine weitere Lektion, die man von der Branche der Handheld Computer oder PDAs lernen kann. Wenn man den Weg für eine neue Gattung bereitet, ist es wichtig, genügend »Distanz« zwischen der aufkommenden neuen Gattung und einer bestehenden Gattung zu schaffen. Die Natur verabscheut den Kompromiss. Die Natur begünstigt die Arten, die sich an entgegengesetzten Enden des Spektrums befinden.

In Wirklichkeit wurde der erste erfolgreiche Handheld Computer von der britischen Firma Psion PLC hergestellt. Der Psion war ein Miniatur-Laptop mit einer Miniaturtastatur und einer Palette von Software-Anwendungen, mit denen versucht wurde, die Wintel-Maschinen nachzuahmen. Psion holte nicht wie der PalmPilot alles aus dem Gerät heraus. Infolgedessen wurde der Psion als ein »Baby«-Personal-Computer und nicht als eine davon getrennte Gattung wahrgenommen.

Zuerst die neue Gattung, dann die neue Marke

Wenn man in aller Eile eine neue Marke aufbaut, wird oft die Notwendigkeit übersehen, zunächst eine neue Gattung aufzubauen. In der Gattung Getränke ist das momentane Modegetränk das alternative Malzgetränk oder die »Malternative«. Augenblicklich haben alle großen Brauereien Malternativen auf dem Markt mit Namen wie Smirnoff Ice, Mike's Hard Lemonade, Bacardi Silver, Skyy Blue, Stolichnaya Citrona, Sauza Diablo und Captain Morgan Gold.

In einem der letzten Jahre fielen für diese sieben Marken allein mehr als 300 Millionen Dollar Werbungskosten an. Obwohl die Markennamen gut bekannt sein mögen (vor allem Smirnoff Ice und Mike's Hard Lemonade), bestehen ernsthafte Zweifel am langfristigen Erfolg der Gattung.

Was ist eine Malternative? Lassen Sie uns einmal sehen: Bier ist ein Malzgetränk; deshalb muss Malternative eine Alternative zum Bier sein. Doch haben wir nicht bereits eine Alternative zum Bier? Wein ist eine Alternative zum Bier. Und dasselbe trifft auf Hochprozentiges in all seinen vielen Variationen zu.

Es ist ein schlechtes Zeichen, wenn einige Leute malternative Getränke als

Bowle bezeichnen und den Verbraucher an den Wirbel um die Bowle (englisch auch Vine Cooler) in den achtziger Jahren erinnern, der in den neunziger Jahren schnell wieder abflaute.

Unsere Voraussage: Dem Beer Cooler wird das gleiche Schicksal beschieden sein wie dem Vine Cooler.

Chaos und Verwirrung bei den Autos

Vom Standpunkt des Marketings aus ist die Automobilindustrie eine der am schlechtesten funktionierenden Branchen in Amerika. Jeder macht alles und vermarktet alles unter seinem Markennamen.

Wenn eine Marke für nichts steht, dann muss man das damit ausgleichen, dass man die Ausgaben für das Marketing erhöht. Der Zweig mit den höchsten Ausgaben für die Werbung in Amerika ist die Automobilindustrie.

Unter den 13 Firmen mit den höchsten Werbeausgaben sind sieben Automobilfirmen: Ford, Chevrolet, Toyota, Nissan, Honda, Dodge und Chrysler. Diese sieben Marken gaben im letzten Jahr 4,7 Milliarden Dollar für die Werbung aus.

Können Sie sich an eine einzelne Werbung für irgendeine dieser Automarken erinnern? Die meisten Menschen sind nicht dazu in der Lage.

Wenn Ihre Marke für nichts steht, kann auch Ihre Werbung für nichts stehen. Es ist also kein Wunder, dass die Automobilindustrie die Preise senken muss, um den Rubel zum Rollen zu bringen.

Im letzten Jahr betrug der durchschnittliche Kaufanreiz bei General Motors 4300 Dollar. Diese heftigen Rabatte lassen nicht nur die Gewinne mager werden, sondern auch die Marken billiger.

Wenn jeder alles macht (ein Trend, der nicht auf Autos beschränkt ist), gehen bei jedem die Kosten für Design, Entwicklung, Herstellung, Vertrieb und Marketing in die Höhe.

Wenn jeder alles macht, gehen wegen der größeren Konkurrenz die durchschnittlichen Umsätze pro Marke herunter.

Dies ist eine Erklärung dafür, warum die Gewinnmargen für teure Autos, bei denen es nur eine Hand voll Marken gibt, höher sind, als die für preiswerte Autos, bei denen es Dutzende von Marken gibt, die alle gleich aussehen.

Im Grundkurs Wirtschaftswissenschaften müsste man eigentlich gelernt haben, dass es der gesamten Automobilindustrie besser ginge, wenn sich jede Marke auf eine einzelne Gattung konzentrierte. Die durchschnittlichen Umsätze würden nach oben gehen (wegen der geringeren Konkurrenz), und die durchschnittlichen Kosten würden nach unten gehen (wegen geringerer Produktions- und Marketingkosten). Und selbst die Verbraucher wären besser dran, weil der Markt nicht mehr so verworren wäre.

Leider wurde der Grundkurs Wirtschaftswissenschaften auf dem Markt zugunsten des Grundkurses Vertrieb abgeschafft. Und das erste Gesetz des Vertriebs lautet: »Kümmern Sie sich gut um Ihre Kunden.«

Führte Porsche einen Geländewagen (den Porsche Cayenne) ein, um Jeep aus dem Geschäft zu drängen? Offensichtlich nicht, denn der Cayenne kostet 60.000 Dollar, weitaus mehr als irgendein anderer Geländewagen auf dem Markt.

Porsche führte den Cayenne ein, um den Anteilseignern der eigenen Firma entgegenzukommen, die möglicherweise einen Geländewagen kaufen wollten.

Der Cayenne ist der erste Schritt in einem Prozess, der am Ende die Marke Porsche zugrunde richten wird.

Die Leiter des Lebens

Marken sind die Sprossen in der Leiter des Lebens. Wenn man die Leiter hochklettert, stehen Ihre Marken für den Erfolg.

- Wenn Personen unverheiratet sind und sich gerade im Leben einrichten, kaufen sie einen Kleinwagen wie einen Saturn oder einen Kias.
- Wenn Personen (mit einer großen Gehaltserhöhung) befördert werden, wollen sie keinen teureren Saturn kaufen, sie wollen einen BMW kaufen.

- Wenn ein Paar heiratet und Kinder bekommt, kauft es einen Volvo.
- Und wenn ein Paar – wie es nun einmal so geht – geschieden wird, behält die Ehefrau die Kinder und den Volvo und der Ehemann kauft sich einen Ferrari.

Keine einzelne Automobilmarke kann für jede Sprosse auf der Leiter des Lebens stehen. Wenn man versucht, für all diese Sprossen zu stehen, dann steht man für nichts.

Lassen Sie Ihre Kunden gehen

Kundentreue ist der am meisten überschätzte Aspekt des Marketings. Von der Theorie her möchte jeder treue Kunden haben. Was aber bedeutet Kundentreue in der Praxis?

In der Praxis bedeutet Kundentreue, dass Ihre Kunden bereit sind, mit Ihnen eine Geschäftsbeziehung aufrechtzuerhalten, obwohl sie das gleiche Produkt oder die gleichen Dienstleistungen zu einem geringeren Preis (oder in besserer Qualität) anderswo kaufen können.

Langfristig sind Ihre treuen Kunden gewöhnlich Ihre dummen Kunden. Es kann eine Zeit dauern, aber wenn sie herausfinden, wie man sie behandelt hat, gibt es gewöhnlich eine Gegenreaktion. Wir waren einmal treue Kunden von Delta Airlines, doch als AirTran und JetBlue auf den Markt kamen, erkannten wir, dass die Trennlinie zwischen Treue und Dummheit hauchdünn ist; und wir überschritten sie.

Es gibt eine ausgeprägte Ähnlichkeit zwischen der Flugbranche und der Automobilbranche. Jede der beiden Branchen pflegte der Überzeugung zu sein, dass man alles für alle sein muss. Nach dem Insolvenzverfahren von United und von US Airways und nach den finanziellen Problemen von American und Delta Airlines glaubt die Flugbranche nicht mehr an das Märchen »Alles für alle«.

In der Zukunft werden Sie wahrscheinlich eine Evolution bei den Flugreisen beobachten können, bei der Marken eine gewisse Bedeutung haben werden. Am unteren Ende der Skala sind Southwest, AirTran und JetBlue die Anführer auf diesem Weg. Eines Tages werden wir sehen, wie sich am oberen Ende der Skala ähnliche Marken entwickeln.

Wird die Automobilbranche denselben Weg gehen? Am Ende ja, aber es wird sich etwas Schreckliches ereignen müssen, wie etwa eine große Insolvenz, damit die Branche in eine neue Richtung geführt wird.

Lassen Sie die Kunden gehen. Ihre beste Strategie für den Umgang mit Kunden, die etwas Neues und anderes wollen, besteht darin, sie zur Konkurrenz gehen zu lassen. Das ist die Methode, mit der Sie die Reinheit der Marke erhalten. Auf diese Weise stellen Sie sicher, dass Ihre Marke im Bewusstsein eines potenziellen Kunden für etwas steht.

Ein Welt voller wertloser Marken

Eine Marke, die nicht für irgendetwas steht, ist wertlos. Die einzige Marke, die American Motors gehörte und die für etwas stand, war Jeep. Was wäre gewesen, wenn sich American Motors in Jeep Corporation umbenannt und bei Jeep-Händlern nichts als Jeeps verkauft hätte? Wäre die Jeep Corporation heute eine vitale Marke?

Wir glauben ja. Es steckt Kraft darin, wenn man eine Marke in einer sich auseinander entwickelnden Gattung wie Geländewagen aufbaut und dann diese Gattung mit dem eigenen Markennamen dominiert, wie Jeep es gemacht hat. Vor allem wenn man all seine Fähigkeiten und Ressourcen auf diese einzelne Gattung konzentriert, wie es Jeep hätte machen können.

Als die Chrysler Corporation die Firma American Motors aufkaufte, gab Lee Iacocca all diese Marken außer Jeep auf.

Was wäre gewesen, wenn sich Chrysler in American Motors Corporation umbenannt und nichts außer Jeeps, Minivans von Chrysler und Lastwagen von Dodge verkauft hätte? Drei Marken, drei Branchen, drei dominante Positionen auf dem Automobilmarkt.

Wäre die frühere Chrysler Corporation heute immer noch eine vitale Firma und keine Verlust bringende Abteilung von DaimlerChrysler? Wir glauben ja.

Beim Marketing ist es am besten, nicht die Marke, sondern den Markt zu erweitern. Im Hause Chrysler hielt man wahrscheinlich nicht viel von der Tatsache, dass die eigene Marke Jeep so »begrenzt« war. Jeep, ein Slang-Ausdruck für GP oder »*general purpose*« *vehicle* (Allzweckfahrzeug), konnte man nicht für Limousinen oder Personenfahrzeuge verwenden. Das ist genau der Grund, warum Chrysler seine Luxusvariante des Jeeps als Eagle bezeichnete.

Dass man sich eng auf den Markt für Geländewagen konzentrierte, war ein großer Vorteil für die Marke Jeep. In dem Maße, wie der Markt für Geländewagen wuchs, wuchs auch der Markt für Jeeps. Heute verkauft Jeep 440.000 Fahrzeuge pro Jahr. Unsere Schätzung ist, dass Jeep der gewinnträchtigste Teil von Chrysler ist.

Wenn es nicht sogar der einzige gewinnträchtige Teil von Chrysler ist.

Das Durcheinander bei McDonald's

Die Wellen bewegen sich nicht immer in dieselbe Richtung wie Sie, manchmal kommen Ihnen die Wellen auch entgegen. Nehmen wir als Beispiel dafür das Durcheinander bei McDonald's.

McDonald's wurde dadurch zu einer schlagkräftigen globalen Marke, dass es eine Branche mit der Bezeichnung Hamburger vorantrieb. Auf den Schildern an vielen McDonald's-Restaurant steht: »Billions and billions served« (Milliarden und Abermilliarden serviert). Ich muss Ihnen nicht extra sagen, dass sich Milliarden auf Hamburger bezieht.

Im Laufe der Jahre hat McDonald's außerdem noch Frühstück, Hähnchen, Fisch, Salate, Eis und eine Vielzahl anderer Produkte auf die Speisekarte gesetzt. Das probierte man niedrigpreisig (zusammen mit einem Menü für einen Dollar) und hochpreisig (zusammen mit einem erstklassigen Salat für 3,99 Dollar).

Es funktionierte nicht. McDonald's erzielte pro Restaurant in den Vereinigten Staaten während des letzten Jahrzehnts im Wesentlichen die gleichen Umsätze:

- 1993: 1.550.000 Dollar
- 1994: 1.577.000 Dollar
- 1995: 1.538.000 Dollar
- 1996: 1.439.000 Dollar
- 1997: 1.399.400 Dollar
- 1998: 1.458.500 Dollar
- 1999: 1.514.400 Dollar
- 2000: 1.539.200 Dollar
- 2001: 1.548.200 Dollar
- 2002: 1.527.300 Dollar

Und diese Zahlen müssen noch ins rechte Licht gerückt werden: Wenn McDonald's seit 1993 nur mit der Inflationsrate gewachsen wäre, dann hätte die Firma im Jahre 2002 pro Restaurant Umsätze in Höhe von 1,909.290 Dollar gehabt.

In guten wie in schlechten Zeiten, ob es nun besser oder schlechter wird, ist McDonald's eine Marke, die auf ewig fest mit einer Branche der Gattung Hamburger verbunden ist. Statt zu versuchen, den Hähnchenketten wie Kentucky Fried Chicken, Church's, Popeye's und Chick-fil-A das Geschäft mit den Hähnchen aus der Hand zu nehmen, sollte McDonald's versuchen, Hamburger-Ketten wie Wendy's, Burger King, Hardee's und Jack in the Box das Geschäft mit den Hamburgern zu entreißen.

Wenn Rindfleisch keine Zukunft hat, wie kommt es dann, dass es Steak-Häusern wie Morton's, Ruth's Chris und Outback so gut geht? Wenn Sie Chef eines Outback Steak House wären, würden Sie dann anfangen mit Hähnchen, Fisch und gutem Salat zu werben? Wir glauben nicht.

Die Flut kommt, und die Flut geht wieder

In nahezu jeder nur vorstellbaren Gattung kommt es auf natürliche Weise zum Aufstieg und zum Fall. Heute sind in den USA die Republikaner in, morgen sind die Republikaner out. Heute sind die Röcke kurz, morgen sind sie lang. Heute sind Geländewagen in, morgen sind sie out. Der Politiker, der jedes Mal, wenn seine Partei eine Wahl verliert, die Seiten wechselt, ist ein Politiker ohne Zukunft.

Die Marke, die versucht, den täglich wechselnden Marotten der Verbraucher hinterherzulaufen, ist eine Marke ohne Zukunft. Geduld zahlt sich aus. Eine bessere Strategie besteht darin, die Luken dicht zu machen und darauf zu warten, dass man wieder mit den Wellen schwimmen kann.

Denken Sie noch einmal an McDonald's. Manche Leute meinen, das der Konsum von Hähnchen boomt und dass der Konsum von Rindfleisch in den Vereinigten Staaten substanziell zurückgegangen ist; aber das ist nicht wahr. Während in den neunziger Jahren der Geflügelkonsum pro Kopf um 20 Prozent nach oben gegangen ist, ist der Konsum von Rindfleisch pro Jahr im Wesentlichen gleich geblieben, nämlich 43,8 Kilo pro Person 1990 und 44,1 Kilo pro Person im Jahre 2000. Im selben Jahrzehnt ist die Einwohnerzahl in den USA um 13 Prozent angewachsen.

Somit ist der gesamte Markt für Rindfleisch innerhalb eines Jahrzehnts tatsächlich um 13 Prozent nach oben gegangen. Warum sollte man die Uhr zurückdrehen und aus McDonald's anstelle eines Hamburger-Restaurants einen Coffee Shop machen? Das ist nicht sinnvoll.

Die Wahrheit ist vielmehr, dass der Tag, an dem der Hamburger ausstirbt, auch der letzte Tag von McDonald's sein wird. Wir können uns keine einzige Marke vorstellen, die den Tod ihrer Gattung überlebt hat. Gewiss, Marken haben ihre Produktlinie erweitert und wurden in andere Gattungen integriert; aber gerettet wurden sie gewöhnlich durch die dominante Position, die sie in ihrer Kerngattung einnahmen.

Einige Gattungen werden aussterben

Damit soll nicht gesagt werden, dass Gattungen nie aussterben. Bei einigen wird dies sicher der Fall sein; ein wichtiges Beispiel dafür sind Zigaretten. Kann die

Marke Marlboro dadurch gerettet werden, dass man den Markennamen auf Kaugummi überträgt? Wir glauben nicht.

Und was ist mit Polaroid? Zweifellos wird die Sofortbildfotografie in den kommenden Jahren aussterben. Kann die Marke Polaroid dadurch gerettet werden, dass man sich in Richtung Computer bewegt? Wir glauben nicht.

Je stärker die Marke ist, desto schwieriger ist es, die Marke im Bewusstsein der Menschen zu verschieben. Genau das ist die Paradoxie. Wenn man eine schwache Marke hat, kann man sie leicht in andere Gattungen verschieben. Aber es lohnt sich nicht, das zu tun, weil die Marke selbst schwach ist.

Uniden ist eine schwache Telefonmarke. Ein Grund dafür, dass Uniden so schwach ist, besteht darin, dass die Firma alle möglichen Arten von Kommunikationsgeräten herstellt; und dazu gehören Handys, drahtlose Telefone für Zuhause, Netzausrüstungen für Zuhause, Scanner, Radar-Detektoren, CB-Radios und Marineelektronik. Uniden stellt auch Produkte für die Wirtschaft her, und dazu gehören Telefone (Internet-, drahtlose, multiple Verbindungen) und Netzausrüstungen (drahtlos, über Draht, Router und Schaltungen).

Suave ist eine schwache Marke für Drogerieartikel, weil der Name Suave für eine breite Vielfalt von Produkten verwendet wird; und dazu gehören Artikel für die Haarpflege, Körperseifen, Hautpflegeprodukte und Deostifte.

Auf dem Markt tummeln sich viele Unidens und Suaves. Diese Menschen stehen nicht für etwas Spezielles, deshalb können sie für jedes Produkt und jede Dienstleistung verwendet werden. Und sie verkaufen sich, solange sie preiswert genug sind.

Eine »Preis«-Marke oder »Wert«-Marke ist nicht eine Marke im traditionellen Sinn des Wortes. Es handelt sich nur um einen Produktnamen, der einem irgendwie bekannt vorkommt, der aber nicht für etwas Spezielles steht.

Eine starke Marke jedoch ist nur schwer zu verschieben, da die Stärke der Marke darin liegt, dass sie mit ihrer Gattung gleichgesetzt wird: Xerox-Kopierer, Kleenex-Tücher und Tanqueray-Gin (bei uns Tesa-Film und Tempotaschentücher). Wenn diese Marken also ihre Produktlinie auf Xerox-Computer, Kleenex-Toilettenpapier und Tanqueray-Wodka erweiterten, dann hätten sie damit bemerkenswert wenig Erfolg.

Einige Gattungen wie auch einige Arten sind dazu bestimmt zu sterben, obwohl überraschend ist, wie wenige Gattungen vollständig aussterben. Selbst die Schreibmaschine gibt es weiterhin, obwohl ihre Tage gezählt sind.

Wenn eine Gattung oder eine Art auf dem Weg ins Aus ist, dann kann eine Firma nicht viel dagegen tun. Nehmen Sie als Beispiel die Dinosaurier. Sie hätten besseres Fressen zu sich nehmen und regelmäßig trainieren können, die Dinosaurier wären heute dennoch eine ausgestorbene Art. Die Umweltbedingungen ändern sich. Man kann nicht gegen die Evolution ankämpfen.

Soll man die Marke oder die Firma retten?

Was kann man tun, wenn eine Marke auf dem Abstieg ist wie ein Dinosaurier auf einem kleinen Seitenzweig der Evolution? Man hat zwei Alternativen. Die erste besteht darin, dass man versucht, die Marke zu retten. Die zweite besteht darin, dass man versucht, die Firma zu retten.

Die meisten Firmen versuchen, die Marke zu retten. Polaroid geriet in Schwierigkeiten, weil die Sofortbildfotografie in Schwierigkeiten geriet. Da dachte sich Polaroid, die einzige Hoffnung bestünde darin, seinen Markennamen für eine Vielfalt anderer Produkte zu nutzen – einschließlich des herkömmlichen fotografischen Films.

Das war keine gute Idee. Polaroid bedeutet Sofortbildfotografie, nicht herkömmlicher Film. Ergebnis: Die Firma machte Bankrott.

Kodak verfolgt eine ähnliche Strategie, um die Marke zu retten. Die Firma gibt viel Geld für Forschung und Entwicklung aus, um ins Geschäft der digitalen Fotografie hineinzukommen und dabei den Markennamen Kodak zu nutzen. Bisher befindet sich Kodak innerhalb der digitalen Fotografie bei weitem nicht in einer ähnlich dominanten Position wie beim analogen Fotografieren mit Hilfe von Filmen.

Momentan ist Kodak in den USA, bezogen auf den erzielten Umsatz von Digitalkameras, mit einem 12-prozentigen Marktanteil auf dem dritten Platz, hinter Sony und Olympus.

Marken sind nur ein Mittel zum Ziel

Das Ziel besteht darin, eine Vorliebe bei den Verbrauchern zu erzeugen. Die Wahrheit ist, dass die Verbraucher Digitalkameras von Sony denen von Kodak vorziehen, weil Sony mit »elektronisch« gleichgesetzt wird und Kodak »Fotografieren mit Hilfe eines Films« bedeutet.

Kodak hätte sich für die zweite Alternative entscheiden sollen: Rettung der Firma. Kodak hätte eine Produktlinie mit Digitalkameras unter einem neuen Markennamen einführen sollen. Dies hätte zwei Vorzüge gehabt.

Ein zweiter Markenname für die digitale Produktlinie hätte es Kodak ermöglicht, den Namen Kodak weiterhin gezielt für die Fotografie einzusetzen. Fotografieren mit Hilfe von Filmen mag eine aussterbende Kunst sein, aber es wird viele, viele Jahre dauern, bevor die Verbraucher die Millionen von Kameras mit Film wegwerfen, die sie bereits besitzen. In der Zwischenzeit kann Kodak weiterhin unter dem Markennamen Kodak Filme und Fotopapier im Wert von mehreren Milliarden Dollar verkaufen.

Der zweite Vorteil wäre die Schaffung eines neuen Markennamens, der nur für Digitalkameras stehen würde. Wenn sich eine Gattung auseinander entwickelt (wie dies bei digitaler und traditioneller Fotografie der Fall war), ist die Situation reif für die Schaffung eines völlig neuen Markennamens.

Wenn eine Firma sowohl die ausreichenden Mittel als auch einen einzigartigen zweiten Markennamen hat, dann ist ihr der Erfolg nahezu immer sicher.

Neue Marken sind fast immer erfolgreicher als alte Marken

Wenn die Gattung wichtig genug ist, dann ist die Siegerin am Ende immer die neue Marke, die ausschließlich für die Gattung geschaffen wurde, und nicht die alte Marke, die so lange verwässert wurde, bis sie in die neue Gattung passte.

Es hat sich herausgestellt, dass Personal Computer eine wichtige Gattung sind. Deshalb waren die Sieger nicht die alten Marken, die so lange verwässert wurden, bis sie zur Gattung passten (IBM, Digital, Wang und eine Reihe von anderen), sondern die neue Marke (Dell), die speziell für die Gattung geschaffen wurde.

Es hat sich herausgestellt, dass Handys eine wichtige Gattung sind. Deshalb waren die Sieger nicht die alten Marken, die so lange verwässert wurden, bis sie zu den Gattungen passten (Motorola, Ericsson, Sony und eine Reihe von anderen), sondern die neue Marke (Nokia), die speziell für die Gattung geschaffen wurde.

Es ist gewiss richtig, dass in einer Vielzahl wichtiger Gattungen die dominante Marke nicht eine neue Marke ist, sondern eine alte Marke, die so lange verwässert wurde, bis sie zur Gattung passte. Leichtbier und Cola light beispielsweise. Wenn man bei diesen und anderen Gattungen genauer hinsieht, dann zeigt sich gewöhnlich, dass nie eine neue Marke zu dem Versuch eingeführt wurde, das Vorkaufsrecht für die Gattung zu erwerben. Oder wenn dies doch der Fall war, dann fehlten einfach die Mittel.

Nehmen Sie beispielsweise Leichtbier: Bud Light, Coors Light, Miller Lite, Michelob Light, Schlitz Light, Corona Light. Die Gattung ist voller verwässerter Marken, eben nicht neuer Marken. Kein Wunder, dass die führende Marke (Bud Light) keine neue Marke ist.

Seltsam ist auch die Tatsache, dass es bei einer neuen Gattung ohne neue Marken kein besonderer Vorteil ist, der Erste zu sein. Für die drei führenden Leichtbiere (Bud Light, Coors Light, Miller Lite) ist die Rangreihe nach dem Umsatz genau umgekehrt wie die Reihenfolge nach dem Datum der Einführung. Miller Lite kam zuerst, Coors Light kam als zweite Marke, und Bud Light kam zuletzt.

Etwas Ähnliches geschieht bei den Streifen für frischeren Atem. Die erste Marke in dieser Gattung war Listerine PocketPaks Oralpflegestreifen. Das Produkt besteht aus 24 kleinen Stücken aus »Band«; sie sind in einer tragbaren Box verpackt, lösen sich auf der Zunge auf und geben einen intensiven Minzgeschmack frei, damit der Atem frischer wird.

Streifen für frischeren Atem sind beliebt und erzielen gegenwärtig einen Umsatz in Höhe von mehr als 250 Millionen Dollar pro Jahr. Listerine ist immer noch der Marktführer, aber er wird wahrscheinlich von Eclipse mit seinen Flash Stripes überholt werden, die von Wrigley's eingeführt wurden. Listerines PocketPaks Oral-care Strips werden von drei Angreifern bedroht:

- *Listerine* ist eine Marke für Mundspülung.
- *PocketPaks* klingt wie eine Taschentuchmarke.
- *Oral care* ist ein Gattungsname, wie er von Zahnärzten und Marketing-Leuten verwendet wird, aber nicht von Verbrauchern.

Eclipse ist auch kein perfekter Name, doch er ist besser als Listerine (Wrigley's verwendet Eclipse für sein Kaugummi, der den Atem frischer macht). *Flash Strips* andererseits ist ein kurzer, einfacher, einprägsamer Gattungsname.

Unsere Vorhersage lautet: Eclipse wird PocketPaks binnen kurzem überrunden.

Wie man den Krieg um die Erweiterung einer Produktlinie gewinnt

Was korreliert mit dem Erfolg in einer Gattung, in dem es nur erweiterte Marken gibt? Beim Bier korreliert der Erfolg offensichtlich mit Marktführerschaft. Budweiser ist das führende normale Bier. Bud Light ist das führende Leichtbier.

Dies alles bedeutet natürlich, dass die Verbraucher Leichtbier und normales Bier nur als Geschmacksvariationen wahrnehmen. Leichtbier ist normales Bier mit etwas mehr Wasser. Die beiden Zweige (Leichtbier und normales Bier) haben sich nicht sehr weit auseinander entwickelt.

Das ist ausgezeichnet, wenn man Anheuser-Busch heißt und eine schlagkräftige Budweiser-Marke hat. Aber warum sollte ein unbedeutender Teilnehmer an diesem Spiel (Schlitz) dieselbe Strategie einschlagen? Bud Light ergibt einen Sinn, Schlitz Light dagegen überhaupt nicht.

Es ist durchaus im Interesse eines kleineren Konkurrenten, eine neue Marke einzuführen, damit die neue Gattung dazu gebracht wird, sich auseinander zu entwickeln. Mit anderen Worten: Sie wollen, dass die neue Biergattung so weit wie möglich vom normalen Bier (und der dominanten Marke Budweiser) entfernt ist.

Aber wird der Verbraucher Leichtbier als Gattung akzeptieren, die sich von normalem Bier unterscheidet?

Wie man den Krieg um eine neue Gattung gewinnt

Haben Sie Selbstvertrauen. Mit dem richtigen Namen und einem klar erkennbaren Unterschied ist es immer möglich, die Divergenz zu erzwingen. Ordnet der Verbraucher Evian derselben Gattung wie Aquafina zu? Oder ist für ihn Aquafina dieselbe Gattung wie Wasser aus der Leitung?

Ein Chemiker könnte den Unterschied zwischen Leichtbier und normalem Bier schnell erkennen, aber könnte Schwierigkeiten haben zu sagen, worin der Unterschied zwischen Evian und Wasser aus der Leitung besteht.

Der Unterschied, den man kreieren muss, befindet sich sowieso nicht im Glas, sondern im Kopf des Verbrauchers. Ein Indikator für die Möglichkeiten ist der Aufstieg der Marke mit der Bezeichnung Natural Light. Ohne viel Werbung und mit einem schwachen Gattungsnamen wurde Natural Light zu dem Leichtbier in Amerika, das sich am viertbesten verkauft.

Was hätte man erreichen können, wenn wir einmal annehmen, die Marke hätte einen besseren Namen und ein größeres Marketingbudget gehabt?

Kurze Markennamen, vor allem für Produkte, die öffentlich verkauft oder konsumiert werden, sind im Allgemeinen besser als lange Markennamen. Gerade darum kann auch ein kurzer Spitzname sehr von Vorteil sein. Also besser *Bud* als *Miller*, wenn man ein Bier bestellt. Besser *Coke* als *Pepsi*, wenn man eine Cola bestellt.

Neue Namen kontra verlängerte Namen

Einer der Vorteile einer neuen Marke (statt der Verwässerung eines Markennamens) ist der, dass der neue Name immer kürzer ist. Ein verlängerter Markenname muss sowohl den Gattungsnamen als auch den Markennamen enthalten. Bud Light. Cola light. Tanqueray Vodka.

Tab muss sich nicht Tab light nennen, weil es keine verlängerte Marke ist. Tab ist nur Cola light (eine Cola mit weniger Kalorien). Die Kraft, die in einem Namen steckt, der eine Gattung definiert, wird durch die Tatsache veranschaulicht, dass sich Tab bis zu dem Tag, an dem die Coca-Cola Company Cola light einführte, um 32 Prozent besser verkaufte als Pepsi-Cola light. Welchen irdischen Grund kann es nur gehabt haben, dass man die Erweiterung einer Produktlinie (Cola light) in einer Gattung einführte, in der man bereits die führende Marke hatte (Tab)?

Wenn es eine vernünftige Antwort auf diese Frage gibt, dann wissen wir nicht, wie sie lautet. Vielleicht fehlte Coca-Cola das Selbstvertrauen, dass sich eine völlig neue Marke (Tab) langfristig tatsächlich besser verkaufen lässt als eine schlagkräftige Marke wie Pepsi-Cola light, die nur die Produktlinie erweitert.

Doch die Geschichte zeigt, dass sich die neue Marke, die die Gattung definiert, fast immer besser verkaufen lässt als die alte Marke, die um einen Wortbestandteil verlängert wurde, damit sie auch die neue Gattung beinhaltet (haben Sie Selbstvertrauen, Coca-Cola).

Riskieren Sie etwas, was sich erst in der Zukunft auszahlt

Im Unterschied zu den Bösen in den *Terminator*-Filmen können sich Firmen nicht den Luxus leisten, Marken im Nachhinein einzuführen. Firmen müssen etwas riskieren, was sich erst in der Zukunft auszahlt. Gerade deshalb neigen sie dazu, konservativ zu sein.

Was wäre, wenn sich die neue Gattung nicht zu einem großen Markt entwickelt? Wir hätten Mittel verschwendet, wenn wir uns für zusätzliche Ausgaben entschieden hätten, um einen neuen Markennamen zu schaffen. Lassen Sie uns deshalb lediglich einen vorhandenen Namen verwenden.

»Pannensicher« ist eine schöne Philosophie, wenn die Gattung klein bleibt. Aber was wäre, wenn die neue Gattung gut anläuft und zu einem gigantischen Erfolg wird, wie das bei Handys, PCs, Leichtbier oder Cola light der Fall war?

»Erfolgssicher« ist die bessere Philosophie. Nehmen Sie an, dass die neue Gattung ungeheuer erfolgreich wird. Diese Annahme spricht für die Strategie, einen neuen Markennamen zu verwenden, nicht einen verlängerten Namen, der die bestehende Produktlinie erweitert. Wenn die Gattung dann groß wird, haben Sie genau das Richtige gemacht.

Wo liegen die Möglichkeiten?

Die Möglichkeiten stecken nicht in den Marken, die Möglichkeiten stecken in den Gattungen. Mehr als 2,5 Millionen Markennamen wurden beim United States Patent and Trademark Office registriert. Die große Mehrheit dieser Marken ist wenig oder gar nichts wert. Doch einige dieser Marken sind Milliarden von Dollars wert. Wodurch wird eine Marke wertvoll?

- Starbucks ist eine Marke, die Milliarden von Dollar wert ist, weil sie für eine Gattung mit der Bezeichnung »High-end Coffee Shop« steht.
- Rolex ist eine Marke, die Milliarden von Dollar wert ist, weil sie für eine Gattung mit der Bezeichnung »teure Schweizer Uhr« steht.
- Red Bull ist eine Marke, die Milliarden von Dollar wert ist, weil sie für eine Gattung mit der Bezeichnung »Energy Drink« steht.
- Tide ist eine Marke, die Milliarden von Dollar wert ist, weil sie für eine Gattung mit der Bezeichnung »Waschmittel« steht.
- Costco ist eine Marke, die Milliarden von Dollar wert ist, weil sie für eine Gattung mit der Bezeichnung »Versandhandel« steht.
- Home Depot ist eine Marke, die Milliarden von Dollar wert ist, weil sie für eine Gattung mit der Bezeichnung »Baumärkte« steht.

Wie stark eine Marke ist, hängt davon ab, wie stark die Branche ist. Wenn niemand eine teure Schweizer Uhr kaufen willen, dann ist die Marke Rolex nicht sehr viel wert. Wenn der Konsum hochwertigen Kaffees abnimmt, dann verliert die Marke Starbucks viel von ihrem Wert.

Die Firmen sollten darüber nachdenken, wie man Gattungen, nicht wie man Marken schafft. Wenn man sich eine spannende neue Gattung ausdenken kann und sich dann die Rechte für diese neue Gattung mit einem einzigartigen neuen Namen kauft, ist man im Besitz einer schlagkräftigen Kombination.

Wo sind Gattungen vorhanden?

Auf der Hauptstraße einer Stadt oder im Einkaufszentrum? In der Drogerie, im Kaufhaus oder im Supermarkt?

An keinem dieser Orte. Die Gattungen sind im Kopf vorhanden. Man schafft Gattungen auf genau dieselbe Weise, wie man Marken schafft. Indem man den Namen der Gattung im Bewusstsein des künftigen Kunden positioniert.

Aber seien Sie vorsichtig mit der Marktforschung. Wenn Sie herausfinden wollen, wo Gattungen im Bewusstsein vorhanden sind, können Sie sich zur Information nicht nur auf Forschung verlassen.

Verbraucher verwenden nur selten Gattungsnamen, um ihre Gefühle zu beschreiben. Wenn man Verbraucher fragt, welche Art von Auto sie bevorzugen, werden sie in seltenen Fällen sagen: »Einen europäischen Luxuswagen.« Stattdessen werden sie sagen: »Mercedes oder BMW.« Möglicherweise denken sie in Form von Gattungen, aber sie drücken Gattungen in Form von Marken aus.

Wenn man die Leute fragt, welche Art von Bier sie mögen, dann werden nur wenige sagen: »Ein europäisches Luxusbier.« Stattdessen werden sie Heineken oder Becks sagen. Vielleicht denken sie an Gattungen, aber sie drücken es in Form von Marken aus.

Deshalb folgen die Marketingfachleute natürlich dem gleichen Muster. Sie neigen dazu, sich nicht groß mit der Gattung zu beschäftigen und direkt dazu überzugehen, für die Marke zu werben. Das ist ein großer Fehler. Wenn man nicht als Allererster eine neue Gattung auf den Markt bringt, ist es unwahrscheinlich, dass man die Aufmerksamkeit des künftigen Kunden erregt.

Kunden sehen neue Marken in ihrer Beziehung zu alten Marken. Wenn Coca-Cola den Energy Drink KMX einführt, denkt der Kunde: »Warum sollte ich KMX trinken, wenn Red Bull die Marke ist, von der alle anderen meinen, dass sie fantastisch ist?«

Wenn man eine neue Marke als neue Gattung einführt, sollte man sich des Vergleichsfaktors entledigen. Dann hat die neue Marke eine Chance, ins Bewusstsein des zukünftigen Kunden zu kommen, weil die Gattung nicht bereits durch eine andere Marke besetzt ist.

Kästchen im Kopf

Das Denken der Menschen ist mit einer Sortieranlage in einer Post vergleichbar, in der es Kästchen für jeden einzelnen Namen entlang der Route eines Briefträgers gibt. Jeder Brief wird in das Kästchen gelegt, das dem Namen auf dem Adressfeld entspricht. Wenn kein Kästchen für einen neuen Brief vorhanden ist, wird er auf einen Haufen unter einem Schild »nicht zustellbar« geworfen.

So ist es auch mit den Marken. Im Kopf ist ein Kästchen für jede einzelne Gattung. Wenn das Kästchen als »Sicheres Auto« bezeichnet wird, dann ist dies das Kästchen für die Marke mit der Bezeichnung Volvo.

Es gibt einen großen Unterschied zwischen der Post und dem Kopf. Die Post liefert nahezu alles aus. Der Kopf tut das nicht. Wenn es eine Marke gibt, die sich in einem Kästchen des Kopfes stark festgesetzt hat, dann hat die zweite Marke nicht viel Chancen, es sei denn, sie wird zum Gegenteil und folgt der Strategie, die in Kapitel 12 skizziert wird.

Nennen Sie eine zweite Marke, die in das Kästchen mit der Aufschrift »sichere Wagen« passt. Nennen Sie eine zweite Marke, die in das Kästchen mit der Aufschrift »Driving Machines« bzw. »Freude am Fahren« passt. Das ist ziemlich schwierig.

Deswegen sollten neue Marken gar nicht erst den Versuch unternehmen, in das Kästchen eines anderen zu geraten. Neue Marken sollten ihre eigenen Kästchen oder Gattungen schaffen.

Wie man die Marke im Kästchen verschliesst

Es gibt Gattungen (die Kästchen im Kopf), und es gibt Marken (die Namen, die zu den Kästchen im Kopf passen). Beides hängt in dem Sinne miteinander zusammen, dass der Markenname in der Gattung eingesperrt ist. Mercedes-Benz ist in einer Kategorie mit der Aufschrift »importierte Luxuswagen« eingesperrt.

Man braucht beides. Man kann nicht einfach nur eine Marke sein. Man kann nicht einfach nur eine Rolex sein. Man muss die Rolex in einer Gattung im Kopf mit der Bezeichnung »Schweizer Luxusuhren« verschließen. Man muss die Swatch in einer Gattung im Kopf mit der Bezeichnung »modische Uhren« verschließen.

So weit, so gut. Die meisten Marketingfachleute würden darin übereinstimmen, dass die Marke in irgendeiner Art von Gattung eingesperrt werden muss, obwohl die tatsächlich entwickelten Gattungen, die die Firmen zu verwenden versuchen, manchmal praktisch nicht in den Kopf der Leute hineinzubekommen sind.

Es kommt jedoch oft vor, dass Firmen versuchen, den Prozess kurzzuschließen. Sie versuchen, für die Gattung und die Marke praktisch den gleichen Namen zu verwenden. Wir wollen bei der Marke für natürliches Essen die Ersten sein; deshalb nennen wir unsere Marke Natural Choice.

Das war nicht gut durchdacht.

Zwei Namen, zwei unterschiedliche Zwecke

Die beiden Namen, der Markenname und der Gattungsname, dienen zwei unterschiedlichen Zwecken. Der Gattungsname ist ein generischer Begriff (im Allgemeinen wird das Wort im Englischen kleingeschrieben), das alle Marken in der Gattung umfasst. Der Markenname ist ein richtiger Name (im Allgemeinen wird er im Englischen großgeschrieben), der auf Ihre individuelle Marke hinweist. Wie kann ein Name beide Zwecke erfüllen?

Wenn Sie die Wörter Nature's Choice hören, hören Sie dann das Wort *Nature's* groß- oder kleingeschrieben? *Nature* oder *natural* sind generische Begriffe, die im Allgemeinen kleingeschrieben werden.

Nehmen Sie beispielsweise Seattle's Best Coffee. Stellen Sie einmal einem Durchschnittsmenschen die Frage: »Was ist Seattle's Best Coffee?« Alle werden ohne Ausnahme erwidern: »Starbucks.« Die betreffende Person hört die Wörter *best coffee* (kleingeschrieben).

Nehmen Sie beispielsweise das Video Warehouse. Stellen Sie einmal einem Durchschnittsmenschen die Frage: »Wo ist das nächste Video Warehouse?«, und alle werden Sie ohne Ausnahme direkt zu Blockbuster führen.

Hier handelt es sich nicht um triviale Fälle. Das Denken behandelt die Gattungen als generische Begriffe und Marken als eigentliche Namen im engeren Sinn. Sie möchten, dass die Marke (großgeschrieben) die Marke (kleingeschrieben) besetzt. Sie brauchen beides und, wenn Sie eine Marketingstrategie entwickeln, müssen Sie an beide Namen denken.

GELEGENHEITEN BIETEN SICH STÄNDIG

Evolution und Divergenz eröffnen Möglichkeiten in fast jede Richtung, in die Sie blicken. Der Halbleiter eröffnete Möglichkeiten für die Computer-Hardware und -Software, was wiederum Möglichkeiten für das Internet bot. Gerade deshalb ist es wichtig, zunächst an die Gattung zu denken und dann an die Marke.

Es waren nicht America Online, Yahoo!, Amazon, Priceline und eBay, die das Internet schufen. Es war das Internet, das Möglichkeiten für Firmen schuf, Marken wie AOL, Yahoo!, Amazon, Priceline und eBay aufzubauen.

Die Schaffung einer schlagkräftigen, weltweiten, mehrere Milliarden Dollar schweren Marke hängt auch nicht von komplizierten, hochtechnologischen, raffinierten Produkten oder Systemen ab. Einfache Analogien funktionieren am besten:

- Bücher: Barnes and Nobles
  Bücher per Internet: Amazon.com
- Auktionen: Sotheby's
  Auktionen per Internet: eBay

- Vertriebssoftware: Siebel
  Software für den Vertrieb per Internet: Salesforce.com

DIE STRATEGIE DES SPEZIALISTEN

Viele Marken sind die Frucht einer Erfindung von gewisser Komplexität. Aber die Marken müssen nicht auf diese Art und Weise aufgebaut werden. Und es ist auch nicht immer notwendig, der Erste zu sein. Manchmal muss man nur Spezialist in einer Gattung von Generalisten sein. Nike, Adidas und Reebok sind große Generalisten im Bereich der Sportschuhe. Aber eine ganze Anzahl kleinerer Marken haben sich durch Spezialisierung ein Segment aus dem Schuhmarkt herausgeschnitten: K-Swiss bei Tennisschuhen, Vans bei Skateboard-Schuhen, Sidi bei Fahrradschuhen.

Gattungen existieren in den Köpfen, nicht nur auf den Märkten. K-Swiss verkauft sehr viele Tennisschuhe an Menschen, die gar nicht Tennis spielen. Und Harley Davidson verkauft sehr viele Motorradjacken an Menschen, die gar nicht Motorrad fahren. Alles zu wörtlich zu nehmen ist eines der größten Hindernisse für gutes Marketingdenken.

North Face, das jetzt VF gehört, ist eine erfolgreiche Marke für Kleidung mit Umsätzen von etwa 250 Millionen Dollar pro Jahr. Doch wie viele Menschen klettern hobbymäßig die Berge hoch? Nicht viele. Wie viele Menschen sind zudem den Nordhang (North Face) des Mount Everest hochgeklettert? Sehr wenige, gewiss nicht genügend, um so eine Marke für Kleidung halten zu können.

Es gibt sehr viel mehr Surfer als Kletterer, aber dennoch nicht genügend, um eine Surfermarke wie Quicksilver zu halten, eine Firma für Kleidung, die im letzten Jahr einen Umsatz von 705 Millionen Dollar erzielte. Und es gibt sehr viel mehr Menschen auf Booten als Surfer, aber nicht genügend, um Nautica am Leben zu erhalten, eine Firma für Kleidung, die vor kurzem von der VF Corporation für 586 Millionen Dollar aufgekauft wurde.

Weniger ist in der Regel mehr. Die größte Fitnesskette ist keine Unisex-

Geschäftsaktivität. Aber Curves ist es, nämlich eine Fitnesskette nur für Frauen (die Zeitschrift *Entrepreneur* wählte Curves als zweitbestes Franchise-Unternehmen der Welt hinter Subway aus).

KLARHEIT SCHLÄGT CLEVERNESS

Die Leute bei Dr. Pepper und Seven-Up stellten eine Flasche 7 UP auf den Kopf und erfanden eine Marke namens dn L (damit Sie den Witz verstehen, sollten Sie das Buch einmal um 180 Grad drehen). Dann verkehrten Sie alles, was mit der Marke zu tun hatte, in ihr Gegenteil.

- 7 UP ist durchsichtig; dn L ist grün.
- 7 UP enthält kein Koffein; dn L ist koffeinhaltig.
- 7 UP hat einen Zitronengeschmack; dn L ist eine Mischung aus Fruchtaromen.

Dr Pepper/Seven-Up muss nicht die Flasche auf den Kopf stellen, sondern die Umsatzkurve für 7 UP. Die Marke hat während der letzten fünf Jahre jedes Jahr an Marktanteilen verloren. Die Firma muss sich etwas ausdenken, um das Gegenteil des Marktführers Sprite zu sein.

Und in welches Kästchen im Kopf passt dn L?

Und in welches Kästchen im Kopf wird der Biertrinker das neue Anheuser-Select-Bier stecken? Und was würden Sie sagen, wenn Sie ein solches Bier bestellen wollten? »Ich möchte ein Anheuser World Select.«

Es ist wirklich viel einfacher zu sagen: »Geben Sie mir ein Bud.«

ZUSÄTZLICHE EIGENSCHAFTEN, WENN DIE MARKE ÄLTER WIRD

Ist eine Marke erst einmal etabliert, nimmt sie im Laufe der Zeit zusätzliche Eigenschaften an. BMW etablierte sich als die erste »driving machine« und versah sie dann als Wagen für Young Urban Professionals (Yuppies) mit zusätzlichen Attributen.

Starbucks könnte als hipper Ort für die Leute aus den Konzernen wahrgenommen werden, aber das Kernkonzept der Marke ist hochwertiger Kaffee. Abstrahiert man von der Marktführerschaft für hochwertigen Kaffee, wird Starbucks nur zu einer weiteren »Me-too«-Marke.

Ein Manager von Kodak beharrte einmal darauf, dass die Marke Kodak nicht für fotografischen Film steht, sie stehe für Vertrauen. Die Leute mögen Kodak ja zutrauen, dass die Firma gute fotografische Filme herstellt, aber sonst nicht viel. Abstrahiert man von der Marktführerschaft bei den Filmen, wird Kodak nur zu einer weiteren »Me-too«-Marke.

Selbst die komplexesten Situationen lassen sich bewältigen, wenn man sich an einfache Prinzipien hält. Beim Golf sollte man seinen Kopf unten und seinen linken Arm gerade halten.

Im Spiel der Wirtschaft sollte man zuerst an die Gattung denken und dann erst an die Marke.

KAPITEL 15

WIE MAN SICH EIN FEINDBILD AUFBAUT

Sich ein Feindbild aufzubauen ist fast so wichtig, wie eine neue Gattung zu schaffen. Keine Gattung wird erfolgreich sein, wenn sie nicht auch einen Feind hat.

Die Welt ist voller Werbeaktionen, die zu nichts führen, weil sie ohne Feinde auskommen müssen. Es handelt sich bloß um interessante Konzepte, die nie einen Platz im Bewusstsein des Verbrauchers finden werden.

Es genügt nicht, ein Problem zu lösen

Die meisten Menschen denken nicht im Sinne von Problemen, sie denken im Sinne von Gattungen. »Ich brauche einen besseren Job, ein schöneres Haus, einen größeren Wagen, mehr Gehalt.«

Wenn Sie einen Durchschnittsmenschen darum bitten, Ihnen sein drängendstes Problem zu nennen, wird er lange und intensiv nachdenken, bevor er antwortet: »Aah ... meine Frau?«

Welches Problem wurde durch das Auto gelöst? Die Menschen waren mit ihren Pferden glücklich und zufrieden (selbst heutzutage würden manche Men-

Groß & bequem	Freude am Fahren
Männlich	Weiblich
Ältere Leute	Jüngere Leute

Jede Marke braucht einen Feind. BMW, Lowe's und Pepsi-Cola bauten sich ihren eigenen Feind auf und wurden dann zum Gegenteil.

Der Ursprung der Marken

schen gerne die Zeit zurückdrehen und den Lärm, die Kosten, die Staus und all die anderen Probleme loswerden, die das Auto verursacht).

An dem Punkt, an dem Divergenz auftritt, findet man die Identität des Feindes. Um eine neue Gattung zu etablieren, ist es hilfreich, die feindliche Gattung mit Namen auszumachen. Dann muss man die neue Gattung mit aller Kraft dazu bringen, sich, von der bestehenden Gattung ausgehend, so weit wie möglich zu verzweigen.

Das erste Auto wurde als »Kutsche ohne Pferd« auf dem Markt positioniert. Es handelte sich um ein offenes Fahrzeug, es sah aus wie eine Kutsche und fuhr sich wie eine Kutsche. Mit anderen Worten: Der Feind des Automobils war das Pferd.

Die Evolution veränderte das Aussehen des Automobils rasch, während die von einem Pferd gezogenen Kutschen, die man im Central Park von New York heute noch sieht, ziemlich gleich geblieben sind.

Beachten Sie, dass es keine Mischformen gibt. Es gab keine Kutschen, die von einem Pferd gezogen wurden und die einen Hilfsmotor für den Fall hatten, dass das Pferd nicht mehr konnte. Die heutigen Automischformen (denen wir voraussagen, dass sie sich am Ende als Übergangsprodukte erweisen werden) verwenden elektrische Batterien für den Fall, dass der Benzinmotor müde wird.

Es reicht nicht, eine neue Gattung zu etablieren

Man baut Marken auf, indem man im Bewusstsein der Menschen eine neue Gattung etabliert und dann sicherstellt, dass die eigene Marke die erste ist, die die neue Gattung besetzt. Aber das genügt nicht, um den Erfolg auf dem Markt zu gewährleisten.

Bei dieser Strategie wird ein wichtiger Punkt übersehen. Warum sollte ein Verbraucher bereitwillig eine neue Gattung in sein Bewusstsein kommen lassen? Die Wahrheit ist, dass der Durchschnittsmensch so viel Müll im Kopf hat, dass es für mehrere Leben reichen würde.

Wenn sie die Wahl hätten, dann würden die meisten Menschen lieber den Mist, den Sie bereits im Kopf haben, loswerden. Sie brauchen oder sie wollen sich nicht an die Hunderte von Gattungen und Tausende von Marken erinnern, mit denen ihr Kopf bereits voll gestopft ist.

Man muss sich die Frage stellen, warum sich ein Verbraucher die Zeit nehmen sollte, meine neue Gattung in sein Bewusstsein kommen zu lassen?

Die beste Methode, um eine neue Gattung im Bewusstsein zu verankern, besteht darin, die neue Gattung dazu einzusetzen, eine alte Gattung anzugreifen. Es ist so wie bei der Kleidung und der Mode. Die beste Methode, um eine neue Modemarke im Bewusstsein zu verankern, wäre es, die alte Modemarke überflüssig zu machen.

Eine neue Gattung braucht einen Feind

Es ist leichter zu erkennen, wie diese Strategie funktioniert, wenn man sich mit der Vergangenheit beschäftigt. Whiskey pflegte in Amerika der am besten verkaufte Schnaps zu sein. Dann kam eine neue Gattung namens Gin auf. Woran lag es, dass Gin zu einer großen Gattung wurde? Gin behandelte den Whiskey als Feind. Whiskey war altmodisch, und Gin war der neueste In-Drink.

Jede neue Gattung kommt ins Bewusstsein, indem sie sich selbst gegen eine bestehende Gattung positioniert, indem sie eine bestehende Gattung als ihren Feind behandelt.

Nehmen Sie die Gattung leichte Cola. Der Feind der leichten Cola ist normale Cola, doch das lässt die führende Marke (Cola light) in eine schwierige Situation geraten. Cola light sollte normale Cola dadurch attackieren, dass Werbespots laufen, in denen im Wesentlichen gesagt wird: »150 Kalorien, wofür?«

Mit anderen Worten: Cola light sollte die normale Cola in dieselbe Gattung einordnen wie Zigaretten rauchen oder Fahren ohne Gurt. Das ist alles schlecht für Sie.

Wenn Coca-Cola Teil des Markennamens ist, lässt sich das psychologisch nur schwer durchhalten, ein weiterer Grund, warum die Coca-Cola Company für ihr Produkt leichte Cola den Namen Tab oder irgendeinen anderen Namen hätte benutzen sollen.

Die Zahlen zeigen die relative Erfolglosigkeit des momentanen Ansatzes, den sowohl Coca-Cola als auch PepsiCo verfolgen. Obwohl Dickleibigkeit das größte Gesundheitsproblem in den USA ist, verkaufen sich normale Colas doppelt so gut wie die leichten Colas. Das ist eine Schande.

Gegen Cola light sprechen zwei Dinge. Die zweite Hälfte des Namens, *light*, stigmatisiert die Marke als »nicht sehr gut schmeckend«. Die erste Hälfte des Namens, *Cola*, hält die Firma davon ab, das potenteste Marketinginstrument einzusetzen, nämlich die Gattung Cola anzugreifen.

Im Hightech-Bereich hält man ein neues Produkt oder System für wertlos, wenn es keine Killer-Anwendung gibt. Nehmen Sie das Internet, das so etwas wie eine Hightech-Kuriosität war, bis die Killer-Anwendung kam. Diese Anwendung war E-Mail.

Der Feind von E-Mail lässt sich leicht ausmachen. Es ist die normale Post und das Fax, vor allem das Fax. Das Fax drängte das Telex und TWX in den Hintergrund. Und nun löst die E-Mail unser Fax ab.

Konkurrenz zwischen Gattungen

Darwins Beschreibungen des endlosen Kampfes ums Dasein und des Überlebens des Stärksten sind gute Metaphern für das, was beim Krieg um Marken geschieht. Doch statt des »Hund frisst Hund« geht es um das »Hund frisst Katze«, da jede einzelne Gattung, jeder Zweig darum kämpft, die benachbarten Zweige zu dominieren.

Wer war der Feind, als American Home Products (jetzt Wyeth) 1984 Advil Ibuprofen einführte? Tylenol und Aspirin.

Deshalb wurden in der Werbung für Advil Bilder aller drei wichtigen Schmerzmittel gezeigt und danach jedes mit dem Datum seiner Einführung versehen: Aspirin, 1899; Tylenol, 1955; Advil, 1984. Um dann den Gedanken, dass Advil das neueste (und vermutlich beste) Schmerzmittel ist, zu verstärken, verwendete die Advil-Werbung das Motto »advanced medicine for pain« (fortgeschrittene Medizin gegen Schmerzen).

Als McNeil Nutritionals einen Süßstoff ohne Kalorien unter der Bezeichnung Splenda einführte, wer war da der Feind?

Der Feind war offensichtlich NutraSweet, der erste künstliche Süßstoff ohne einen unangenehmen Nachgeschmack. In einer Zeit, in der »natürliches Essen« immer wichtiger wird, gibt es einen ganz offensichtlichen Angriffspunkt gegen NutraSweet: die künstlichen Bestandteile.

Deshalb positioniert sich Splenda mit dem Spruch »Hergestellt aus Zucker, deshalb schmeckt es wie Zucker«.

Im Einzelhandel hat Splenda in etwa den gleichen Marktanteil wie seine beiden Konkurrenten zusammen – Equal (Aspartam) und Sweet'N Low (Saccharin).

Konkurrenz ist gut für die Gattung und gut für die Marke. Doch die Firmen betonen die Kooperation oft stärker als die Konkurrenz. In einer Firma mit mehreren Marken versucht man lieber eine Familie von Freunden zu schaffen als eine Familie von Feinden.

In diesem Zusammenhang verwenden sie dann einen Konzern- oder Megamarkennamen für die Freunde in der Familie. Coca-Cola, Gilette, Kraft, Hanes, Kellogg's, General Mills und viele andere Firmen fühlen sich an eine Megamarkenstrategie gebunden.

Das ist keine gute Strategie. Sollen es doch Ihre Marken oder besser noch die Gattungen, für die Ihre Marken stehen, miteinander ausfechten, aber auch mit den konkurrierenden Marken und Gattungen.

Kreditkarten kontra so genannte Debitkarten

Die aktuellsten Opfer einer falschen Konkurrenzstrategie und falscher Markennamen sind Visa U.S.A. und MasterCard International. Bisher hat dies die beiden Kreditkartenfirmen 3 Milliarden Dollar gekostet, wobei möglicherweise weitere Bußgelder hinzukommen.

Die Gattungen sind Kreditkarten (mit monatlich gezahlten Gebühren oder durch Ratenzahlung) und Debitkarten (direkt vom Bankkonto abgebucht), die es in den deutschsprachigen Ländern nicht gibt. Zwei Gattungen, in denen mehr

Konkurrenz herrscht, lassen sich nicht so leicht finden. Kreditkarten sind der Feind der Debitkarten und umgekehrt.

Was machten also Visa und MasterCard? Sie setzten den Namen der anderen Gattung auf die eigene Karte. Visa auf Kreditkarten und Visa auf Debitkarten. Und das Gleiche bei MasterCard. Um das Problem noch größer zu machen, zwangen beide Kreditkartenfirmen ihre Einzelhändler, alle Karten zu akzeptieren. Mit anderen Worten: Wenn ein Einzelhändler eine Kreditkarte von Visa akzeptiert, muss er auch eine Debitkarte von Visa akzeptieren.

Dann ließ man die Kosten für die Debitkarte über das gleiche, auf der Unterschrift basierende System laufen wie die Kosten für die Kreditkarte. Dadurch war der Einzelhandel gezwungen, fünf- bis zehnmal so viel an Gebühren zu zahlen, wie es der Fall gewesen wäre, wenn der Kunde eines der anderen Debitkarten-Netze wie Star, Pulse oder NYCE genutzt hätte, die eine persönliche Identifikationsnummer (PIN) oder ein PIN-basiertes System verwenden.

Bei der historisch bedeutendsten außergerichtlichen Einigung in einem kartellrechtlichen Verfahren erklärten sich Visa U.S.A. und MasterCard International bereit, jeweils 2 Milliarden Dollar beziehungsweise 1 Milliarde Dollar an eine Gruppe von Einzelhändlern unter der Führung von Wal-Mart zu zahlen. Beim vor Gericht strittigen Punkt »Alle Karten anerkennen« handelte es sich um ein nicht legales Koppelungsgeschäft.

Warum führte man nicht eine zweite »Debitkarten«-Marke ein, die die Kreditkartenmarke Visa oder MasterCard ergänzte? Es geht um die Frage, wer zuerst da war, die Henne oder das Ei, erklärte ein Manager von Visa. Visa hätte eine neue Marke neu aufbauen müssen, eine Marke, die noch von keiner Bank ausgegeben und noch von keinem Händler akzeptiert wurde. »Aber warum hätten wir das denn um Gottes willen tun sollen?«

Wir können 30 Milliarden Gründe dafür anführen. Doch wichtiger als die kurzfristigen finanziellen Verluste bei Visa und MasterCard sind die langfristigen Konsequenzen der Strategie nach dem Motto »Alle Karten anerkennen«. Dadurch, dass Visa (aber auch MasterCard) seine Debitkarten in sein Kreditkartensystem integrierte, halste sich die Firma ein langsameres, unsicheres und teures Verfahren der Weiterleitung von Debitkartengebühren auf.

Tatsächlich probierte MasterCard die Strategie mit einer zweiten Marke aus und führte ein PIN-Produkt namens Maestro ein. Aber Maestro verlor gegen die Visa-Debitkarte mit Unterschrift, so dass MasterCard einen neuen Kurs einschlug und sich seine eigene Debitkarte mit Unterschrift ausdachte.

Ziemlich übel. Hätte man ein wenig mehr Vertrauen in die eigene Strategie gehabt, dann wäre MasterCard heute um 1 Milliarde Dollar reicher und hätte gegen seinen Konkurrenten Visa die Marktführerschaft bei den PIN-basierten Debitkarten erreicht.

Wie bei vielen Problemen im Marketing ist die Situation bei den Debitkarten kompliziert. Wie entwirft man ein Produkt, das Vorteile für alle Beteiligten mit sich bringt – Verbraucher, Einzelhandel, Banken und das Kartennetz selbst? Das ist nicht einfach.

Dies ist genau der Punkt, an dem sich die Kraft des konzeptuellen Denkens auswirkt. Sie wissen vielleicht, wie, wann und wo es zu Divergenz kommt, aber Sie können nicht sicher sein, dass es geschieht. Zwei unterschiedliche Produkte, Kreditkarten und Debitkarten werden sich am Ende auseinander entwickeln, und daran kann eine einzelne Firma nichts ändern. Wenn man versucht, sie unter der Haube des gleichen Markennamens zu konservieren, ist das ein aussichtsloses Unterfangen.

Aktienhandel kontra Investment Banking

Die momentane Unruhe auf dem Effektenmarkt ist ein weiteres Beispiel für Divergenz in Aktion. Kürzlich zahlten zehn Firmen von der Wall Street 1,4 Milliarden Dollar, damit die Regierung Anschuldigungen fallen ließ, dass die Firmen routinemäßig zu optimistische Vorhersagen für die Aktien veröffentlicht hätten, um sich bei Klienten von den Konzernen einzuschmeicheln und sie für ein Geschäft beim firmeneigenen Investment Banking zu gewinnen.

Für den durchschnittlichen Investor war dies kein großes Geheimnis. (Ich bin entsetzt, *schockiert*. Ich musste feststellen, dass hier Glücksspiele stattfinden.)

Sandy Weill, Chef der Citigroup, muss jetzt bei Besprechungen mit den Aktienanalysten immer einen Rechtsanwalt dabei haben, wenn es darum geht, welche Firmen man einbezieht.

Die Citigroup und die neun anderen Firmen, die an der Vereinbarung beteiligt waren, sind mit zwei einander ausschließenden Aufgaben konfrontiert:

- Maximierung des Preises der Aktien, die von ihren Kunden beim Investment Banking auf dem Markt ausgegeben werden,
- Minimierung der Kosten für Aktien, die von ihren Kunden auf dem freien Markt erworben werden.

Eine einzelne Firma kann offensichtlich nicht beides leisten. Das ist ein Interessenkonflikt. Logischerweise müsste das Geschäft mit dem Investment Banking vom Geschäft des Aktienhandels abgespalten werden; doch solange einflussreiche Akteure einen Nutzen aus dem Interessenkonflikt ziehen, wird dies nie geschehen.

Es ist nicht möglich, eine Megafirma zu leiten, die in mehrere Richtungen gleichzeitig geht. Eine Person mit einer einzigen Uhr weiß immer, wie viel Uhr es gerade ist. Eine Person mit zwei Uhren ist sich nie ganz sicher.

Die beste Methode, um sicherzustellen, dass Ihre Firma in die richtige Richtung geht, besteht darin, zunächst einmal ein Feindbild aufzubauen. Richten Sie dann Ihre Augen auf den Feind und stellen Sie sicher, dass jeder Schritt, den Sie machen, die Position dieses Feindes beeinträchtigt.

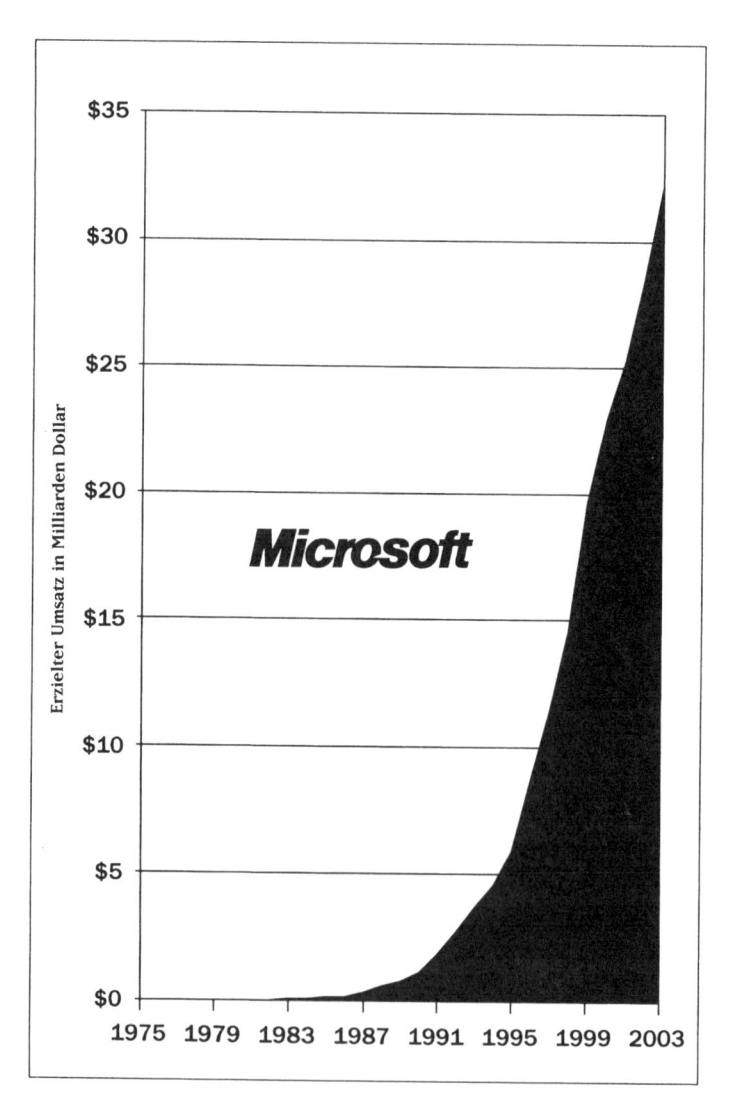

Wie die meisten erfolgreichen Firmen entwickelte sich Microsoft anfangs recht langsam. Es dauerte 10 Jahre, bevor die Marke einen Umsatz von mehr als 100 Millionen Dollar erzielte.

Kapitel 16

Einführung einer Marke

Parvis e glandibus quercus. Mächtige Eichen entstehen aus kleinen Eicheln.

Die größten und schlagkräftigsten Marken von Weltrang fangen mit kleinen Ideen an. Wenn Sie versuchen, Ihre neue Marke oder Ihren neuen Firmennamen mit massiven Mitteln einschließlich eines großen Werbebudgets zwangszuernähren, stehen die Chancen schlecht, dass Sie damit Erfolg haben werden.

Zeit und Geduld sind Ihre Verbündeten

Mit zu viel Wasser und zu viel Dünger kann man eine Pflanze umbringen. Auf dieselbe Art und Weise können Sie auch eine Marke umbringen.

Die stärksten und dauerhaftesten Marken werden durch Divergenz aus einer bestehenden Gattung geschaffen. Aber diese Divergenz ist ein langsamer Prozess. Das Fernsehen wurde 1927 erfunden, wurde aber bis zur Zeit nach dem Zweiten Weltkrieg nicht kommerziell vertrieben. Eine Firma, die 1930 gegründet worden wäre, um eine Marke Fernseher einzuführen, wäre Bankrott gegangen.

Vielleicht gab es kein revolutionäres Produkt, das sich so schnell entwickelte wie der Personal Computer. Der erste Personal Computer wurde 1975 eingeführt, in ebendem Jahr, als Bill Gates sein Studium in Harvard abbrach und nach Albuquerque (New Mexico) ging, um ein Basic-Softwareprogramm für den Altair Computer zu schreiben.

Microsoft, eine Firma, die von Gates gegründet wurde, ist heute mit einem Wert von 304 Milliarden Dollar auf dem Aktienmarkt die zweitwertvollste Firma auf der Welt.

Die Lage war nicht immer so rosig. Am 3. Februar 1976 schrieb Gates einen offenen Brief an die Altair-Nutzer, in dem er sich über Software-Piraterie beklagte. In Gates' Brief, der im Newsletter des Homebrew Computer Clubs veröffentlicht wurde, hieß es: »Das Geld aus Lizenzgebühren, das wir durch Verkäufe auf dem Hobbymarkt erzielt haben, ist die Zeit nicht wert, die wir für Altair BASIC aufgewendet haben; wir würden damit weniger als 2 Dollar pro Stunde verdienen.«

Die meisten Menschen, die herausgefunden hätten, dass sie für weniger als 2 Dollar pro Stunde arbeiten, hätten sich nach einer anderen Arbeit umgesehen. Nicht so Bill Gates. Sein Vertrauen in die Zukunft der Software zahlte sich ganz gut aus.

Die Bildung neuer Zweige braucht Zeit. Eine neue Gattung benötigt sogar eine ganze Weile, bis sie als neue Gattung anerkannt ist. Eins von Bill Gates' frühen Problemen war die Vorstellung, dass Software nichts wert ist. Deshalb kopierten die Computerbesitzer einfach von Freunden die Software, die sie brauchten, um auf ihrem Computer zu arbeiten (weniger als 10 Prozent der Altair-Besitzer kauften Microsofts Software).

Wie führt man eigentlich eine neue Marke ein? Dazu gibt es zwei Theorien.

Theorie A gegen Theorie B

Theorie A (für A wie Airplane oder Flugzeug) vergleicht die Einführung einer Marke mit einem Flugzeugstart. Ihre Marke rollt langsam Tausende von Metern die Startbahn herunter, und dann hebt sie nach einer massiven Anstrengung langsam von der Rollbahn ab. Nachdem die Marke eine Weile in der Luft ist, beginnt sie mit Erreichen ihrer Reiseflughöhe an Geschwindigkeit zuzulegen.

Für Theorie B (für B wie Big Bang oder großer Knall) ist die Einführung wie ein Raketenstart. Ihre Marke hebt wie eine Rakete ab und kreist dann auf der Umlaufbahn.

In der Werbung erfreut sich der Raketenstart großer Beliebtheit, weil Werbeprogramme herkömmlicherweise mit einem großen Knall gestartet werden. Das ist die einzige Möglichkeit, um genügend Aufmerksamkeit zu erregen, damit man lauter als der Lärmpegel ist.

Die PR hat keine Wahl. Sie muss Marken so einführen, als ob ein Flugzeug startete. PR-Programme sind eigentlich immer über eine längere Zeit hinweg angelegt. Das ist die einzige Möglichkeit, wie die PR mit den Bedürfnissen der Medien umgehen kann, die sich gerne auf Exklusivmeldungen und Knüller stürzen.

Was ist mit der realen Welt?

Hebt eine Marke wie eine Rakete ab? Oder hebt sie ab wie ein Flugzeug?

Nehmen Sie beispielsweise eine typische neue Marke in der Getränkeindustrie. Eine solche Marke braucht vier Jahre, bis sie Umsätze von 10 Millionen Dollar pro Jahr erzielt, und weitere fünf Jahre, bis sie die 100-Millionen-Grenze erreicht.

Eine solche Marke ist Red Bull, eine Marke, die hauptsächlich durch PR aufgebaut wurde, und eine Marke, die nicht wie eine Rakete abhob, sondern wie ein Flugzeug.

Nehmen Sie eine Software-Marke, die sogar noch länger brauchte, um von der Startbahnen abzuheben als Red Bull. Diese Marke brauchte 10 Jahre, um Umsätze von 10 Millionen Dollar pro Jahr zu erzielen.

Bei dieser Marke handelt es sich natürlich um Microsoft, eine Marke, die nicht wie eine Rakete, sondern wie ein Flugzeug abhob.

Nehmen sie als weiteres Beispiel eine Marke aus dem Einzelhandel. Diese Marke brauchte 14 Jahre, um Umsätze von mehr als 100 Millionen Dollar zu erzielen. Heute sind es 198 Milliarden Dollar pro Jahr, und die Marke ist zum größten Einzelhandelsgeschäft der Welt geworden.

Bei dieser Marke handelt es sich natürlich um Wal-Mart, eine Marke, die nicht wie eine Rakete, sondern wie ein Flugzeug abhob.

Bei neuen Produkten wird der Wendepunkt erreicht, wenn sich die anfänglich langsamen Verkäufe plötzlich in Richtung Massenmarkt beschleunigen. Nach einem kürzlich veröffentlichten Forschungsbericht wird dieser Punkt in den USA im Schnitt sechs Jahre nach der Einführung erreicht.

Die größten, schlagkräftigsten Marken, die Marken, die die Zeiten überdauern, sind die Marken, die langsam wie ein Flugzeug abheben. Die Marken, die schnell wie eine Rakete abheben, stellen sich als vorübergehende Modeerscheinungen heraus. Heute da, morgen verschwunden. Der Hula Hoop, die Bowle von Bardes & Jaymes, Crystal Pepsi und viele andere Produkte.

Am Anfang mochten die Verbraucher Crystal Pepsi. Nach AcuPOLL, einer unabhängigen landesweiten Befragung zu 16.000 Lebensmittelprodukten, wählten sie es zum »besten Produkt des Lebensmittelhandels des Jahres 1992« aus. Crystal Pepsi gewann auch bei Kritikern in der Zeitschrift *Time* die Zustimmung als eines der besten neuen Produkte des Jahres 1992. Und die *Washington Post* stufte das Getränk als eines der »In«-Produkte für 1993 ein.

Nach seiner landesweiten Einführung hatte Crystal Pepsi einen Marktanteil von 2,4 Prozent.

Ein Jahr später gab es das Produkt nicht mehr.

Was ist mit der Natur?

In der Natur gibt es viele Beispiele für die Überlegenheit langsamen Wachstums. Kleine Hunde leben länger als große Hunde. Langsam wachsende Hartholzbäume leben länger als schnell wachsende Weichholzbäume.

Der älteste lebende Baum ist nicht ein Mammutbaum, sondern eine Grannenkiefer, die 16,5 Meter hoch ist. Ihr Alter wird auf 4767 Jahre geschätzt; das bedeutet, dass diese spezielle Grannenkiefer mit einer Geschwindigkeit von 3,46 Millimeter pro Jahr gewachsen ist (Fingernägel wachsen sehr viel schneller, etwa 38 Millimeter pro Jahr).

Beton ist fester, wenn er langsam trocknet, als wenn dies schnell geschieht. Bei Hitze spritzen Bauunternehmen Wasser auf die eben ausgegossenen Bürgersteige, um den Beton abzukühlen und die Austrocknung zu verlangsamen.

Schnelles Wachstum schwächt viel mehr, als dass es stärker macht. Das trifft auf eine Marke ebenso zu wie auf eine Pflanze oder ein Tier.

Der größte Mensch, der je gelebt hat, war Robert Wadlow mit 2,67 Meter. Unglückseligerweise lebte er nicht sehr lange. Wadlow starb im Alter von 22 Jahren.

Fachleute sind jetzt der Auffassung, dass Autismus bei Kindern durch schnelles Hirnwachstum verursacht wird. Bei einer kürzlich durchgeführten Studie an 48 autistischen Vorschulkindern fand man heraus, dass die Köpfe der Kinder kleiner als im Schnitt waren, dass die Köpfe aber während der Säuglingszeit explosionsartig gewachsen waren. Im Schnitt nahm der Kopfumfang etwa innerhalb eines Jahres vom 25. Perzentil zum 48. Perzentil zu (das ist der Kopfumfang, den 25 bzw. 48 Prozent der Kinder einer Altersgruppe höchstens erreichen).

Und worum handelt es sich bei Krebs? Um ein schnelles und abnormes Zellwachstum.

Damit soll nicht gesagt werden, Sie sollten nicht die Absicht verfolgen, dass Ihre neue Marke so rasch wie möglich wächst. Wie in der Natur begünstigt das Schicksal die Marke, die ihre Nachbarn überragt und mehr als nur ihren Anteil von den Nährstoffen bekommt. Sie wollen, dass Ihre neue Marke Ihre Gattung dominiert; dann müssen Sie ihr Wachstum vorantreiben.

Doch seien Sie geduldig. Divergenz braucht Zeit. Die Menschen sind argwöhnisch gegenüber dem Neuen und anderen. Hier eine typische Reaktion: »Ich werde abwarten und sehen, ob sich diese neue Gattung als etwas herausstellt, was sich lohnt.« Sie müssen sowohl die Gattung als auch die Marke verkaufen.

Der Satellitenfunk für Autos hat sich nur langsam entwickelt. Nach mehr als zwei Jahren heftiger Werbung hat der Marktführer XR Satellite Radio nur 1,4 Millionen Abonnenten. Das hört sich nach viel an, aber das sind weniger als ein Prozent der 200 Millionen Autos, die sich auf den Straßen der USA tummeln.

Zudem gab XM Satellite im ersten Jahr 100 Millionen Dollar für Werbung aus und im zweiten Jahr 60 Millionen Dollar, damit jene 1,4 Millionen Abonnenten mitmachten.

Die Firma hätte sich ihr Geld sparen und auf den Wendepunkt warten sollen. Man sieht zu, wie die Marke hauptsächlich mit Hilfe von PR-Techniken langsam aufgebaut wird. Wenn der Wendepunkt erreicht ist, sollte man mit massiver Werbung auf den Markt kommen.

Zwei Probleme: Glaubwürdigkeit und Konvention

Die Einführung einer neuen Marke, die eine neue Gattung bestimmt, hat mit zwei Problemen zu kämpfen.

Das erste Problem betrifft die Glaubwürdigkeit. Ein neues Konzept ist einfach nicht glaubwürdig, vor allem wenn es in der Werbung präsentiert wird. Wenn Viagra mit einer Werbekampagne eingeführt worden wäre, («Die Pille, mit der sich Impotenz heilen lässt«), dann hätte das wahrscheinlich zu nichts geführt.

Werbung ist wie Spam (Spam ist in der Tat Werbung, obwohl nicht jede Werbung Spam ist). Werbung hat wenig Glaubwürdigkeit. Um wirkungsvoll zu sein, braucht Werbung die Glaubwürdigkeit, die nur Dritte bieten können. Dritte können Freunde sein, Nachbarn, Verwandte und insbesondere die Medien.

Genau darum setzt das wirkungsvollste Marketingprogramm zur Einführung einer neuen Marke mit einer PR-Kampagne ein, die auf Mundpropaganda zielt und Glaubwürdigkeit für die Marke schafft. Erst nachdem eine Marke ein gewisses Maß an Glaubwürdigkeit erreicht hat, kann es sich eine Firma leisten, Mittel für ein Werbeprogramm auszugeben.

Das zweite Problem nach der Glaubwürdigkeit betrifft »Konventionen«. Die Menschen möchten etwas »Konventionelles« kaufen. Mit anderen Worten: Die Leute wollen etwas kaufen, was andere Leute kaufen. Im Allgemeinen möchten sie nicht für unkonventionell gehalten werden.

Wenn diese Schlussfolgerung völlig der Wahrheit entspräche, wäre es natürlich nahezu unmöglich, ein neues Konzept zu etablieren, ob es sich nun um Leichtbier oder um das Zusammenleben von Unverheirateten handelt. Glücklicherweise betrachtet sich ein kleiner Kader von Verbrauchern als unkonventionell und ist nicht nur bereit, sondern manchmal auch ganz wild darauf, etwas Neues auszuprobieren.

Daher besteht der Trick bei der Einführung einer neuen Marke darin, eine Verbindung zu unkonventionellen Menschen oder zu Menschen herzustellen, die Marketingfachleute als Innovatoren oder »früh Adoptierende« bezeichnet haben. Gerade darum nimmt der Prozess eine gewisse Zeit in Anspruch.

Es dauert eine Weile, bis ein neues Konzept die Stufenleiter der Konvention erklimmt: von völlig unkonventionell am unteren Ende bis völlig konventionell am oberen Ende.

Andere Faktoren, die die Sache komplizierter machen

Jeder ist konventionell, und jeder ist unkonventionell. Das bedeutet, dass die Menschen sich möglicherweise konventionell kleiden, aber bereit sind, jedes neue Restaurant auszuprobieren, das in ihrer Nachbarschaft eröffnet wird. Andererseits gibt es den Computerenthusiasten, der vielleicht jedes neue Gerät kauft, das die Hightech-Industrie anbietet, sich aber von Pizza, Hamburgern und Mountain Dew Code Red ernährt.

Auch die jüngere Generation spielt bei diesem Prozess eine Rolle. Es ist nur natürlich, dass sich jede Generation ihre eigene Identität schafft, indem sie gegen die vorige Generation rebelliert. Diese Rebellion nimmt die Form von Veränderungen in Bezug auf Musik, Kleidung, Frisur, Essen, Getränke, etc. an.

Diese Marken wurden darauf aufgebaut, dass sie die Vorstellung hervorriefen, sie repräsentierten die jüngere Generation. Beispiele dafür sind BMW, Mini Cooper, Pepsi-Cola, Mountain Dew, Red Bull, Tommy Hilfiger, The Gap und Abercrombie & Fitch.

Auch die Rolle der Mutation sollte nicht unterbewertet werden. Eltern, die von ihren Söhnen und Töchtern erwarten, dass sie Kopien der eigenen Person werden, werden immer überrascht. Gerade Mutation und natürliche Selektion sind die Garanten dafür, dass die nächste Generation nicht nur aufsässig, sondern auch anders ist.

Wenn man eine neue Marke einführt, muss man verschiedene Probleme lösen. Wie bewegt man sich schnell in einem Prozess, der von sich aus langsam ist? Wie schafft man Glaubwürdigkeit für eine neue Marke (oder eine neue Gattung), die keine Glaubwürdigkeit besitzt?

Beide Probleme hängen miteinander zusammen. Die beste Möglichkeit, sich beiden Fragen zu stellen, ist eine PR-Strategie mit der Bezeichnung »the leak« (das Durchsickern). Sie geben Informationen über die neue Marke heraus, bevor es so weit ist, dass sie eingeführt werden kann. Je radikaler das Konzept ist, desto länger dauert der Reifeprozess.

Der Aufbau einer Marke, speziell von der Sorte »neue Gattung«, ist nicht leicht. Man mag das beste Produkt auf der Welt haben, man mag die beste Marketingstrategie der Welt haben, man mag die besten Namen (für die neue Gattung und die neue Marke) haben, und man mag alle dazu erforderlichen Mittel haben.

Aber man wird keinen Erfolg damit haben, wenn man beim potenziellen Kunden nicht ins Bewusstsein kommt.

Aber wie kommt man ins Bewusstsein?

Für die meisten im Marketing Tätigen lautet die konventionelle Antwort: Werbung. Wir beauftragen eine Werbeagentur, wir stellen ein Werbebudget auf, wir bereiten einen Werbeplan vor (vorzugsweise mit einem großen Teil des Kuchens für Fernsehwerbung), wir drehen Werbespots, und wir starten das Werbeprogramm.

Dann lehnen wir uns zurück und warten auf die Resultate. In den meisten Fällen sind die Resultate eine große Enttäuschung. In Wirklichkeit ist Werbung keine gute Methode, um eine Marke einzuführen. Die Werbung erfüllt eine Rolle und eine Aufgabe; aber das gilt für die Erhaltung einer Marke, nicht für den Aufbau einer Marke.

Wir leben im Zeitalter der PR. Heutzutage baut man Marken mit PR auf, nicht mit Werbung. Heutzutage muss die Werbung eine sekundäre Rolle spielen.

Es ist eine Tatsache, dass Marken wie Starbucks, Wal-Mart, Palm, Viagra und Red Bull praktisch ohne jede Werbung aufgebaut wurden.

Werbung fehlt es an Glaubwürdigkeit, der entscheidenden Zutat beim Aufbau einer Marke. Nur PR kann die Glaubwürdigkeit liefern, die es Ihrer Marke ermöglicht, ins Bewusstsein der Verbraucher zu gelangen.

Zudem funktioniert der Ansatz mit dem großen Knall, wie er von Werbefachleuten propagiert wird, auch nicht. Was man braucht, ist ein langsamer Aufbau durch PR. Die Werbung sollte nur dazu benutzt werden, Marken zu erhalten, wenn sie erst einmal etabliert sind ... durch PR.

Wenn Ihre Marke in die Nachrichten kommt, hat sie auch eine Chance, öffentliches Aufsehen zu erregen. Und die beste Methode dafür besteht darin, die Botschaft möglichst einfach zu halten. Kündigen Sie eine neue Gattung an und nicht eine neue Marke. Die Nachrichtenmedien wollen von dem reden, was neu, was das Erste und was spannend ist. Sie wollen sicher nicht darüber reden, was besser ist. Das sähe dann so aus, als würden sie für eine einzelne Marke Partei ergreifen.

Was andere über Ihre Marke sagen ist zudem viel wirkungsvoller als das, was Sie selbst darüber sagen. Genau deshalb ist PR im Allgemeinen wirkungsvoller als Werbung.

Und deshalb hat die PR über die letzten beiden Jahrzehnte hinweg die Werbung als wirkungsvollste Kraft bei der Einführung einer Marke überholt.

REVOLUTIONÄRE KONZEPTE SIND SOGAR NOCH LANGSAMER

Je revolutionärer das Konzept ist, desto langsamer wird das Konzept vermutlich abheben. In diesem Sinne sind langfristiges Potenzial und kurzfristiges Wachstum umgekehrt proportional zueinander.

Nehmen Sie beispielsweise ein neues Produkt, das im Januar 2001 von Kimberley-Clark eingeführt wurde. Glaubt man der Presseerklärung des Konzerns, so geht es um Folgendes: »Es handelt sich um die bedeutendste Innovation einer Gattung, seit im Jahre 1890 erstmals das Toilettenpapier in Rollenform auf den Markt kam.«

Und die Innovation? »Cottonelle Fresh Rollwipes, Amerikas erstes und einziges wegwerfbares, vorgefeuchtetes Toilettenpapier auf einer Rolle.«

In der Presseerklärung schrieb Kimberley-Clark, dass der amerikanische

Markt für Toilettenpapier 4,8 Milliarden Dollar pro Jahr groß sei und man erwarte, im ersten Jahr Fresh Rollwipes für mindestens 150 Millionen Dollar zu verkaufen (mäßige drei Prozent des Marktes) und innerhalb von sechs Jahren für 500 Millionen Dollar pro Jahr.

So führte Kimberley-Clark mit einer Werbekampagne für 35 Millionen Dollar selbstbewusst die Marke Fresh Rollwipes ein; man entwickelte den Slogan »sometimes wetter is better« (nasser ist manchmal besser) und zeigte Aufnahmen mit Leuten von hinten, die etwas ins Wasser platschen ließen.

Doch statt der Umsätze von 150 Millionen Dollar erbrachte die Marke nur ein Drittel dieses Betrags. Jetzt ist die Marke in diesem Bereich geblieben, aber die Manager von Kimberley-Clark sagen, die Verkäufe seien so schwach, dass sie finanziell nicht tragbar seien.

»Es ist jetzt nicht der beste Zeitpunkt, um ein neues Produkt einzuführen«, sagte Thomas Falk aus dem Vorstand der Firma bei einer Konferenzschaltung mit Analysten. »Bisher sieht es so aus, als würde es etwas länger dauern als wir ursprünglich dachten, bis die Gattung sich entwickelt.«

Fresh Rollwipes sind das klassische Beispiel für eine Marke mit langfristigem Potenzial (ein Markt von 4,8 Milliarden Dollar) und mit einem kurzfristig langsameren Wachstum. Manchmal muss man seinen eigenen Presseerklärungen einfach nur glauben.

Wenn die Fresh Rollwipes »die bedeutendste Innovation einer Gattung, seit erstmals das Toilettenpapier in Rollenform auf den Markt kam«, sind, dann hätte man sich bei der Firma ja schon denken können, dass die Marke langsam startet. Je revolutionärer das Konzept ist, desto weniger sollte zudem Werbung eine Rolle spielen.

Man kann nicht einfach Werbung durch PR ersetzen

Eine Marke mit Hilfe von PR und durch Werbung auf den Markt zu bringen sind zwei völlig verschiedene Dinge. Wenn man eine Marke mit Hilfe von PR einführt, muss man nahezu alles, was man tut, anders machen.

Das zu lassen, was man im Einführungsseminar über Werbung gelernt hat, ist nicht einfach. Werbung und Marketing sind im Kopf der Manager so miteinander verwoben, dass viele gar nicht erst die Möglichkeit in Erwägung ziehen, eine neue Marke ohne Werbung einzuführen.

Und es geht auch nicht einfach um ein maßvolles Werbeprogramm. Das Denken nach dem Strickmuster des großen Knalls ist derartig im Bewusstsein der Manager verankert, dass die Einführung einer neuen Marke ständig so beschrieben wird: »Das größte Werbeprogramm, das wir je haben laufen lassen.«

Wir empfehlen Ihnen sehr, alle neuen Marken nur mit Hilfe von PR auf den Markt zu bringen, eine Einführung, die immer sieben Schritte umfasst.

Schritt 1: Das Durchsickern

Newsletter und Internetseiten sind beliebte Betätigungsfelder für PR.

Die Medien lieben Insidergeschichten, in denen Ereignisse beschrieben werden, die geschehen werden (insbesondere wenn es sich um Exklusivberichte handelt, mit anderen Worten, um einen Knüller).

Das war die Methode, mit der Segway eingeführt wurde. Nahezu fünf Monate vor seiner offiziellen Einführung sickerte etwas über das Produkt bei Inside.com durch. Unter dem Codenamen Ginger wurde das neue Produkt als etwas beschrieben, was bedeutsamer als das World Wide Web ist.

Elf Monate später in *Good Morning America*, einer Sendung von ABC, in der Diane Sawyer und Charles Gibson der Sache einen Effet gaben, wurde Segway offiziell eingeführt. Natürlich kam Segway überall in die Abendnachrichten, aber auch die meisten Zeitungen des Landes brachten etwas über das Produkt.

Man verschwendet enorme Geldmittel, wenn man keine Details über sein neues Produkt oder seine neue Dienstleistung an die Medien durchsickern lässt. Worüber reden denn die Menschen gerne? Über Gerüchte, Tratsch und Insiderinformationen. In den Medien ist es genauso.

Bei der Werbung ist es genau umgekehrt. Ein Werbeprogramm wird normalerweise wie ein militärischer Angriff gestartet. Es wird für gewöhnlich streng geheim gehalten bis zu dem Tag, an dem die erste Werbung herauskommt.

Schritt 2: Die langsame Zunahme an Publizität

Ein PR-Programm entfaltet sich langsam wie eine blühende Blume. Eine Firma muss sich genügend Zeit dafür nehmen, damit es an Stoßkraft gewinnt. Genau deshalb beginnt eine PR-Einführung oft Monate, bevor die Einzelheiten zu einem neuen Produkt oder zu neuen Dienstleistungen festgelegt sind.

Das Denken nach dem Strickmuster des großen Knalls ist out. Wenn Sie nicht gerade eine welterschütternde Erfindung haben, müssen Sie langsam anfangen und darauf hoffen, dass die Behandlung des Themas in den Medien allmählich zunehmen wird. (Wenn Sie eine welterschütternde Erfindung haben, brauchen Sie wahrscheinlich überhaupt keine PR. Unabhängig davon, was Sie tun, wird sich die Nachricht darüber verbreiten.)

Glücklicherweise passt diese langsame Zunahme an Publizität zu der Art und Weise, wie die meisten Verbraucher etwas über neue Produkte und Dienstleistungen erfahren. Ein Artikel in den Nachrichten hier, ein Hinweis von einem Freund dort, und recht bald sind Sie davon überzeugt, dass Sie das Produkt schon immer gekannt haben.

Mit der Werbung ist es umgekehrt. Ein Werbeprogramm beginnt oft mit einem Werbespot beim Baseball-Endspiel (dem Super Bowl).

Da die Verbraucher dazu neigen, Werbebotschaften zu ignorieren, muss ein Werbeprogramm groß und auffällig genug sein, um den Lärmpegel zu übertönen. Das, was man in den USA am leichtesten verstecken kann, sind eine Million Dollar, die man für Werbung ausgibt. Wenn man die Million in kleine Häppchen aufteilt und das Geld für viele unterschiedliche Medien ausgibt, werden Ihre Botschaften in einem schwarzen Loch der Werbung verschwinden.

Schritt 3: Die Rekrutierung von Verbündeten

Warum sollte man es allein versuchen, wenn man andere dazu verleiten kann, Ihnen dabei zu helfen, dass Ihre Botschaft unter die Leute kommt?

Die langsame Zunahme der Publizität durch ein PR-Programm gibt einem genügend Zeit, Verbündete für die eigene Sache zu rekrutieren. Und wenn die Öffentlichkeitswirksamkeit erst einmal erreicht ist, ist es zudem oft einfach, Freiwillige zu finden.

Wer sind Ihre natürlichen Verbündeten? »Der Feind meines Feindes ist mein Freund.« Als wir das Buch *The Fall of Advertising* schrieben, fragten wir uns, wer der Feind eines derartigen Buches sein könnte.

Der offensichtliche Feind sind die Werbegroßmoguln, diejenigen, die den Großteil der Werbeausgaben in den Vereinigten Staaten kontrollieren. Wer könnte der Feind dieser Werbegroßmoguln sein? Es sind die unabhängigen PR-Firmen, die einen Teil ihres Geschäftes an die Subunternehmen dieser Werbegroßmoguln verloren haben.

Deshalb schickten wir Vorabexemplare unseres Buchs an die 124 größten unabhängigen PR-Firmen im Land und setzten mit Kopien von Medienveröffentlichungen über das Buch nach.

Die Aussendungen führten häufig zu Reaktionen der folgenden Art: »Wir werden Exemplare des Buches kaufen, um sie an Klienten und potenzielle Kunden zu verschicken, wir werden Sie einladen, um Vorträge auf Branchentreffen zu halten, wir werden Briefe an die Herausgeber von Fachpublikationen schreiben, etc.«

Bei der Werbung ist es umgekehrt. Ein Werbeprogramm hat es schwer, Verbündete zu rekrutieren. Dabei gibt es zwei Probleme: Zeit und Geld.

Bei einem Start mit einem großen Knall reicht gewöhnlich die Zeit nicht, um Hilfstruppen in Stellung zu bringen. Auch zerstreiten sich Werbeallianzen gewöhnlich an der Frage, wer was bezahlt.

Schritt 4: Der Stapellauf mit dem Kiel nach oben

Man muss kriechen können, bevor man gehen kann, und man muss gehen können, bevor man laufen kann. Bei den Medien funktioniert es genauso. Man muss klein anfangen, vielleicht mit einer Erwähnung in einem Newsletter, und dann zur Fachpresse aufrücken. Von der Fachpresse könnte man die Leiter hochklettern zu einer allgemeinen Wirtschaftsveröffentlichung. Und am Ende könnte man dann vielleicht das eigene neue Produkt oder die Dienstleistungen in einer Sendung von *NBC Nightly News* sehen.

Mit jeder Sprosse auf der Leiter gewinnt Ihr Produkt zusätzlich an Glaubwürdigkeit. Wenn Sie sich direkt an NBC wenden sollten, könnten Sie sofort abgewiesen werden. Wenn die Journalisten dort jedoch sehen, dass Ihr neues Produkt oder Ihre Dienstleistungen in der Zeitschrift *Time* erwähnt wird, rufen sie Sie möglicherweise an.

In dem Maße, in dem Sie die Medienleiter erklimmen, gewinnt Ihre Marke an Schlagkraft.

Bei der Werbung ist es umgekehrt. Ein Werbeprogramm wird wahrscheinlich bei einem der Fernsehsender beginnen. Der Grundgedanke ist wiederum, die Kampagne mit einem großen Knall zu starten und dann mit kleineren Erinnerungswerbungen nachzusetzen.

Schritt 5: Die Modifizierung des Produkts

Rückmeldung ist ein wichtiges Element bei einer PR-Einführung. Dadurch, dass man das PR-Programm vor der eigentlichen Produkteinführung beginnt, bleibt genügend Zeit, das Produkt zu modifizieren, bevor es in den Verkauf geht. Das kann sehr von Vorteil sein.

Bei der Werbung ist es umgekehrt. Ist ein Werbeprogramm erst einmal angelaufen, ist die Firma daran gebunden. Es gibt wenig Rückmeldung, und es bleibt keine Zeit, um das Produkt oder die Dienstleistung zu verändern, bevor es bei den Verbrauchern eingeführt wird.

Apple brachte das Newton MessagePad, den ersten Handheld Computer der Welt, mit einer großen Pressekonferenz auf der Messe für Unterhaltungselektronik in Chicago heraus.

Apple ließ auf die Presseankündigung eine traditionelle Werbekampagne mit einem großen Knall folgen; dazu gehörten Werbespots im Fernsehen, die in atemloser Prosa verkündeten: »Newton ist digital. Newton ist persönlich. Newton ist magisch. Newton ist so einfach wie ein Blatt Papier. Newton ist intelligent. Newton lernt von ihnen, versteht sie. Newton ist eine Neuigkeit.«

Wegen seiner fehlerhaften Software zur Handschriftenerkennung bekam das Produkt vernichtende Kritiken in der Presse. Besonders verheerend war ein Comicstrip von Garry Trudeau, der sich über eine ganze Woche hinzog; da spottete *Doonesbury* über den Newton: Aus »I am writing a test sentence« wurde »Siam fighting atomic sentry«.

Ein potenzieller Kunde testete einen Newton, indem er schrieb: »My name is Curtis«. *Business Week* berichtete über das Ereignis mit der Überschrift: »My Norse 15 Critics«; so hatte der Newton die Botschaft des potenziellen Kunden interpretiert.

Zu viel Werberummel wird schnell zum Selbsttor. Dann könnten Sie die Medien gleich darum bitten, Ihrem Produkt eins auszuwischen. Es ist besser, eine Marke auf maßvolle Weise einzuführen, indem man Freunde und Verbündete bittet, Verbesserungsvorschläge zu machen. Dann verändert man das Produkt so, dass es den Bedürfnissen des Markts entspricht.

Palm Computing griff den Grundgedanken des Newton auf und vereinfachte ihn. Man ließ die Telekommunikationsfunktionen und die raffinierte Software zur Handschriftenerkennung fallen zugunsten eines stiftbasierten Systems namens Graffiti, bei dem die Buchstaben nur in einer stilisierten Großschreibung eingegeben wurden. Der PalmPilot wurde zu einem riesigen Erfolg.

Wenn man mit den Medien zu tun hat, ist Bescheidenheit immer besser als Werberummel. Wenn man jemanden um Rat bittet, wird man wahrscheinlich eine Fülle von Ideen bekommen, die man hinterher nutzen kann.

Schritt 6: Die Modifizierung der Botschaft

Wenn man ein neues Produkt herausbringt, kommt man gewöhnlich darauf, dass man eine Reihe von Eigenschaften hat, die man mit der Marke verbinden kann.

Auf welche einzelne Eigenschaft sollte man sich konzentrieren?

Hier handelt es sich um die Art von Fragen, die zu mehrstündigen Debatten im Vorstand führen können. Zu oft wird diese Diskussion abgewürgt, und die Marke wird mit einem ganzen Bouquet von Eigenschaften eingeführt (genau das geschah beim Newton). Oder es wird eine Entscheidung gefällt, die sich hinterher als falsch herausstellt. In der Vorstandsetage gibt es immer einen gewissen Mangel an Objektivität.

Die Medien können da hilfreich sein. Was meint ein Reporter oder Chefredakteur, welches die wichtigste Eigenschaft ist? Schließlich sehen die Medien ein neues Produkt vom Verbraucherstandpunkt aus.

Die Meinungen in den Medien sind nicht nur hilfreich, sondern werden sich wahrscheinlich bei potenziellen Kunden als äußerst überzeugend erweisen. Die Medien haben die Meinung der Verbraucher an der Kandare. Wenn Sie den Medien in die Quere kommen, dann tun Sie das auf eigenes Risiko.

Volvo verwendete Jahre darauf, für die Dauerhaftigkeit seines Produkts zu werben. Doch die Medien verliebten sich in die Sicherheitsaspekte der Autos von Volvo. Sie brachten Geschichten über Volvos Erfindung des Drei-Punkt-Sicherheitsgurts an Becken und Schultern, die verstellbare Lenksäule, die Knautschzonen an Kühler und Heck etc.

Volvo warf am Ende das Handtuch beim Thema Dauerhaftigkeit und ging in seiner Werbung zum Thema Sicherheit über. Die Verkäufe bei Volvo hoben ab.

Vergessen Sie Gruppen, auf die man sich konzentrieren soll. Warum sollte man Verbraucher dafür bezahlen, dass sie einem Ratschläge geben, wenn man die von den Medien umsonst bekommt? Die Medien werden zudem Ihre Ratschläge mit Geschichten untermauern, die Ihre Ideen im Bewusstsein der potenziellen Kunden verankern.

Sollten Sie je etwas anders machen, als es Ihnen die Medien geraten haben? Gewiss, aber wenn Sie das machen, dann sollten Sie besser einen guten Grund dafür haben.

Bei der Werbung ist es umgekehrt. Hat man erst einmal ein Werbeprogramm gestartet, dann ist es in Stein gehauen. Es ist schwierig, teuer und peinlich, wenn man versucht, mitten in einer Werbekampagne die Strategie und die Botschaft zu wechseln.

Schritt 7: Der weiche Start

Wie lange sollte die PR-Phase in einem Programm für ein neues Produkt dauern? Das hängt von einer Vielzahl von Faktoren ab. Und genau darum empfehlen wir einen »weichen« Start.

Das neue Produkt oder die neue Dienstleistung sollte erst eingeführt werden, nachdem das PR-Programm seinen Weg gegangen ist. Das Produkt wird eingeführt, wenn es fertig ist. Mit anderen Worten, wenn die Medien das Thema behandeln. Nicht zu früh und nicht zu spät.

Der weiche Start kollidiert mit der Budgetplanung und dem Plan für den Konzern. Er kann sogar Probleme bei der Herstellung und beim Vertrieb verursachen.

So ist es eben. Beim Marketing wie im Leben ist die zeitliche Planung alles. Das richtige Produkt zur richtigen Zeit mit der richtigen PR-Unterstützung ist eine unschlagbare Kombination.

Bei der Werbung verhält es sich umgekehrt. Ein Werbeprogramm ist gewöhnlich direkt an die Verfügbarkeit des Produkts gebunden. Die erste Anzeige wird für den ersten Tag geschaltet, an dem das Produkt im Verkauf zur Verfügung steht.

Die meisten Werbekampagnen für neue Marken werden um einen D-Day herum geplant, den Tag, an dem das Produkt auf den Strand trifft und durch die Werbeluftwaffe und verkaufsfördernde Landungsboote unterstützt wird.

Eine militärische Metapher ist rhetorischer Pfeffer für eine Vertreterversammlung, aber ihr mangelt es an der Flexibilität, die man in der realen Welt braucht. Keiner kann den Verlauf eines PR-Programms vorhersagen. Niemand kann angeben, wie lange es dauern wird und welche neuen Ideen und Konzepte ausfindig gemacht werden.

In einem Artikel für die *New York Times* schrieb Michael R. Gordon: »Es wird allgemein angenommen, dass Kriege mit einem Knall beginnen. Tatsächlich fangen sie mit begrenzten Luftschlägen, versteckten Truppenbewegungen an der Grenze und psychologischer Kriegführung an, um den Widerstand des Gegners zu schwächen.«

Marketing-Schlachten sollten genauso beginnen.

Vor der Divergenz

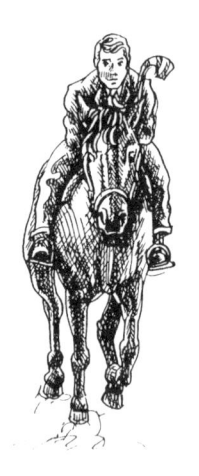

Nach der Divergenz

Eine Firma kann jahrelang auf ein einziges Pferd setzen. Doch dann entwickelt sich die Gattung auseinander, und die Hölle bricht über die Firma herein.

Kapitel 17

Wie man die Sache erfolgreich zu Ende führt

In der Geschichte einer Firma kommt es zu einem kritischen Ereignis, wenn sich der Ast, auf dem sie sitzt, verzweigt.

Divergenz schafft Möglichkeiten, aber Divergenz schafft auch Probleme. Firmen, die versuchen, auf beiden Ästen mit demselben Markennamen sitzen zu bleiben, befinden sich in einer außergewöhnlich gefährlichen Position.

Sie sind so etwas wie ein Reiter im Zirkus, der stehend und breitbeinig auf zwei Pferden in den Ring reitet. Damit zeigt er, was für ein guter Reiter er ist. Aber was würde geschehen, wenn jedes der beiden Pferde in unterschiedliche Richtungen liefe? Der Reiter und die Pferde würden sich sehr schnell voneinander trennen.

Unter der Zirkuskuppel geschieht dies nicht, weil der Reiter seine Pferde im Griff hat. Auf dem Markt ist es anders. Eine Firma, die immer in der schwammigen Mitte bleibt, wird durch die Evolution der Äste auseinander gerissen.

So geschah es bei Western Union. So geschah es bei Wang. So geschah es bei Polaroid. So geschah es bei Xerox. Und so geschah es bei Kodak.

Hier handelt es sich um ein Phänomen, mit dem man im herkömmlichen Marketing nicht umzugehen gelernt hat.

Die fünf Aufgaben des Marketing

Ein Klassiker unter den Büchern über Marketing listet die fünf Aufgaben des Marketing in folgender Reihenfolge auf:

- Definition des Marktes
- Auswahl der Marktsegmente
- Schaffung einer Anziehungskraft für das Produkt
- Generierung der Unterstützung durch andere Funktionen
- Überwachung des Marktauftritts

Beschäftigen wir uns mit der ersten Funktion, der Definition des Marktes. Lassen Sie uns einmal sehen. Es gibt eine Reihe von Märkten da draußen, welchen sollen wir auswählen? Autos, Batterien, Bier, Cola, Handys, Waschmittel, etc. Ganz offensichtlich wird Anheuser-Busch nicht in die Autobranche einsteigen und General Motors nicht ins Biergeschäft.

Sehen wir uns die zweite Aufgabe an, die Auswahl der Marktsegmente. Erfolgreiche Firmen haben auch hier wieder ihre Marken bereits im Sinne von Marktsegmenten definiert. Busch ist Anheuser-Buschs niedrigpreisiges Bier. Budweiser ist sein normales Bier. Und Michelob ist sein hochpreisiges Bier. Die gleiche Art von Segmentierung hat bereits bei General Motors stattgefunden, vom Saturn am unteren Ende bis zum Cadillac am oberen Ende.

Die anderen drei Aufgaben (Anziehungskraft, Unterstützung und Überwachung) sind in Wirklichkeit nur Methoden, um das Marketingprogramm in seinen Feinheiten abzustimmen.

Herkömmliches Marketing reicht nicht aus

Während die fünf Aufgaben des Marketings die Methode der Wahl sein können, um eine Marke zu erhalten, sind sie eindeutig keine Methode, um eine Marke aufzubauen.

Red Bull wurde nicht dadurch zu einer großen Marke, dass es dem Markt für Energy Drinks hinterherlief. Es gab keinen Markt für Energy Drinks. Red Bull wurde dadurch zu einer großen Marke, dass man einen neuen Markt schuf und diesen neuen Markt mit dem Etikett »Energy Drinks« belegte.

Duracell wurde nicht dadurch zu einer großen Marke, dass es dem Markt für Nickeleisenbatterien hinterherlief. Es gab keinen Markt für Nickeleisenbatterien. Duracell wurde dadurch zu einer großen Marke, dass man einen neuen Markt schuf und diesen neuen Markt mit dem Etikett »Nickeleisenbatterien« (alkaline batteries) belegte.

Und wie wurden diese neuen Märkte geschaffen? Durch Divergenz bestehender Märkte. Energieriegel/Energy Drinks. Kohle-Zink-Blitzlichtbatterien/Nickeleisenbatterien.

Die meisten Geschichten über die Erfolge beim Aufbau einer neuen Marke lassen ein wesentliches Detail aus: die Schaffung einer neuen Gattung oder eines neuen Marktes. Die Geschichten konzentrieren sich auf all die spannenden Dinge, die eine Firma gemacht hat, um das Interesse an der Marke zu wecken.

Nehmen Sie beispielsweise Nike. Warum war Nike erfolgreich? Wenn Sie glauben, was Sie in der Zeitung lesen, war Nike erfolgreich, weil man Michael Jordan beauftragte, die Marke zu unterstützen und Millionen von Dollars für ein Werbeprogramm mit dem Slogan »Just do it« ausgab.

Nun ja, auch Raytheon beauftragte Michael Jordan. Auch dort gab man einen Haufen Geld für eine Kampagne aus, in der für eine Produktlinie wieder aufladbarer Batterien geworben wurde. Und wo steht Raytheon heute? Die Firma muss dringend wieder aufgeladen werden.

Alle Bücher über Marketingerfolge wie den von Nike überspringen das erste Kapitel: Die Erschaffung der Marke. Wenn man sich einmal genauer mit der Situation vor Einführung der Marke befasst, bekommt man immer die gleiche Antwort. Der Erfolg der Marke geht auf die Fähigkeit der Firma zurück, eine neue Gattung zu schaffen.

Vor dem Aufstieg von Nike trug die Jugend Amerikas Turnschuhe, vorzugsweise solche von Keds. Nike schuf eine neue Gattung »Sportschuhe«, und machte sich dann daran, diese sich langsam entwickelnde neue Gattung zu dominieren.

Es reicht nicht, genauso gut wie die Konkurrenz zu sein

Wie reagierte Uniroyal, die Besitzerin der Marke Keds, auf den Neuling Nike? Man führte Super Keds ein.

Wie reagierte Everready, der führende Hersteller von Kohle-Zink-Batterien, auf den Neuling Duracell? Man führte die Everready Nickeleisenbatterie ein.

Wie reagierte Smirnoff, die führende Wodkamarke, auf den Erfolg von Absolut, einer Superedelmarke für Wodka? Man führte Smirnoff Black ein.

Wie reagierte Tanqueray, die führende Ginmarke, auf den Erfolg von Wodkamarken wie Absolut und Stolichnaya? Man führte Tanqueray Wodka ein.

Wie reagierte Gatorade, die führende Marke für Sportgetränke, auf den Erfolg von Energieriegelmarken wie PowerBar und Balance? Man führte Gatorade Energieriegel ein.

Wie Sie wahrscheinlich wissen, führten die Marken der Produktlinienerweiterung wie Gatorade Energieriegel, Tanqueray Wodka, Smirnoff Black, Everready Nickeleisenbatterien und Super Keds zu nichts. Was verleitet die Firmen dazu, diese klassischen Marketingfehler zu begehen?

Viele Manager sind fest davon überzeugt, dass es beim Marketing um eine Schlacht der Marken geht. Meine Marke gegen Ihre Marke.

Ebendarum wird der typische Besitzer einer Marke beträchtliche Geldmengen in Werbung, Messen, Verkaufsförderung und Merchandising stecken, um die Konkurrenz zu übertreffen. Möge die bessere Marke gewinnen.

Es reicht nicht, die Kunden bei Laune zu halten

Dann gibt es da die Modewelle, die Kunden bei Laune zu halten. Milliarden von Dollars werden für Kundenbetreuungssoftware ausgegeben (allein der Marktführer in diesem Bereich, Siebel Systems, erzielte in den letzten drei Jahren einen Umsatz von 5,5 Milliarden Dollar).

Es ist auch nicht so, dass es den für Marketing zuständigen Managern an professionellem Rat zu diesem Thema fehlt. Amazon.com listet 2634 Bücher über Kundenzufriedenheit auf, mit Titeln wie *Delivering Knock Your Socks Off Service* von Ron Zemke und Kristin Anderson sowie *Customer satisfaction is worthless, customer loyalty is priceless: How to Make Customers Love You, Keep Them Coming Back and Tell Everyone They Know* von Jeffrey Gitomer.

»Entwickeln Sie Zwangsvorstellungen darüber, wie Sie Ihre Kunden bei Laune halten können«, rät Tom Peters, der wenig darüber sagt, wie man zunächst einmal an die Kunden herankommen kann.

Tausende von Firmen und Marken hängen am Tropf. Was würden Sie machen, wenn Ihnen die Marke Kmart, die Marke Polaroid, die Marke Royal Crown oder die Marke Schlitz gehörte? Würden sie Zwangsvorstellungen darüber entwickeln, wie Sie Ihre Kunden bei Laune halten können? Wir glauben nicht. Es gibt auch bei den Marken Nervenbündel.

Es ist nicht falsch, die Werte für Kundenzufriedenheit zu verbessern. Aber das ist nur die eine Seite der Medaille. Jede Marke sollte sich über ständige Veränderung und Verbesserung entwickeln.

Selbst Evolution reicht nicht aus

Auf die Evolution, das Erste von Charles Darwins revolutionären Konzepten, konzentriert sich die ganze Aufmerksamkeit; und Divergenz, sein zweites Konzept, wird geflissentlich übersehen. Eine Marke kann sich nicht entwickeln, wenn sie nicht zunächst geschaffen wird.

Erst Divergenz, dann Evolution – das ist der Gang der Dinge in der Natur. Und so geht es auch bei der Einführung von Marken. Firmen müssten ihre Aufmerksamkeit stärker darauf richten, wie sie zunächst einmal ihre Marken erschaffen. Wenn sie ihre Aufgabe, eine Marke zu schaffen, gut erledigen, dann können sie eine Position für ihre Marke aufbauen, die unüberwindbar ist.

Wird in absehbarer Zukunft eine konkurrierende Marke Dell oder Red Bull oder Starbucks oder das *Wall Street Journal* überrunden? Diese Marken wurden durch die Divergenz geschaffen. Die Evolution wird dafür sorgen, dass sie ganz oben bleiben.

Marken leben, und Marken sterben aus. Marken sterben nicht deshalb, weil sie die Kunden nicht bei Laune gehalten haben. Marken sterben aus, weil ihre Gattungen aussterben. Zwei Beispiele dafür sind Wang (Textverarbeitung) und Polaroid (Sofortbildfotografie).

Auf lange Sicht wird jede Firma untergehen, wenn sie ihre überflüssigen Marken nicht durch neue ersetzt, die um neue Gattungen herum aufgebaut werden. Außer in Software zur Kundenbetreuung sollten die Firmen auch in Managementsysteme zum Ersetzen einer Gattung investieren.

Divergenz ist der Schlüssel

Wenn man nach einem einzelnen Ausgangspunkt für neue Möglichkeiten sucht, dann ist der wichtigste davon die Divergenz. Aber im Unterschied zur Natur entwickeln sich die Gattungen nicht in Reaktion auf die Umweltbedingungen (setzen Sie hier Verbraucher ein) auseinander. Gattungen entwickeln sich in Reaktion auf Firmen auseinander; diese führen neue Marken ein, die Divergenz im Hinblick auf das Konzept aufweisen.

Die zeitliche Planung ist von entscheidender Bedeutung. Sie wollen vielleicht eine neue Gattung (über eine neue Marken) deshalb nicht einführen, weil dies eine andere Gattung, die Sie bereits im Programm haben, überflüssig macht. Aber wenn Sie abwarten und ein Konkurrent die neue Gattung als Erster einführt, werden Sie langfristig der Verlierer sein: Überleben des Allerersten.

Selbst ein sensationelles Produkt wie der Apple Macintosh bleibt ein Nischenprodukt, weil er nicht als Erster da war.

Im Unterschied zur Natur bekommt eine Firma beim Marketing eine zweite Chance. Wenn Sie nicht als Erster da waren, ist es möglich, eine zweite starke Marke aufzubauen, indem Sie das Gegenteil vom Marktführer machen.

Dell stieg spät ins Geschäft mit den Personal Computern ein. Die anderen Marken wurden über Vertriebskanäle verkauft, vorwiegend über den Einzelhandel. Deshalb machte Dell das Gegenteil. Man verkaufte direkt, zunächst über das Telefon und gegenwärtig über das Internet: Überleben des Allerzweiten.

Verbraucher kaufen nicht Marken, sondern Gattungen

Trotz all des Geredes über Marken und Markeneinführung lautet die Wahrheit, dass die Verbraucher nicht Marken, sondern Gattungen kaufen. Der Markenname ist ein Kürzel für die Eigenschaft, die durch die Gattung repräsentiert wird.

Menschen, die ein »renommiertes« Auto kaufen wollen, kaufen gewöhnlich einen Mercedes-Benz. Es ist einfacher, schneller und psychologisch befriedigender, zu sagen »Ich fahre einen Mercedes«, als zu sagen »Ich fahre ein renommiertes Auto«.

An dem Tag, an dem Mercedes-Benz nicht mehr den Beiklang »renommiertes Auto« hat, verliert die Marke Mercedes-Benz viel von ihrem Wert.

Der endgültige Beweis dafür, dass Verbraucher Markennamen als Ersatz für Gattungsnamen verwenden, besteht in der zunehmenden Tendenz von Markennamen, generisch zu werden, also für die Gattung zu stehen: Kleenex, Xerox, Scotch Tape (in Deutschland Tesafilm), Coke, Jell-O, Rollerblade, Palm Computer.

Viele Marketingfachleute warnen vor dem Drang, Markennamen immer mit einem Copyright (©) oder durch andere Verfahren schützen zu müssen, um zu verhindern, dass sie generisch werden. Die Gefahren werden stark übertrieben.

Wie viele universale Marken sind verloren gegangen?

Sehr, sehr wenige.

Aspirin, eine Marke, die einst Bayer gehörte, wird oft als eine Marke angeführt, die in die Generika-Falle geraten ist. Dem war keineswegs so. Nachdem Deutschland den Ersten Weltkrieg verloren hatte, wurde Bayer im Jahre 1919 als

Folge des Versailler Vertrags gezwungen, die Marke Aspirin aufzugeben (die Alliierten hätten besser Daimler-Benz dafür ausgewählt).

Einen Markennamen zu haben, der auch generisch verwendet wird, ist ein großer Marketingvorteil. Ein generischer Name wie Kleenex ist außergewöhnlich stark und wird in der Regel seine Marktführerschaft so lange nicht verlieren, wie es einen Markt für Kosmetiktücher gibt.

Was heißt *zum generischen Begriff werden* im Bewusstsein des Verbrauchers wirklich?

Wenn Sie in einem Lexikon nachschlagen, werden Sie herausfinden, dass es viele Wörter gibt, die eine weitere Bedeutung haben. Coke beispielsweise bedeutet Kokain, Coca-Cola oder Koks, also Kohle, die ohne Zufuhr von Luft verbrannt wird.

Mit anderen Worten: Ein Verbraucher wird das Wort Kleenex in der Bedeutung einer Gattung, aber auch in der Bedeutung der Marke Kleenex verwenden. In seinem Kopf hat das gleiche Wort zwei Bedeutungen für unterschiedliche Dinge.

Genau darum verlieren Marken, die generisch werden, im Allgemeinen nicht ihre Kraft als Marke. Kleenex dominiert die Gattung Kosmetiktücher. Scotch Tape dominiert die Gattung Klebebänder aus Zellophan, und Jell-O dominiert die Gattung Wackelpudding.

Eine Strategie für führende Marken

Wenn Sie zu den wenigen Glücklichen mit einer schlagkräftigen führenden Marke (Visa, Budweiser, Coca-Cola, etc.) in einer Gattung gehören, in der es wenig oder gar keine Evolution gibt, dann haben Sie ein süßes Leben.

Die Reichen werden immer reicher, die Armen immer ärmer. Es ist nicht nur so, dass Sie aller Wahrscheinlichkeit nach Ihre Marktführerschaft behalten werden, sondern die Chancen stehen auch gut, dass Sie einen größeren Vorsprung gegenüber der zweiten Marke in der Gattung bekommen werden.

Die meisten Firmen sind nicht mit einem solchen Glück gesegnet. Die meisten Firmen ähneln kleinen Bäumen im Wald. Ihre größeren, stärkeren und höher gewachsenen Konkurrenten halten das Licht der Sonne von ihnen ab und machen es ihnen schwer zu wachsen.

Eine Strategie für Leute, die auch im Geschäft sind

Statt eine Strategie zur Markeneinführung zu verfolgen, für die wenig Hoffnung auf Erfolg besteht, sollten diese Firmen einfach alles über Marken vergessen und über Gattungen nachdenken.

»Wie erfinden wir eine neue Gattung? Und wie geben wir dieser Gattung dann einen neuen Markennamen?« Diese Strategie wird es Ihrer Firma ermöglichen, aus dem Schatten der führenden Marke heraus und auf die Bühne des Lebens zu treten. Dies ist vielleicht die einzige Chance für eine kleinere Firma, groß zu gewinnen.

Elektrische Zahnbürsten sind schon seit Jahrzehnten auf dem Markt, aber die meisten Marken kosten 50 Dollar und mehr. Deshalb entwickelten John Osher und drei weitere Unternehmer aus dem Gebiet um Cleveland eine batteriebetriebene elektrische Zahnbürste, die für 5 Dollar verkauft werden konnte. Das Produkt wurde 1998 unter dem Namen SpinBrush eingeführt.

Zwei Jahre später wurde SpinBrush an Procter & Gamble für 475 Millionen Dollar verkauft, eine schöne Summe für eine Investition von insgesamt 1,5 Millionen Dollar.

Ausnahmslos jede Kategorie wird sich am Ende auseinander entwickeln

Keine Marke kann alle sich auseinander entwickelnden Zweige abdecken. Vor allem nicht angesichts einer spezialisierten Konkurrenz.

Halten Sie sich noch einmal vor Augen, wie IBM die Schlacht um Personal Computer gegen Dell und Compaq verlor. Gegen Microsoft bei den PC-Betriebssystemen. Gegen Intel bei den PC-Mikroprozessoren. Gegen Toshiba bei den Laptops.

In der Natur konvergieren Zweige nur selten, wenn überhaupt. Auf dem Markt werden Zweige (oder Gattungen) manchmal konvergieren, aber nur in Bereichen, in denen Annehmlichkeit ein wichtiger Faktor ist: Shampoo/Haarfestiger, 24-Stunden-Geschäft/Tankstelle, Kamera/Handy.

Konvergenz kann manchmal Annehmlichkeit bedeuten, aber sie beinhaltet immer auch einen Kompromiss. Genau darum wird Konvergenz immer ein kleinerer Akteur bei der Markeneinführung bleiben.

Die Dynamik eines Marktes ist einer der Aspekte, der am schwierigsten zu verstehen ist. Warum gewinnen einige Firmen, und warum verlieren andere? Warum bevorzugen einige Verbraucher eine Marke und andere eine andere? Warum ist eine Marke heute spannend und morgen Schnee von gestern.

Charles Darwin liefert die theoretischen Konzepte, um die Dynamik des Marktes zu verstehen. Die Naturgesetze lassen sich auf Marken und Gattungen in gleicher Weise anwenden.

Marken entwickeln sich, und Gattungen entwickeln sich auseinander

Wenn man angemessen mit ihnen umgeht, können sich Marken mit der Zeit so entwickeln, dass sie stärker und dominierender werden. Aber es besteht immer die Gefahr der Divergenz.

Ein Marke, die versucht, jeden Aspekt einer sich auseinander entwickelnden Gattung abzudecken, wird fast immer mit der Möglichkeit konfrontiert sein, ihre dominierende Position zu verlieren. Eine bessere Strategie besteht darin, die Marke ständig so zurechtzustutzen, dass sie weiterhin im Bewusstsein des Verbrauchers für eine einzige Idee steht.

Langfristig jedoch ist die Erhaltung einer Marke das Spiel eines Verlierers. Wenn eine Firma nicht den Mut aufbringt, neue Marken einzuführen, um den Vorteil neuer Gattungen zu nutzen, die durch Divergenz geschaffen werden, dann hat diese Firma keine Zukunft.

Die Evolution ist eine starke Kraft, aber durch Evolution allein lassen sich nicht Hunderttausende von Marken erklären, die man in Supermärkten, Drogerien, Textilläden, Schuhläden, Billigläden und 24-Stunden-Geschäften finden kann.

Hightech-Marken, Lowtech-Marken. Teure Marken, billige Marken. Moderne Marken, herkömmliche Marken. Marken für Erwachsene, Marken für Kinder. Urbane Marken, ländliche Marken. Globale Marken, lokale Marken. An Frauen orientierte Marken, an Männern orientierte Marken. Verbrauchermarken, Marken für den Profimarkt.

Die Divergenz hat diese unglaubliche Vielfalt von Marken geschaffen. Aus einem einzelnen Baum werden sich viele Äste bilden. In einem endlosen Prozess werden sich von einem einzelnen Ast ausgehend viele Zweige bilden. Das, was wir heute erkennen können, ist nur eine kleine Auswahl der vielen unglaublichen neuen Produkte und neuen Marken, die uns die Zukunft gewiss bringen wird.

Es ist wahrlich eine großartige Ansicht, dass der Schöpfer den Keim alles Lebens, das uns umgibt, nur wenigen oder nur einer einzigen Form eingehaucht hat, und dass, während unser Planet den strengsten Gesetzen der Schwerkraft folgend sich im Kreise geschwungen, aus so einfachem Anfange sich eine endlose Reihe der schönsten und wundervollsten Formen entwickelt hat und noch immer entwickelt.

E uno plures. Aus dem Einen die Vielfalt.

Es kann nur einen geben!

Wer nicht in der Masse untergehen will, muss seine eigene Marke ICH® aufbauen. Dabei kann man von den Strategen der großen Weltkonzerne viel lernen!
Die überarbeitete Auflage zeigt, wie man mit dem Herold-Prinzip einen starken Auftritt erreicht, wie man mit einer leicht nachvollziehbaren Anleitung seine eigene Marke ICH® aufbaut und wie es zahlreichen Menschen gelungen ist, sich wie einen Markenartikel zu positionieren.

336 Seiten
Format 14,8 x 21 cm
Paperback
ISBN 3-8323-1012-6
15,90 Euro (D) / CHF 27,50

Conrad Seidl, Redakteur bei DER STANDARD und Kolumnist verschiedener Fachzeitschriften, hat mit zahlreichen Sachbüchern, Fachartikeln und Vorträgen seine Marke *Bierpapst* gefestigt.

Werner Beutelmeyer ist Marktforscher und Institutsleiter von *market* – eines der führenden Institute für Markt-, Medien- und Politikforschung – in Linz.

REDLINE WIRTSCHAFT

Weck den Berater in dir!

Beratung ist nicht einfach, wie jeder weiß, der schon einmal um einen Rat gebeten wurde. Denn meistens wollen die Leute gar nicht wirklich hören, was man raten würde! Alle, die beruflich beratend tätig sind, brauchen einige psychologische Kniffe, um ihr Wissen erfolgreich an den Mann und die Frau zu bringen. Gerald M. Weinberg erklärt mit zahlreichen überaus humorvollen Eselsbrücken die Gesetze erfolgreicher Beratung – Pflichtlektüre für alle, die mit einem Berater zusammenarbeiten oder selbst beraten!

GERALD M. WEINBERG

DAS GESETZ DER HIMBEER-MARMELADE

REDLINE WIRTSCHAFT
bei ueberreuter

103 GEHEIMNISSE DER BERATUNG

256 Seiten
Format 14,8 x 21 cm
Hardcover
ISBN 3-8323-0982-9
24,90 Euro (D) / CHF 42,90

Gerald M. Weinberg blickt auf eine über 45-jährige Karriere als Softwareentwickler, Dozent und Berater zurück. Seit 1969 ist er Teilhaber der Beratungsfirma Weinberg & Weinberg in Lincoln, Nebraska. Gerald M. Weinberg ist Autor und Koautor von über 30 Büchern.

REDLINE WIRTSCHAFT

So machen Sie Ihr Unternehmen demographiefest!

Der Generation 50plus gehört die Zukunft! Aufgrund der Bevölkerungsentwicklung ist sie nicht nur die größte, sondern auch die wichtigste Konsumentengruppe des 21. Jahrhunderts – und verfügt über immense Kaufkraft und vielfältige Bedürfnisse.

Der renommierte Wirtschaftsjournalist Richard Haimann erläutert die gesellschaftlichen und ökonomischen Folgen und zeigt an vielen Beispielen, welche Chancen der demographische Wandel für einzelne Branchen bietet. Sein ermutigendes Fazit: Unternehmen, die es schaffen, rechtzeitig demographiefest zu werden, können von dem demographischen Wandel nur profitieren.

Richard Haimann
Alt!
Wie die wichtigste Konsumentengruppe der Zukunft die Wirtschaft verändert

232 Seiten
Format 14,8 x 21, Hardcover
€ 17,90 / CHF 31,70
ISBN 3-636-01164-2

REDLINE WIRTSCHAFT

Sind wir so blöd? Discount als Volkssport und was wir wirklich davon haben.

Die Achse des Bösen existiert auch in der Wirtschaft!

Drei Elemente kennzeichnen die gegenwärtige Entwicklung: Der mächtigste Händler der Welt trainiert die Kunden auf billiges Konsumieren.

Globales Sourcing ermöglicht es, immer billiger einzukaufen. Das Internet macht jeden Kunden zum feilschenden Händler.

Der Druck, immer billiger zu werden, ist das Markenzeichen globaler Wirtschaftsprozesse geworden.

Doch der Preis für diese Entwicklung ist hoch: Wir rationalisieren uns selbst weg. Denn tiefe Preise bedeuten auch tiefe Einkommen. Und Discount als Lifestyle führt uns zurück ins Industriezeitalter statt voran ins Zeitalter der Dienstleistung.

David Bosshart
Billig
Wie die Lust am Discount Wirtschaft und Gesellschaft verändert
176 Seiten
Format 14,8 x 21 cm, Hardcover
€ 15,90 / CHF 28,50
ISBN 3-8323-1061-4

REDLINE WIRTSCHAFT

Erfolgsstorys und Denkanstöße von Querdenkern, starken Charakteren und anderen brillanten Managern

Unternehmensberatungen suchen „Querdenker" per Stellenanzeige, vernetztes Denken ist im Trend, Manager müssen sich etwas einfallen lassen, um das Vertrauen von Anlegern, Mitarbeitern und Kunden wieder zu gewinnen.

Dieses Buch gibt Inspirationen und Anregungen zum quer Denken im Managementalltag: Was „Organisation", „Werte" oder „Kontrolle" z. B. in Psychologie, Biologie oder Politik bedeuten, wird hier in abwechslungsreichen Fallbeispielen aus den unterschiedlichsten Lebensbereichen berichtet.

Ulrike Fokken/Verena Laschinger
Quer denken und gewinnen
Neue Management-Perspektiven
für Führungskräfte

216 Seiten
14,8 x 21 cm, Hardcover
€ 19,90 (D) / sFr 34,90
ISBN 3-636-01091-3

Ulrike Fokken ist von der Boston Consulting Group zur taz, dann zum Tagesspiegel gegangen. Sie ist freie Autorin und hat den Bestseller *Die Welt AG* (Heyne 1999) geschrieben.

Dr. Verena Laschinger ist aus der Wissenschaft in den Management-Nachwuchs der HypoVereinsbank gewechselt und arbeitet heute in der Konzernkommunikation der HVB Group.

REDLINE WIRTSCHAFT

Vorhang auf für Ihre Präsentation!

Oliver Alexander Kellner
Showtime!
Standing Ovations für Ihre Präsentation – Menschen begeistern, überzeugen und bewegen

ca. 200 Seiten
Format 14,8 x 21, Hardcover
€ 17,90 / CHF 31,70
ISBN 3-636-01218-5

Begeistern Sie Ihr Publikum: egal ob Sie mit Ihrer Präsentation ein Produkt, eine Idee oder sich selbst einzigartig und wirkungsvoll darstellen wollen. Das Wie Ihres Auftritts ist entscheidend. Sie müssen Ihr Publikum nicht nur überzeugen, sondern elektrisieren, um Mitbewerbern vorzugreifen und Ihren Zuhörern besonders lange im Gedächtnis zu bleiben. Dabei braucht es weder großen Aufwand noch viel Arbeit, um eine gute „Show" zu liefern. Eine einzigartige Präsentations-Wirkung lebt von den einfachen, aber genialen Dingen:

- Platzieren Sie sich direkt im Unterbewusstsein Ihrer Zuhörer
- Überraschen Sie mit dem ungewohnten Einsatz Ihrer Arbeitsmittel
- Erzeugen Sie Spannung durch die „Verhüll-Technik"
- Wachsen Sie vom „Daten- und Faktenzwerg" zum „Emotionsriesen"
- Bereichern Sie Ihre Präsentation durch einen Thriller mit Worten

Oliver Alexander Kellner zeigt Ihnen, welche Werkzeuge Aufmerksamkeit erregen und wie Ihre Botschaften buchstäblich „Begeisterungszwang" auslösen, damit Ihre nächste Präsentation zum nachhaltigen Erlebnis wird.

REDLINE WIRTSCHAFT